U0572621

王飞 著

中国地方政府
债务风险生成机理及对策研究：
基于产权视角

Research on the Mechanism and Countermeasures of
Local Government Debt Risk in China: from the Perspective of Property Rights

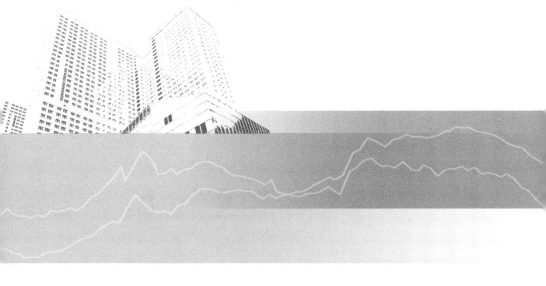

中国财经出版传媒集团

经济科学出版社
Economic Science Press

图书在版编目（CIP）数据

中国地方政府债务风险生成机理及对策研究：基于产权视角/王飞著. －－北京：经济科学出版社，2022.8

ISBN 978 - 7 - 5218 - 3976 - 0

Ⅰ.①中…　Ⅱ.①王…　Ⅲ.①地方政府－债务管理－风险管理－研究－中国　Ⅳ.①F812.7

中国版本图书馆 CIP 数据核字（2022）第 159817 号

责任编辑：于　源　侯雅琦
责任校对：李　建
责任印制：范　艳

中国地方政府债务风险生成机理及对策研究：基于产权视角
王　飞　著
经济科学出版社出版、发行　新华书店经销
社址：北京市海淀区阜成路甲 28 号　邮编：100142
总编部电话：010 - 88191217　发行部电话：010 - 88191522
网址：www. esp. com. cn
电子邮箱：esp@ esp. com. cn
天猫网店：经济科学出版社旗舰店
网址：http：//jjkxcbs. tmall. com
北京季蜂印刷有限公司印装
710 × 1000　16 开　17.25 印张　240000 字
2022 年 8 月第 1 版　2022 年 8 月第 1 次印刷
ISBN 978 - 7 - 5218 - 3976 - 0　定价：72.00 元
（图书出现印装问题，本社负责调换。电话：010 - 88191510）
（版权所有　侵权必究　打击盗版　举报热线：010 - 88191661
QQ：2242791300　营销中心电话：010 - 88191537
电子邮箱：dbts@ esp. com. cn）

前　言

　　由政府债务危机引发的政治经济危机在世界经济史上屡见不鲜，政府债务问题已成为威胁经济社会稳定和发展的重要因素之一。自2008年金融危机爆发以来，一些欧美发达国家已深陷由一系列经济刺激计划而引发的财政危机漩涡中。尤其是全球新冠肺炎疫情的暴发，导致一些受影响严重国家的财政赤字水平不断恶化，若新冠肺炎疫情未能得到有效控制，这很可能预示着全球经济面临着继欧债危机后的又一轮政府债务危机。由政府债务规模不断扩大引发的各种负面问题，让我们不得不重新审视我国经济发展过程中地方政府债务规模不断扩大可能引发的一系列风险问题。

　　政府债务风险已经成为一个困扰全球经济发展的严重问题，这主要体现在两个方面。国际方面，全球主要经济体的政府债务规模呈现持续膨胀的趋势。2008年金融危机已使一些欧美发达国家深陷主权债务危机之中。为了摆脱全球金融危机冲击而相继采取的一系列大规模经济刺激计划，以及全球宏观经济、政治等不确定因素，导致发达国家政府债务持续膨胀。尤其是在全球新冠肺炎疫情尚未平息的背景下，各国为应付疫情而持续追加财政防疫支出。由于财政支出规模持续增大，相应的政府债务规模也处于不断膨胀中，并可能将这些国家带入新一轮政府债务危机。若这些国家在化解危机过程中采取的政策稍有不当，则极有可能引发新一轮的全球经济危机。

　　国内方面，近年来地方政府债务规模快速膨胀问题凸显，甚至有的地方政府负债规模已远超其偿债能力。如果快速膨胀的地方政府债务规模不能得到有效控制，将可能面临着由于不能及时偿还债务而引发的系统性地方政府债务风险问题，并将风险从经济领域蔓延至政治领域乃至其他社会领域，最终可能导致政治经济危机的爆发。由于地方政府债务风险问题的不断加重，国际知名信用评级机构穆迪国际和标准普尔于2016年相继下调中国的主权信用评级。地方政府债务风险已经成为一个亟需化解的重大问题，并引起了人们的高度关注和广泛担忧。

中国地方政府债务风险问题与地方政府行为密切相关。关于如何从政府行为的视角来分析地方政府债务风险问题，已有的研究更多是从地方政府面临的政治激励视角进行研究。本书主要从产权的视角来分析地方政府债务风险问题，因为产权本质上更能反映包括地方政府在内的行为主体利益关系及其行为动机。本书分析研究的基本出发点是：地方政府行为如何引发地方政府债务风险问题，地方政府过度负债会带来什么样的后果，并从中寻找化解地方政府债务风险的有效对策。因此，本书基于产权的视角，就中国地方政府债务风险的规模、地方政府债务风险成因、地方政府债务风险生成机理及其治理对策进行深入分析和系统研究。

本书的研究思路主要体现在3个方面。首先是问题的提出，通过导论部分引出本书的研究背景和论题，对国内外关于产权相关理论、政府债务相关理论研究做了梳理，构建了地方政府债务风险理论的基础。其次是问题的分析，在对中国地方政府债务风险进行定量测度和定性分析的同时，就中国地方政府债务风险产生的一般原因和深层次原因进行系统分析，并对中国地方政府债务风险的生成机理进行论述。最后是问题的对策，结合国外化解地方政府债务风险的成功经验，就如何有效化解中国地方政府债务风险提出对策建议。

根据上述思路，本书共分为八章，内容分别如下：

第一章为导论部分。本章结合问题研究背景，分析了开展地方政府债务问题研究的理论意义和现实意义，介绍了国内外关于产权理论和地方政府债务理论的研究现状及评述、研究思路、分析框架、研究方法、创新之处和不足之处。

第二章为理论基础部分。主要就本书研究所采用的产权理论与地方政府行为理论进行梳理和分析，包括产权的基本理论、市场产权理论、财政产权理论、地方政府行为与区域经济发展理论等。

第三章是关于中国地方政府债务的内涵及其历史沿革分析。一是关于地方政府债务内涵的分析。在对公债和地方债务基本概念分析的基础上，从不同视角对地方政府债务的类别进行划分，并对地方政府举债产生的正负效应进行分析。二是关于中国地方政府债务发展的历史沿革分析，主要从我国晚清时期至今各个时期地方政府债务发展的历史脉络进行梳理和分析。

第四章是关于中国地方政府债务风险的测度和判断，主要包括 3 个方面。首先，本书分别对 2015 年《中华人民共和国预算法》实施前、后两个阶段的地方政府债务规模及其风险问题，从不同视角进行了全面系统的分析，包括地方政府债务规模及构成、地方政府债务风险的测算及风险分布等。其次，结合各省份经济发展状况及其财政实力，对地方政府的债务偿付能力进行分析。最后，结合中国国情，对主要债务风险评估方法存在的不足之处进行反思。

第五章基于产权的视角，对中国地方政府债务风险产生的深层次原因进行分析。关于中国地方政府债务风险产生的原因，从表面上看，是由于中央政府与地方政府间财权与事权划分不匹配、赶超体制下的"投资型"经济增长模式、以 GDP 为中心的政绩考核模式、地方政府在基础设施建设投资中的主导地位等原因造成的。但从产权的视角看，主要是由中央和地方各级政府机构及其相关部门、企业和个人等多元化利益主体风险责任界定模糊所致，具体表现在中央政府与地方政府间产权关系不明晰、财政部门与金融部门产权关系模糊以及地方政府与国有企业间产权关系不清晰等方面。风险界定模糊导致地方政府缺乏预算约束，国有企业和金融机构在投资决策和经营活动过程中由于注重短期利益而忽视未来风险，致使这些利益主体的避险动机不足和避险能力不强，这才是导致中国地方政府债务风险的深层次原因。

第六章是关于中国地方政府债务风险的生成机理探析。本章认为，由于财政部门与金融部门间没有建立起有效的产权关系机制，而且两部门都没有各自明晰的职责定位，相应地，财政风险与金融风险之间的隔离机制也就没有建立；当一方遇到风险时，就依靠另一方来为其化解，于是就出现了财政风险与金融风险向对方转移并因相互传感而不断放大的趋势，直至相互之间不能为对方化解风险时，就转化为地方政府债务风险。本章主要从以下两方面展开分析：一是结合我国财政风险和金融风险的现状，分别分析我国的地方政府财政风险和金融风险的生成机制；二是主要从财政风险与金融风险相互转移而导致风险不断放大的角度，对中国地方政府债务风险的生成机理进行分析。

第七章是关于地方政府债务风险化解的国外经验借鉴。主要借鉴包括作为发达国家的日本、法国、英国、美国和澳大利亚，以及作为发展中国家的巴西、阿根廷和保加利亚等国关于地方政府债务风险的管理、控制和化解等经验，为我国地方政府债务风险的管理、控制和化解提供经验借鉴。

第八章从产权的视角提出了化解中国地方政府债务风险的对策建议。一是要处理好地方政府与其他利益主体间的产权关系，主要包括处理好地方政府与市场的产权边界问题、处理好中央政府与地方政府之间的分权关系、明晰政府与国有企业和金融机构之间的产权关系，建立健全规范地方政府的行为机制。二是不断完善市场运营机制，主要包括建立健全有效解决公共领域产权主体虚置的机制、建立健全市场经济条件下淘汰落后国有企业的市场退出机制，建立健全市场经济条件下问题银行金融机构的市场退出机制。三是强化人大机关对地方政府债务风险的监管，主要包括积极采取有效措施以确保人民作为终极委托人的地位、完善和强化人大机关的财政预算和预算执行情况以及相关经济活动等方面的经济监督权，进一步保障和落实人民的监督权。四是通过加快发展现代产业体系，夯实地方财政基础，从根本上解决中国的地方政府债务风险问题。

本书的创新之处：将产权理论引入了中国地方政府债务风险问题的研究，应用产权理论的观点和方法对我国地方政府债务风险问题进行全面、深入、系统的分析：以我国产权关系为基础，从我国财政领域与金融领域产权关系模糊、中央政府与地方政府产权关系不明确、地方政府与国有企业和金融机构间产权关系不清晰等角度探讨了我国地方政府债务风险产生的深层次原因，深化和拓展了产权理论，并使产权理论在具体研究和运用上获得了较强的解释力。

　　本书的不足之处：由于受限于数据搜集和研究方法的局限性等原因，未能进一步建立立足于中国实际的地方政府债务风险评价的指标体系并进行实证分析，或是建立一个嵌入中国的制度和传统习俗文化因素条件下的地方政府债务风险量化指标，希望今后的研究能取得这些方面的研究成果。

目 录

Contents

>   >   >   >   > ·   >

第一章

导　　论

第一节　研究背景及研究意义

一、研究背景

（一）全球主要经济体政府债务风险呈蔓延和扩大趋势

政府债务危机作为威胁经济稳定和社会发展的重要因素，成为政学两界高度关注的问题。自 20 世纪 80 年代发生拉美债务危机以来，又经历了 1997 年由亚洲金融危机引发的阿根廷等国的政府债务危机。在 2008 年全球金融危机的冲击下，各国相继采取了一系列大规模经济刺激计划，随着时间的推移，这种大规模刺激计划带来了后遗症——政府债务危机。从早期的冰岛和迪拜等国，进一步发展到"欧猪五国"① 和

① 欧猪五国（PIIGS）又称笨猪五国，是指债券分析家、经济界学者和媒体对由于长期入不敷出导致债务危机的葡萄牙（Portugal）、意大利（Italy）、爱尔兰（Ireland）、希腊（Greece）和西班牙（Spain）五个主权信用评级较低经济体的贬称，因这五个国家的首个英文字母组合类似于 pigs（猪）而得名。

美国以及亚洲的日本等国。美国方面，美国一直被规模越来越大的巨额政府债务所困扰，尤其是金融危机以来为刺激经济复苏而实施的一系列救助计划致使美国政府财政赤字不断攀升，政府债务快速膨胀，美国已难以阻止政府债务不断恶化的发展趋势。欧洲方面，当前整个欧元区国家仍深陷债务危机的泥潭，欧盟27个国家中已经有14个成员国债务负担超标，由于债务危机问题的不断深化而引发的信任危机和社会危机让欧洲深陷困境。① 日本方面，20世纪90年代以来为应对经济通缩而实施的积极财政政策已令日本政府债务不断膨胀，以及由老龄化等问题引发的政府社会福利开支不断增长，导致日本政府债务继续扩大，全球金融危机爆发致使日本政府债务问题雪上加霜。尽管这些国家均采取了多种政策努力化解本国政府债务危机，但长期以来，由于各国财政面临医疗卫生和社会保障等刚性开支所积聚起的大量财政赤字，以及全球宏观经济、政治以及自然灾害等不确定因素，尤其是当前面临着全球经济增长疲软、下行风险增大的压力，这极有可能导致各国财政赤字不断蔓延和扩大，并有可能将各国带入新一轮政府债务危机。以日本为例，2012～2014年，日本到期债务占国内生产总值（Gross Domestic Product，GDP）比例高达49.3%、51.3%和50.7%，这表明日本除了要采取政策削减财政赤字外，还要拨出巨额资金偿还到期债务。② 2020年，新冠肺炎疫情暴发给全球经济造成了重创，各国相继出台追加财政防疫支出和减税降费的经济刺激政策，由于财政收入端的缩减和支出端扩张，政府债务也持续扩张。2020年，发达国家政府债务负担率平均高达120%，新兴市场国家和发展中国家的平均债务负担率为63%，全球整体政府债务增速是1970年以来最快的一年。③ 根据《联合早报》2021年2月19日的报道，在过去的一年，由于新冠肺炎疫情的影响，全球债务新增24万亿美元，总债务规模高达281万亿美元，导致全球债务与国内生产总

---

① ② 孔宪隧，陈华. 全球财政风险、财政危机及财政平衡与治理［J］. 财政研究，2014（7）：50.

③ 中国人民大学政府债务治理研究中心. 统筹发展与安全：中国政府债务研究［M］. 北京. 中国财经出版社，2021：1.

值的比例上升至 355%。^① 随着世界主要国家纷纷陷入债务泥潭，政府债务风险问题将成为一个长期化和常态化的全球性问题。若这些经济体在化解债务风险过程中采取的减债政策稍有不当，新一轮全球经济危机则极有可能再次爆发。

（二）国内地方政府债务风险问题凸显

在我国，由分税制改革不完善导致的地方政府财权和事权不匹配的问题，致使地方财政入不敷出问题日益严重，地方政府通过各种途径变相违规举借债务弥补财政收支缺口的现象已是屡见不鲜。尤其是为了应对 2008 年金融危机对国内经济增长带来的巨大冲击，中央政府出台"四万亿"经济刺激计划更是导致地方政府债务规模呈现井喷式增长的态势。根据中华人民共和国审计署关于《全国政府性债务审计报告》的数据，地方政府负有偿还责任的债务从 2010 年年末的 6.7 万亿元增长到 2013 年末的 10.58 万亿元。根据审计署 2013 年 12 月 30 日发布的《全国政府性债务审计结果》显示，截至 2013 年 6 月底我国地方政府的省、市、县三级政府负有偿还责任债务规模达 105789.05 亿元，比 2010 年底增 38679.54 亿元，年均增长 19.97%；其中，融资平台公司、政府部门和机构、经费补助事业单位作为政府负有偿还责任债务的主要举借主体，所举借的金额分别为 40755.54 亿元、30913.38 亿元和 17761.87 亿元。^② 根据中华人民共和国财政部网站公布的数据，截至 2022 年 6 月，全国地方政府负有偿还责任的债务余额已上升至 347503 亿元。^③ 如果加上地方政府通过其他途径举借的隐性债务，这一数据将会更高。由于地方政府债务规模快速扩张导致的地方政府债务风险日益凸显，国际

---

① 联合早报. 去年全球债务因疫情增 24 万亿美元［EB/OL］. https：//www. zaobao. com/news/world/story20210219 – 1125175，2021 – 02 – 19.

② 中华人民共和国审计署. 2013 年第 32 号公告：全国政府性债务审计结果［EB/OL］.［2013 – 12 – 30］. https：//www. audit. gov. cn/n5/n25/c63642/content. html.

③ 中华人民共和国中央人民政府. 2022 年 6 月地方政府债券发行和债务余额情况［EB/OL］. http：//www. gov. cn/shuju/2022 – 07/28/content_5703218. htm.

知名信用评级机构穆迪国际和标准普尔于 2016 年相继下调中国的主权信用评级。由地方政府债务规模快速扩张所产生的风险，不仅给地方经济可持续发展带来实质性损害，而且还会因为地方政府将本地区的债务风险最终转嫁至中央，会导致全国性财政金融风险的聚集，甚至可能导致危机的爆发。特别是 2020 年初，全球新冠肺炎疫情暴发导致经济增速放缓，财政收入下滑，地方政府的偿债压力将进一步增大。地方政府债务风险问题事关重大，影响全局，不仅发展成为学界的高度关注问题，而且已引起中央政府的高度关注。2013 年，十八届中央委员会议第三次会议通过的《中共中央关于全面深化改革若干重大问题的决定》强调了对区域性风险和系统性金融风险的防范，2014 年 9 月《国务院关于加强地方政府性债务管理的意见》和 2015 年《中华人民共和国预算法》等法律规章制度逐渐实施，党的十九大更是将防范和化解地方政府债务风险放在"防风险"的重要位置……由此可以看出中央政府对地方政府债务风险的重视。

关于地方政府债务风险的产生，人们普遍将其归咎于中央政府与地方政府之间的财权与事权划分不匹配、赶超体制下"投资型"经济增长模式、以 GDP 为主的政绩考核模式、地方政府在基础设施建设投资中的主导地位等原因。从产权的视角看，我国在体制改革过程中存在财政、金融和国有企业三者之间产权模糊不清的问题，这会导致财政、金融和国有企业各自职能和风险责任的定位和界定模糊，由此产生预算软约束、风险责任模糊和道德风险，是我国地方政府债务风险产生的深层次原因。

长期以来，财政和金融一直在我国政府实施宏观调控和经济管理的过程中扮演着重要角色，并承担着重要责任。由于我国体制改革尚未对财政部门和金融部门在改革、发展和稳定等方面进行准确而清晰的定位，也没明确规定各自应承担的责任和义务，因而导致在实际过程中出现财政职能和金融职能"错位"的情况。这尤其表现在 1997 年亚洲金融危机爆发以后，在我国大规模积极财政政策实施的过程中，由于减税增支而导致财政赤字不断扩大，在财政脆弱的情况下，国有商业银行实际上成为政府的融资工具，金融部门替代政府部门履行了政府投融资行为和由金融补贴替代财政补贴等行为，主要表现在国有商业银行对国有企业的"隐性贷款补贴"。

国有企业和国有商业银行虽然经历了股份制改革，但是由于产权国有性质尚未改变，不具备完全独立的市场主体地位，因而预算软约束、风险责任模糊、道德风险等问题仍然存在。一方面，国有企业虽然经历了二十多年的各种方案改革，但到目前为止，国有企业尚未真正成为市场体系中自主经营和自负盈亏的产权主体，也没有真正建立起现代企业产权制度；另一方面，虽然国有商业银行经历了商业化和股份制改革，但由于相应国有商业银行内部管理人员激励约束机制尚未建立健全，从而使得国有商业银行在银行部门间的激烈竞争下可能引发银行内部人员的道德风险问题，外加各级政府干预，国有商业银行形成了大量指令性贷款。

由于国有商业银行同国有企业都属于同一利益主体——国家的不同代言人，不具备独立市场主体地位。对于国有企业和国有商业银行来说，花的都是国家的钱，二者之间的借贷关系只是一种没有产权约束的虚拟意义上的债权债务关系。因此，无论是资金需求者还是资金供给者，都存在对政府的依赖关系：作为资金需求者的国有企业，只是把从银行获得的贷款当成过去的财政资金拨款使用；作为资金供给者——国有商业银行，由于预期政府将作为最后风险埋单者，对国内贷款项目审批（尤其是对政府指令性项目贷款审批）不严，导致国有商业银行逆向选择问题的出现，并造成了国有商业银行不良贷款持续升高、资本市场风险凸显以及民间金融隐性风险不容忽视等问题，这无疑会在客观上扩大宏观金融风险。

2008 年金融危机爆发以后，我国相继出台了大规模财政、信贷刺激政策。一方面，金融危机导致经济增速下滑，不利于地方财政增收，甚至还出现财政收入下滑的趋势，由于财政支出的刚性，必然导致地方政府财政赤字不断增大。另一方面，大量国有商业银行贷款被分配到地方政府建立的融资平台类国有企业和具有一定垄断地位的央属和省属大型、中型国有企业，前者将贷款资金运用于大规模基础设施建设，而后者主要将贷款用于城市商、住用地炒作以及与房地产和基础设施行业高度相关的包括钢铁、水泥、建材和煤炭等能源和原材料在内的行业。因软预算约束而产生的过度借贷导致地方政府融资平台和国有企业投资效率低下，并因产能过剩出现大规模坏账，而这些大规模坏账最终都会归化为各类政府债务，由此导致地方政府债务规模不断膨胀并快速增长。

总之，由于我国财政、金融和国有企业三者之间产权关系的模糊不清，在缺乏对各自职能进行明晰准确定位、没有明确规定各自风险责任的情况下，由此产生了预算软约束、风险责任模糊和道德风险等问题，结果必然导致由政府债务不断膨胀引发的财政风险和金融风险复杂交织、相互转化并不断放大的情况，而最终的风险承担者却是广大人民群众。

根据公共选择理论的观点，政府部门同企业和个人一样，都具有"经济人"的特征，也存在追求自身利益最大化动机。政治活动的本质是交易活动，交易对象除了市场中存在的有型商品外，还包括选票在内的各种利益和好处。政治市场与经济市场的区别主要在于作为政府的"经济人"在追求自身利益时面临的条件和所使用的手段。政府的"经济人"特征决定政府除了代表公共利益外，还存在自身包括政治利益和经济利益的诉求。因此，政府在履行公共职能的同时，也是寻求自身利益最大化的过程。

关于政府与市场的关系，从各国经济发展的实践来看，任何市场都离不开政府干预和调控的身影，没有政府的市场是不存在的。"政府干预经济生活的根本原因在于国家拥有市场所有权。"[①] 在政府主导型的市场经济活动中，大量各种社会资源和公共自然资源集中在以政府为中心的组织框架内，由此导致各级政府在进行宏观调控的过程中，必然会通过所控制的资源寻求自身利益最大化，在政策制定过程中必然倾向有

---

① 谭崇台. 评曾繁华博士的《中国企业技术成长机制及竞争力研究》［J］. 经济研究，2002（5）：90.

利于自身的政策调控目标。在政府与社会公众利益分配方面，在缺乏监督和制约的情况下，政府甚至会不惜牺牲广大人民群众的利益以实现自身的利益诉求。在政府间利益分配方面，不同层级政府之间会通过各种激烈的竞争方式以实现有利于自身的资源配置方式。随着政府间这种竞争关系的不断恶化，必然会造成中央政府与地方政府之间、地方各级政府之间各收支矛盾增大，最终会导致政府债务风险问题的出现。

因此，市场经济条件下政府与市场关系的问题，其实质是各级政府与市场上包括企业和个人等市场主体之间、政府与政府之间经济利益关系的问题，而这种利益关系要通过市场来实现。基于此，笔者认为，地方政府债务问题的实质是各级政府与市场的利益关系问题，这也是本书的立题依据。

二、研究意义

(一) 理论意义

中国地方政府债务问题包含了作为财政行为主体的纳税人与征税人（中央政府与地方政府）之间的财产权利关系，征税人与纳税人之间（包括中央政府和地方政府）通过不断的博弈方式形成相应的责、权、利关系。政府权力结构与社会产权制度之间存在着互补关系。因此，研究政府行为与政府间利益关系就不能回避"产权"这个话题。本书以"产权"作为理论基础，研究中国地方政府债务风险问题，具有以下几方面的理论意义：

1. 有利于促进产权理论研究的深化和拓展

产权问题不仅涉及企业制度层面的微观产权问题，以及包含诸如技术、知识、专利和品牌等无形资产层面的产权制度问题，还应包括微观产权和无形产权赖以生存的宏观产权——国家产权及其相应的行为选择。对处于转型时期的中国来说，虽然产权结构多元化公有制实现形式取代了计划经济时期单一的全民所有制和集体所有制，但由于产权制度存在缺陷，无论是全民所有制还是集体所有制，产权的最终控制者仍然属于政府的性质并没有发生改变。市场经济条件下的地方政府具有双重性质：一方面，地方政府具有社会公共性，由于满足社会公共利益的需要，地方政府必须占有、支配、使用和处置一部分公有财产作为行使公共职能的保障，从而形成政府产权；另一方面，地方政府作为经济人，又具有政府组织自身利益最大化的诉求。当这两种目标发生冲突后，地方政府行为向哪边倾斜取决于产权是否清晰界定。如果产权清晰界定，意味着政府权责明确，地方政府的行为将受到监督和约束，政府组织的自身利益需求将服从于社会公共利益需求，有利于政府职能的正常发挥。反之，则会出现政府产权的泛化和无限扩张，从而使政府的社会公共利益属性和自身利益最大化需求属性相矛盾。由于混淆了政府的公共行政权力与政府作为财产权力主体所需承担的相应责任和义务问题，必然会导致地方政府职能的异化。例如，有的地方政府在自身利益的驱动之下，以公共利益的名义热衷于大规模投资、大搞形象工程，将由此产生的债务偿付责任推卸给中央政府，最终由纳税人来承担偿债责任。事实上，近年来我国地方政府之所以背负规模庞大的政府债务，与地方政府产权泛化导致政府行为失当存在直接关系。此外，由于没有厘清政府与国有企业间产权的产权关系问题，必然产生预算软约束问题。国有企业预算软约束的存在会导致地方政府对国有企业投资和生产经营过程中的亏损承担买单责任，从而增加政府的偿债负担。总之，由于转型时期的产权制度存在缺陷，必然会对地方政府行为及其职能的转化产生负面影响。因此，本书从产权内涵延伸的视角对政府行为尤其是政府间财政资源配置以及相关利益规制等内容进行深入探讨和研究，这无疑是对产权理论与实践的进一步深化与拓展。

2. 有利于促进政府债务理论的丰富与发展

目前国内外学术界关于地方政府性债务理论的研究，主要是基于财政和金融等角度，从产权视角进行研究的甚少。本书基于产权理论的视角，从中央和地方各级政府及其相关部门、企业和个人为主的多元化利益主体在开展以利益最大化为目标的行为过程中，由于利益主体风险责任界定模糊，致使地方政府缺乏预算约束，国有企业和国有商业银行在投资决策和经营活动过程中过于注重短期利益、忽视未来风险，相应的避险动机不足和避险能力不强，最终导致地方政府债务风险不断膨胀和恶化，这是过往研究少有提及的。通过从上述角度探讨我国地方政府债务风险产生原因以及风险生成机理，无疑是对地方政府债务理论的丰富和发展。

3. 有利于丰富和发展政府宏观调控理论

本书从中央政府与地方政府间产权关系、政府与市场的产权边界、财政与金融和国有企业三者间产权关系的角度对中国地方政府债务风险产生的深层次原因及其危机生成机理进行分析，从以下几个方面提出化解风险对策：一是要处理好地方政府与市场、中央政府与地方政府以及政府自身等利益主体间的产权关系；二是建立健全有效解决公共领域产权主体虚置的机制、建立健全淘汰落后国有企业和国有商业银行市场退出机制；三是强化人大机关对地方政府债务风险的监管，进一步保障和落实人民的监督权；四是通过加快发展现代产业体系，夯实财政基础，从根本上解决中国地方政府债务风险问题。从政治、经济、法律等角度提出化解地方政府性债务风险解决机制，克服以往用单一经济学视角研究政府债务的局限性，是对政府宏观调控理论的不断丰富和发展。

（二）现实意义

产权涉及权能和利益两个基本问题。其中，产权权能是财产主体对财产权利的掌握或行使问题，属于主体意志行为；产权利益是产权主体对拥有所有权的财产在经济上的实现，具体表现为实物或货币的获取或享用，属于主体之间关系的目的。因此，地方政府及其相关职能部门在代理中央政府履行公共职能时，由于地方政府及其相关职能部门拥有相对独立的自主权，有实现和维护本地区甚至是本部门利益最大化的强烈倾向，充分利用自己所拥有的"代理资源"，通过对中央政府制定的规章制度和政策进行"曲解""修正"甚至是"改头换面"，做出有利于本地区乃至本部门利益最大化的制度安排，导致本地区或本部门利益非理性扩张，致使国家宏观经济政策执行不力，并造成巨大的损失。因此，对于当前的中国来说，虽然经济取得了快速增长，但在经济快速增长的背后，由于没有对政府与市场、各级政府以及同级政府之间的权、责、利进行明确的规定，因此在地方政府机构及其官员在追求自身利益的过程中，由于政府权力边界的过度扩张和行为的不规范所带来的负面问题已影响到社会生活各方面。中国地方政府债务风险问题涉及政府与市场、中央政府与地方政府、财政与金融和国有企业间的产权关系，如果各主体能够明确各自的产权边界以及相互之间的权、责、利关系，那么这不仅能有效化解中国地方政府债务风险问题，而且还能有效提高我国宏观政策的执行效率，因而具有十分重要的现实意义。

1. 为不断完善我国社会主义市场经济体制提供参考

根据市场产权理论的观点，国家或中央政府是市场产权的唯一合法主体，地方政府及其相关职能部门和国有企业作为国家的代理人，代表国家政府在某一特定地域或领域行使相应职能。由于没有明晰各自的产权边界及其相应的职责定位，这种模糊的产权关系决定了任何地方政府及其相关职能部门和国有企业在行使代理权时，会为了局部利益而制定实施有利于本地区或本部门的产权规则，从而造成中央政府与地方政府之间、地方政府与地方政府之间的产权规则存在很大差异，结果导致国家宏观政策执行效果大打折扣，这也是导致当前我国地方政府债务迅速膨胀的主要原因。本书对中央政府与地方政府间包括具体的财权与事权划分、土地等公共资源产权划分以及金融资源权力划分进行了深入分析和研究，进一步明确了中央政府与地方政府及相关职能部门和国有企业各自的权、责、利关系，以及各自的行为规范和准则，防止它们为了自身私利"曲解"并篡改既定的产权规则，这将有利于强化政府的经济职能，提高政府宏观调控效能，实现经济社会的可持续发展。

2. 为我国政府出台规范地方政府举债行为对策提供理论参考

现有文献关于中国地方政府债务风险产生原因的研究，大多主要是从财政和金融等视角进行分析，因而关于地方政府债务风险的化解措施也主要是从这些角度提出的。本书基于产权视角，深入分析我国地方政府债务风险产生的深层次原因和风险的形成机理,并以此提出化解地方政府债务风险的解决措施。本书旨在为政府相关决策部门提供一个新的理论参考维度,使相关政策的制定更加科学、完善,有效维护我国市场安全,进而捍卫国家经济主权、保障国家经济安全。

第二节 国内外研究现状及评述

一、产权理论的国内外研究现状

(一)产权理论的国外研究现状

产权理论作为现代经济学的基础理论,是当前国内外经济理论问题的研究热点之一。"人类社会的一切社会制度,都可以被放置在产权分析的框架里加以分析。"[①] 作为一个历史逻辑概念,产权是在人类社会伴随着分工、私有制和交换三位一体发展基础之上产生和发展的产物。在经济学研究领域,关于产权的研究文献十分丰富,最早可追溯到古希腊时期柏拉图和亚里士多德等人的产权思想,他们对产权的认识主要混杂在其关于私有财产的认识中,产权并没有作为一个独立的概念存在(舒志强,2013)。随着生产力的不断发展与财富的不断积累,人们对私有财产权利的重视程度也在不断增加,产权思想及其理论也一直在不断发展。早期的产权研究,主要体现在诸如政治学、哲学和法学等理论关于财产关系及权利的起源、财产权利的性质以及财产所规定人们在社会生活中的地位等问题中。19 世纪末至 20 世纪初,人们对产权理论的研究开始进入系统化阶段,并采用了经济学的分析方式。随着人类社会

---

① 汪丁丁. 产权的经济分析:从"交易费用"到"博弈均衡"[N]. 企业家日报,2017 – 06 – 09.

发展进入了市场经济逐步占主流地位的近现代社会，关于产权理论的研究开始作为一个独立体系进入繁荣发展的黄金时期，以新制度经济学为代表的现代产权理论在学界产生了巨大影响，并逐步向经济学以外的其他社会科学领域渗透。尤其是著名经济学家科斯（Ronald H. Coase）自20 世纪 60 年代提出产权理论以来，产权理论发展延续至今，已经形成一套较为完整的理论体系，在学界产生的影响越来越大。

1. 马克思的产权理论

马克思的产权理论主要体现在他关于所有制的分析范式中。虽然马克思未直接使用过"产权"一词，在《资本论》德文版中关于"所有权"的原文为"eigentumsrecht"，在恩格斯及其后续研究者翻译的英文版《资本论》中，"eigentumsrecht"一词被译为"property rights"、"the rights of property"或"properictary rights"，中文版翻译为"产权"或"财产权"。从这个意义上来看，马克思讲的所有权内涵与西方产权经济学产权内涵是相同的①，都是关于物的占有和使用的相关权力。因此，马克思的所有权或所有制理论就包含了其产权的思想。

相对于西方经济学的产权概念，马克思关于产权的理解重点在于强调财产权利所依存的经济基础——所有制。由于有较深的法律造诣，马克思将丰富的法学知识同自己的经济研究相结合。马克思认为，法学中财产权的实质内容与经济学的生产关系有内在联系。在此基础之上，他以物质资料的生产过程为起点，按照"物质资料生产—社会分工—所有制—所有权"的逻辑线索开展其产权思想研究。关于市场上商品和劳动力的买卖关系，他认为买卖双方都必须承认对方具有买或卖的权利，都根据各自的所有权支配自己的东西，而且权利是平等的，属于契约形式的法权关系。但是，这种法权关系，是一种反映经济关系的意志，是由这种经济关系本身决定的。② 关于所有权和所有制的关系，在马克思看

---

① 吴易风，关雪凌. 产权理论与实践 ［M］. 北京：中国人民大学出版社，2010：3 – 6.

② 中共中央马克思恩格斯列宁斯大林著作编译局. 马克思恩格斯全集（第 23 卷）［M］. 北京：人民出版社，1972：102.

来，属于经济范畴的所有制先于属于法律范畴的所有权而存在，"一定所有制关系所特有的法的观念是从这种关系中产生出来的"。① 反过来，属于法律范畴的所有权又会对属于经济范畴的所有制进行有效保护、巩固。此外，针对当时西方学者关于产权研究时把财产权看成是亘古不变的看法，马克思通过采用历史唯物主义的观点具体研究了人类历史上各种财产和财产权的形态、性质和特点等，进一步做出了较为科学、系统的论述。

2. 西方经济学产权理论

人类社会进入 20 世纪以后，世界经济发生了一系列巨大而又复杂的变化。一方面，一系列重大科学技术的发明和应用、新生产组织方式的大量涌现，将资本主义发展推到了一个新的高度，并引领世界经济的发展。另一方面，频繁发生的经济危机、战乱以及无产阶级运动等事件在很大程度上改变了传统的世界经济体系，世界进入了一个全新且更为紧密的经济、科技全球化时代。这些纷繁复杂的经济、政治事件为经济学家研究产权提供了丰富知识和现实素材。西方产权理论的系统提出产生于 20 世纪 30 年代，以科斯于 1937 年发表的《企业性质》为标志，到 20 世纪 80 年代，已形成了较为成熟的关于企业性质理论、企业结构理论和制度变迁为主的西方经济学产权理论体系。

早期产权理论主要侧重于微观层面的分析，较少考虑中观（利益集团）和宏观层面（国家）对产权结构以及各层次产权相互之间的交互作用，② 主要代表人物有科斯、阿尔钦、登姆塞茨、诺斯和威廉姆森等人。

科斯作为西方产权理论最重要的代表人之一，丰富的商学知识使其更多地关注法律制度尤其是产权制度对现实经济活动的影响。针对新古典经济学在关于组织制度方面的缺陷，他将交易成本引入经济分析来解

---

① 中共中央马克思恩格斯列宁斯大林著作编译局. 马克思恩格斯全集（第 30 卷）［M］. 北京：人民出版社，1974：608.

② 朱巧玲. 国家行为与产权：一个新制度经济学的分析框架［J］. 改革与战略，2008 (1)：1.

决问题。科斯所提的产权除了包括对物的使用权外，还包括与物的使用权有关的外部收益权及其造成损失的承担权，强调权利和义务的统一。产权关注的是对此承担权在利益相关者之间的不同分配所产生的不同后果（徐颖，2004）。科斯认为，在某些条件下，当事人可以通过谈判纠正经济活动的非效率性来实现社会效益的最大化。施蒂格勒（Stigle，1992）在其著作《价格理论》中将科斯的《社会成本问题》提炼为"科斯定律"："在完全竞争的条件下，私人成本与社会成本相等。"也就是说，在财产明确且交易成本很小甚至为零的情况下，无论财产在开始时被赋予谁，市场将实现资源配置的帕累托最优。登姆塞茨（Demsetz，1967）从产权功能性和产权行为性的角度对产权进行定义：产权是一种社会工具，其重要性就在于它能帮助一个人形成其与他人进行交易时的合理预期；产权是界定人们如何收益及如何受损，因而谁必须向谁提供补偿以使他修正人们所采取的行动；产权的一个主要功能是引导人们实现将外部性较大内在化的激励（R. 科斯等，1994）。菲吕博腾和配杰威齐（Furubotn & Pejovich，1972）侧重于从社会经济的角度对产权进行定义，认为"产权会影响激励和行为"；产权"是指由物的存在及关于它们的使用所引起的人们之间相互认可的行为关系，安排确定了每个人相应于物的行为规范，每个人都必须遵守他与其他人之间的相互关系，或者承担不遵守这种关系的成本"；产权"是一系列用来确定每个人相对于稀缺资源使用时的地位的经济和社会关系"；产权作为一种排他性权利，并非不受限制（R. 科斯等，1994）。因此，"不可能也不要期望所有权是一种不受限制的权利；所有权是一种排他性的权利，在某种意义上是指它只受随时间而做出解释的法律的限制，这一类限制可能从很大到很小（R. 科斯等，1991）。戴维斯和诺斯（Davis & North，1991）从制度变迁的角度认为，虽然经济制度与产权在大多数模型中被设定为不变的，但这些价值在长期的经济增长研究中会发生根本变化（R. 科斯等，1991）。在诺斯看来，制度创新的原因在于，会有许多外在变化因素促成了利润的形成。如果预期的净收益超过预期成本，一项制度安排就会被创新；只有当这一条件得到满足时，我们才可望发现在一个社会内改变现有制度和产权结构的企图（R. 科斯等，1991）。约瑟夫·E. 斯蒂格利茨（2013）则认为，产权除了强调权利外，总是伴随着责任；许多人强调财产权，却忽视了责任的重要性。

20 世纪 90 年代以来，人们开始从国家的定义及其职能视角，建立产权制度分析的国家模型，对国家与产权制度变迁的关系进行论证。经济学中关于国家的分析模型主要包括"无为之手""扶持之手""掠夺之手"在内的"三只手"。其中，建立在"掠夺之手"上的国家模型，主要探讨如何在制度变迁过程中发挥国家积极作用的同时，又能有效限制国家的"掠夺之手"（卢现祥和朱巧玲，2017）。

由于国家在暴力方面具有比较优势，处于界定和行使产权的地位，"离开产权，人们很难对国家做出有效分析"。① 巴泽尔（Yoram Barzel）的产权分析框架涵盖了人类社会的一切社会制度，并用"公共领域"概念替代"交易费用"对国家的演进做出了新的解释。在巴泽尔的产权理论里，"交易费用"已经不再起主要作用了，起着主要作用的是"公共领域"（public domain）概念（巴泽尔，1997）。巴泽尔的产权和国家演进模型论述了产权内容改变在从专制到法制过程中的作用。他从个人利益最大化的角度来分析国家与产权的关系：产权内容的变化取决于统治者改变现有产权安排所耗费的包括信息监督、信誉等事前和事后成本与以此带来的收益进行对比和权衡；在巴泽尔那里，产权主体的产权实现程度除了与成本和收益有关外，还取决于自身实现产权所具有的能力，"达成协议的能力依赖于双方对相对权力的评估"，这种能力是多种多样的，包括"隐瞒权力、夸大权力、炫耀权力或限制其规模等"（约拉姆·巴泽尔，2006），以及暴力、体力、其他智慧和技能等（洪明勇，2016）。奥尔森（Olson，2000）关于国家与产权关系的思想体现于他创造的重要概念：强化市场型政府（market-augmenting government），如果一个政府有足够的权力去创造和保护个人的财产权利并且

---

① ［美］道格拉斯·C. 诺斯. 经济史中的结构与变迁［M］. 上海：上海三联书店，1991：21.

能够强制执行各种契约，而且它还受到约束而无法剥夺或侵犯私人权利，这个政府便是一个"强化市场型政府"（卢现祥和朱巧玲，2017）。由此引发了关于国家作用的诺斯悖论：国家的存在是经济增长的关键，然而国家又是人为经济衰退的根源。① 奥尔森（2000）强调经济成功须具备两个条件：一是存在可靠且明确界定的财产权利和公正的契约执行权力；二是不存在任何形势的强取豪夺。这个条件也就是奥尔森所说的民主政体，其本质核心在于是否保证政府产生于自由竞争的政治过程，并确保具有共荣利益以及最优秀且最有能力的政治精英掌握领导权并承担公共事务，而非在于是否赋予公民普选权。

（二）产权理论的国内研究现状

西方产权理论于20世纪80年代后期开始进入中国。伴随着中国的经济体制改革，产权理论开始作为一门独立的学科在中国兴起，并于20世纪90年代以来在中国形成产权理论研究的高潮。在中国，关于产权理论的研究主要集中在产权定义、产权内容、产权权能和结构，以及市场产权等领域，并在关于产权与市场经济关系方面的研究取得了一定成果。

1. 关于产权内涵的研究

国内早期关于产权定义的研究主要集中于产权是否等于所有权：一种观点认为产权不等于所有权。刘诗白（1993）认为，产权指在特定经济组织中人们对特定物和对象的排他性占有权，除了包括所有权外，还包括财产现实的支配占有权。刘伟、平新乔（1990）认为，产权有广义和狭义之分，广义产权包括所有权和债权，狭义产权实际上就是债权。刘尚希（2014）认为，所有权和产权在市场经济条件下应该是分离的，同一所有权下包含不同的产权。另一种观点认为，产权与所有权在内涵上是相等的。吴宣恭（1995）认为，广义的所有权即产权。程

---

① 道格拉斯·C. 诺思. 经济史中的结构与变迁［M］. 上海：上海三联书店；上海：上海人民出版社，1994：20.

恩富（1997）认为，产权和所有权的内涵从广义看是相等的。黄少安（2004）认为，广义的所有权等于"产权"，即对资产或财产的全部权利。尽管国内有人将所有权视同为产权，但是不断出现更多的学者认为产权包含比所有权更广泛的权利内容。

随着产权研究的深入，人们关于产权内涵的研究延伸至产权包含内容及其权能方面。一般认为，特定财产的完整产权，应该是一组权利，或者说是一个权利体系，而不是某一项单独权利。卢庆昌（1987）以《民法通则》有关规定表述为依据，将产权分为财产权、债权和知识产权，他认为财产所有权的内容就是财产所有权中所包含的具体权能，具体的权利包括占有、使用、收益和处分等权利，他强调对财产实际所有而形成的有内在联系的权利体系。黄少安（2004）认为，产权包括归属权、占有权、支配权和使用权。欧锦雄（2000）认为，完整的所有权结构应包括 5 个方面的权能，即占有、使用、收益、处分和归属。刘大生（2000）认为，产权的内容应包括以下 6 个方面的内容：财产所有权、财产获得权、财产占据权、财产利用权、债权、股权。杨立华（2013）认为，产权包括 5 种权利：所有权、使用权、收益权、处置权和转让权。

2. 关于产权制度与经济发展的研究

廖元和（1993）较早地在国内开展了关于产权制度和市场经济关系的研究。他认为，要实现我国公有产权制度同市场经济的有机结合，一方面要按照市场经济运行规律的要求对传统社会主义统制经济下的产权制度进行改造；另一方面，又要发挥公有产权制度的影响作用来消除市场经济的盲目性（廖元和，1993）。周秀英、刘月（2003）认为，产权制度与市场经济之间的内在性体现在：产权关系的明晰化有利于保证市场配置资源的高效性；产权界定的明确能有效克服市场交易过程中存在的外部性；产权的商品化有助于资源配置的优化。程启智（2004）认为，产权制度作为经济社会结构中最主要的核心制度，高度关系到一国的经济增长状况乃至该国的兴衰；因此，完善我国社会主义市场经济的核心在于建立现代产权制度。袁峥嵘、杜霜（2014）主要从知识产权的视角论述产权制度与市场经济的关系：市场经济是知识产权制度产生的基础，同时，知识产权制度又会促进市场经济的发展。卢现祥（2020）认为，产权保护是经济增长的关键因素和经济高质量发展的动力来源。高程（2012）基于国际竞争的视角认为，开放条件下国家间以经济增长为核心的竞争，实质上是非中性产权的竞争，因此，建立倾向于生产性集团的非中性产权保护制度至关重要。

3. 关于产权的其他研究

关于产权起源的研究。卢现祥（1996）根据人类社会产权及其制度的产生和发展演化，提出了产权发展的 3 个阶段：人类社会早期排他性的产权制度阶段、可转让性产权制度建立阶段和与组织形式创新的产权制度阶段。黄少安（2008）提出了"产权起源于'潜产权'"的新产权起源假说，"潜产权"指的是"还没有被正式认可但是实际上存在的权利"；他认为，只有具备以下条件才能实现从"潜产权"到"产权"的转化：资源稀缺型、特定稀缺资源财产权尚未明晰、时间上的长期性和延续性以及符合人们的意识形态。

关于产权功能的研究。刘诗白（1993）较为全面系统地对现代社会产权功能进行了概括归纳，认为产权具有以下功能：巩固社会制度的功能、实际占有关系制度化及其规范经济行为的功能、维系微观生产组织利益纽带的功能、市场机制形成的前提功能、提高微观经济效率的功能以及合理利用资源的功能。人们关于产权制度的研究仍主要局限在企业产权制度等微观有形产权的研究，而忽视了这些微观产权赖以生存和存在的现实条件——宏观产权或基础产权的研究。关于产权的理论和实践研究视野有待进一步拓宽。

4. 关于市场产权理论的研究

随着对产权研究和认识的不断深化，人们开始发现已有研究虽然建树颇丰，但仍然存在不足之处：第一，只把产权制度的内容局限于企业产权制度（魏杰，1998）；第二，对产权研究主要集中于企业微观产权，而忽视了对作为微观产权存在基础和条件的宏观产权——市场产权的研究（曾繁华，2002）。基于此，曾繁华教授于 2002 年在《论市场所有权》中首次提出了市场所有权理论，填补了产权理论研究领域的一个空白。他认为，市场本身也有一个产权界定及其制度安排问题（曾繁华，2002）。市场产权是指一国中央政府构建、所有、运作、管理并从市场获取收益的包括一系列权利约束在内的规则与制度安排。在经济全球化背景下，市场产权主体在解决国内市场产权契约关系问题的同时，还要解决全球市场各主体间关于市场产权的游戏规则（曾繁华，2002）。由此开展了关于市场产权理论与应用的系列研究的不断延伸，包括国家经济安全、区域经济发展、政府间关系以及国际贸易投资等研究领域。这些研究在强调市场产权重要性的同时，也开始初步探讨对市场产权理论范式的实证研究。

曾繁华（2007）在《国家经济安全的维度、实质及其对策研究》中提出了通过"重视市场产权制度建设"维护国家经济安全的软规制的观点。吕红梅（2008）从国家拥有市场所有权的角度对国家干预市场的理由、目的和依据进行了阐述。龙苗（2008）通过构建中央政府与地方政府间市场产权关系模型，对我国自改革开放以来中央政府与地方政府间市场产权关系的性质和演变特征进行了深入分析，并提出了进一步完善中央政府与地方政府间市场产权关系的建议。杨明东（2010）从市场产权的角度对国家经济主权职能的分离和让渡进行深入研究，通过对市场经营主体和外商直接投资（Foreign Direct Investment，FDI）的权利义务进行规范和完善来对国家经济主权和经济安全进行有效维护。龚征旗（2011）认为，在经济全球化的今天，为了建立更加公平的国际市场环境，世界贸易组织（World Trade Organization，WTO）等国际经济组织在制定国际贸易规则的过程中，应按照市场所有权具有国家排他性及市场产权具有可交换性等原则来维护发展中国家的市场产权权益。侯晓东、曾繁华（2016）基于市场产权理论的视角，解释了新常态下中国经济供需失衡的政治制度根源以及经济增长的潜力，并从供给侧改革和需求侧改革的视角提出对策建议。在市场产权同其他产权的关系方面，曾繁华等（2013）认为，市场产权作为基础产权，是其他产权的基础。

此外，国内一些学者开始以市场产权为理论依托，探讨了国家经济安全、产业安全、市场产权制度与经济效率关系等相关问题。陈永忠、高勇（2004）在《上市公司壳资源利用理论与实务》中将市场产权理论运用于上市公司壳资源价值研究，并认为市场产权就是上市公司拥有进入资本市场进行股权融资和股票交易的入市权利。作为上市公司独有的无形资产，市场产权是上市公司实现资本迅速扩张、大规模募集资金和实现股票交易等立足资本市场的重要保障。上市公司的壳资源构成主要包括股权资本价值和市场产权价值两个不可分割的重要组成部分（陈永忠和高勇，2004）。而我国目前实际进行的壳资源交易却忽视了壳资源的市场产权价值，使壳资源交易价格被严重低估，造成大量国有资本无形流失。如果国有控股上市公司按照市场产权理论确定壳资源的交易价格，国家得到的资本交易收益也将不断提高。王朝俊、陈诗波（2008）从市场的有限性和产权性出发，提出了一个关于国家市场产权与国家经济安全问题的分析框架，强调了市场产权在国家层面的重要性。蒋明、蒋海曦（2013）认为，市场产权强调的是市场为实现企业商品价值和使用价值而形成的可能的财产权利；因此，市场产权的主体应该是多元的，不应只限于政府。中国跨国公司可以通过获取市场产权特别是世界市场产权来扩张及发展自己。高海涛、原建松等（2014）在曾繁华将产权概念引入宏观经济安全的基础上，将产业安全纳入产权经济学的分析视角，进一步发展了宏观产权理论。

总之，各种关于市场产权理论研究的积极探索和大胆创新，对进一步深入分析国家经济安全、国家经济主权以及各级政府职能等问题，具有极其重要的理论和现实意义。尤其是市场产权理论强调"政府是市场产权的唯一主体，国家干预经济生活的根本原因在于国家拥有市场所有权"的观点，是对传统的"外在论""内在论""市场失灵论"等政府干预经济观点的进一步补充和发展。

（三）对现有产权研究的评述

可以看出，20 世纪 30 年代以来西方产权理论的发展呈现出以下特征：一是将产权看成是一种实现利益协调的社会关系；二是将产权研究看成是关于个人视角的权利设计，而且强调权、责、利的统一；三是在宏观层面上强调政府与产权制度对促进和阻碍经济社会发展产生的重要影响。

国内学术界关于产权的研究主要基于经济学领域和法学领域，而且研究成果颇丰，包含产权的起源、定义、内容、权能、结构以及产权制度和市场经济关系等领域，并强调了产权研究的重要意义。可以说，国内学术界关于产权的研究已经形成了一套较为完整的体系。但是，将产权理论在运用于解决以下实际问题的过程中仍有待深化和完善。

第一，产权应该强调的是权、责、利统一原则。因此，无论对于政府，还是市场上包括企业（尤其是国有企业）和个人等市场主体，三者相互之间的权、责、利关系应该是明确的。否则，既不能有效解决"市场失灵"问题以及彻底解决"风险大锅饭"问题，还会产生"政府失灵"问题，最终会导致市场经济运行过程中各种风险的不断积累直至风险爆发。有关产权理论的研究还有深入挖掘的广阔空间，例如，关于公有产权与政府产权的关系，政府与市场的边界，财政部门与金融部门、中央政府与地方政府以及政府与国有企业之间的产权关系等问题需要进一步明确和界定。

第二，虽然市场产权理论明确了市场产权的主体归属、构成要素、基本特征、基本形式、构成成本以及基本规则等，并对市场产权核心理论作了开拓性的积极探索，具有独到的学术观点；但总体而言，关于市场产权理论的研究尚处于起步阶段。正如刘瑞娜（2011）所质疑的那样，关于市场产权理论的许多界定和结论尚有待商榷。虽然市场产权理论明确了国家是市场产权的唯一产权主体，本质上属于公有产权。然而，国家作为一个抽象的主体，存在产权主体的事实"缺位"，必须通过其代理主体中央政府和地方政府来实现其产权要求。在没有厘清公有产权和政府产权、政府公共行政权力与政府产权关系问题的前提下，如果只是一味强调国家通过暴力潜能、提供包括法律和法规在内的市场规则以及通过对市场基础设施的投资和建设而对市场拥有所有权，则很可能会导致政府权力的泛化和非理性扩张，市场产权理论会成为政府非法牟利的错误理论依据。在缺乏监督和权力约束机制的情况下，必然导致地方政府通过对市场的过度干预以实现自身的效用最大化。尤其是政府在进行关于资源配置的市场规则制定时会做出于有利于实现自身利益的制度安排，甚至会不惜牺牲其他市场主体的利益，从而违反了公平和平等的市场交易规则，也有违于我国服务型政府的建设宗旨，最终将会给我国经济社会的发展造成巨大伤害。在关于市场产权收益的最终归属问题方面，由于市场产权的核心在于通过市场创造的财富分配权利，而非市场本身，因此，对于国家而言应着力解决好以下两方面问题：一是如何通过加强完善市场规则和制度安排，以创造更多的社会财富；二是由市场创造的财富最终应通过初次分配和再分配环节实现全民共享。只有这样，才能发挥广大人民群众对作为代理人的政府及其相关职能部门和国有企业的有效监督作用，有效解决公有产权主体"虚置"问题。

二、政府债务风险问题的国外研究现状

（一）国外关于地方政府性债务风险的研究现状

政府债务问题长期以来一直作为财政领域研究专家和学者关注的重点，国外学者较早就针对地方政府债务问题开展了研究，并且已取得丰硕成果。

1. 关于政府债务产生原因的研究

国外关于地方政府债务产生原因的研究主要体现在两个方面。一是基于地方政府承担公共职能和提供公共服务的视角。埃贝尔和伊尔马兹（Ebel & Yilmaz，1972）认为，地方政府通过债务融资刺激地方经济发展

和促进就业是地方政府债务产生的主要原因。亚历克斯和艾伦（Alex & Allan，1989）认为，整体社会福利水平提升导致政府赤字扩大，是地方政府债务产生的主要原因。奥茨（Oates，2002）认为，地方政府承担着投资规模大、投资成本不易回收的公共基础设施职责，是地方政府债务产生的原因。范德（Vander，2004）认为，由于地方政府中用于加速发展消防、治安、公路等城市化设施的支出需要大量的资金，而地方政府自身的有限财力远不能够提供这些资金，因此，需要借助于资本市场上的发行市政债券、银行借款和融资租赁等多种途径进行债务融资。哈恩和普劳思（Haan & Prowse，2014）认为，老龄化导致的潜在劳动供给量降低，进而导致养老金和医疗保障系统负担增加，是地方政府债务风险产生的主要原因。佩尔森和塔贝利尼（Persson & Tabellini，1996）认为，中央政府对地方政府债务风险的隐性担保是地方政府债务风险产生的主要原因。马丁内斯·瓦兹奎斯和乔（Martinez - Vazquez & Qiao，2009）认为，中央政府因调节地方财政不均衡问题而借助的转移支付制度导致了地方政府主动负债，是地方政府债务产生的主要原因。怀尔德森（Wildasin，2004）通过分析预算软约束、救助预期以及财政、金融的不稳定问题对地方政府行为的影响机理发现，地方政府在预算软约束和救助预期的情况下会倾向于扩大财政赤字和增加政府债务。

2. 关于政府举债态度的研究

长期以来，西方学者一直围绕政府举债的必要性进行争论。从历史发展来看，西方学者对政府债务的认识大致经历了 4 个阶段。第一阶段，以亚当·斯密为首的古典经济学家主张自由放任的经济政策，政府主要扮演"守夜人"角色，在政府支出方面应秉承节俭原则，因此，应严格限制政府举债行为。第二阶段，20 世纪 30 年代爆发资本主义经济危机，古典经济学的市场均衡理念从根本上受到动摇。以凯恩斯为代表的西方经济学派认为，有效需求不足才是导致宏观经济失衡的主要原因。因此，应采取积极的财政赤字政策来刺激经济增长，并对政府举债的合理性进行分析和研究，为政府举债行为提供了理论依据。第三阶段，20 世纪 70 年代出现的经济滞胀现象，使得资本主义经济学家深刻认识到政府债务风险的严重性，认为政府举债不利于经济发展，借债规模过大将会给经济带来沉重的负担。例如，萨缪尔森（Samuelson，1972）认为，巨额政府债务不利于经济社会的稳定和发展，因为在社会资本总量既定的情况下，巨额政府债务替代了私人资本，增加了税收带来的损失效率，因而抑制了一国的潜在产出。[①] 以布坎南为代表的公共选择学派认为，虽然政府举借债务在短期内对经济增长起到了一定的刺激作用，但是从长远来看，政府过度举债需要还本付息，这会造成对未来需求的压缩，尤其是当政府偿债能力不足时，会通过借新还旧形式偿还债务本息，从而形成新的债务并导致债务不断积累，引发债务危机，甚至是金融危机。因此，从总体上看，政府举借债务对经济增长的影响是无效的。第四阶段，随着人们对政府债务的认识不断深化和成熟，该阶段主张加强政府债务管理，发挥政府债务对经济发展的促进作用。斯蒂格利茨（1987）基于政府债务资金用途和开放经济背景的角度，通过深入分析政府债务风险后得出"政府债务具有一定合理性"的结论。

3. 关于政府债务风险生成机制及其对经济的影响研究

美国经济学家海曼·明斯基（Hyman·P. Minsky）的"金融不稳定假说"（Financial Instability Hypothesis）指出，以商业银行为主的信用创造机构和贷款人的特征使得现代金融制度具有不稳定性的基本特征，在经济繁荣时期，投机性借款人和高风险借款人迅速增加，使得金融风险上升（张珂，2011）。苏特（Suter，1989）的国际债务综合理论认为，经济繁荣伴随着国际借贷规模扩张，为了追求更高回报，发达国家资本不断流向资本相对不足的发展中国家，其结果是导致发展中国家投资外债增多，加重了债务国的财政负担；随着经济周期进入低谷，作为发展中国家主要还债来源的初级产品出口收入也随之下降，致使其丧失

[①] 保罗·萨缪尔森，威廉·诺德豪斯. 宏观经济学第16版［M］. 北京：华夏出版社，1999（09）：278.

偿债能力，最终爆发债务危机和财政危机。[①] 科尔塞蒂等（Corsetti et al.，1999）指出，政府会对国内商业银行信贷的隐性担保产生道德风险，从而使得银行不良贷款增加，导致政府产生财政赤字，甚至可能发生财政危机。在关于政府债务风险对经济增长的影响方面，莫蒂里安尼（1961）认为，尽管政府债务对当代人来说是有利的，但对后代来说可能会造成极其昂贵的代价，沉重的债务负担会对政府的生产性资本带来不利的影响。戴蒙德（Diamond，1965）认为，政府主要通过征税的方式来偿还债务本息，会使纳税人的消费和储蓄减少，进而减少了资本存量。托宾（Tobin，1978）认为，虽然短期债务融资能够提高有效需求、增加产出和促进就业，但长期来看，政府债务融资会挤出社会资本，不利于经济增长。埃尔门多夫和曼昆（Elmendorf & Mankiw，1999）也认为，政府债务虽然在短期内能够刺激总需求、增加总产出，但从长期看，政府债务融资会导致国民储蓄减少，进而不利于总产出的增加。2008 年全球金融危机爆发后，很多国外研究者就政府债务与经济增长之间的关系进行了实证分析，研究成果颇丰。库玛和伍（Kumar & Woo，2010）基于发达国家和新兴经济体几年来的数据，就公共债务对长期经济增长的影响进行实证分析后得出结论：高额的政府债务不利于经济增长，这种不利影响主要表现为由投资减少和资本存量增长放缓进而导致劳动生产率的降低所致。斯瓦姆（Swamy，2020）基于 1960 ~ 2009 年的数据对政府债务和经济增长的关系进行分析发现，政府债务与经济增长之间存在负相关关系。埃希吉马索和利恩（Ehigiamusoe & Lean，2019）考察了西非地区政府债务对金融与经济增长关系的影响，发现金融发展对增长的影响随债务水平的变化而变化，当债务超过 GDP 48.6% 的门槛水平时，金融发展对增长的边际影响变为负。

4. 关于政府债务风险管理方面的研究

国外关于地方政府债务风险管理的研究起步相对较晚，政府债务风险管理研究的代表人物——美国哥伦比亚大学商学院教授桑达雷森

---

① 高鸿桢，朱平辉. 国家金融安全的统计分析 [M]. 北京：中国统计出版社，2005.

（Sundaresan，2002）主张政府部门借鉴企业的经验和方法加强对债务风险进行管理。希克（Schick，2002）认为，可以采用债务披露、增加财政预算风险决策项目、限制风险和风险转移等预算工具实施政府债务风险管理。哈娜（Hana，1999）提出的财政风险矩阵（fiscalrisk matrix），揭示了政府债务不同类型及其伴随的不同债务风险，奠定了关于政府债务风险的分析框架，为各国对政府债务风险进行全面有效监管提供了理论指导。在关于政府债务可持续性评估研究方面，伊斯特利和尤拉夫利夫科（Easterly & Yuravlivker，2002）提出利用资产负债表法对政府债务的可持续性进行评估。刘和外贝尔（Liu & Waibel，2010）认为，为了防止中央政府对财政困难地方政府救助产生道德风险进而导致地方政府的过度举债行为，应通过政府贷款事前对地方政府的财政状况进行监测、事后对政府债务进行重组的方式进行管理。达利奥（Dalio，2012）主张通过债务重组、缩减支出、财富再分配、债务货币化等途径对地方政府债务进行去杠杆管理。柯里等（Currie et al.，2003）通过对 OECD 国家在 20 世纪 80 年代后期和 20 世纪 90 年代关于公共债务管理制度安排的经验，就新兴国家和转型国家的政府债务管理提出了相应的经验借鉴。马丁（Martin，2012）提出，通过设计良好的公共债务管理策略可以帮助发展中国家降低借贷成本、遏制金融风险和发展国内市场。

（二）国内关于地方政府债务风险的研究现状

改革开放以来，中国政府各项权力随着综合国力的增强而不断强化，干预经济的力量也随之增强，地方政府债务规模也在不断扩大，相应地，地方政府债务风险逐渐凸显，并引起了政学两界高度重视。

1. 关于地方政府债务风险的定义

从已有的文献看，国内关于地方政府债务风险定义的研究颇多。在中国，不仅在国家财政，而且在国有企业和国有银行出现支付困难时，政府也自然地承担着偿债或担保义务，政府债务应将三者负债包括在内。为此，樊纲（1999）从财政—国有企业—国有银行体系"三位一体"框架出发，提出了"国家综合负债"概念。张春霖（2000）认为政府债务风险表现为国家财政资不抵债（insolvency）和无力支付（default）的风险。林国庆（2001）认为地方政府债务风险具有转轨性、传导性、连锁性特征。刘尚希（2003）认为，政府债务风险是指政府所拥有和动员的各种公共资源不足以支付其应承担的支出责任和义务，并可能会对经济、社会的稳定与发展带来损害的风险。地方债务起源于赤字，而且这种赤字无法通过发债以外的手段进行弥补，反映的是一种未来的支出压力（刘尚希，2003）。刘星（2005）认为，地方政府债务风险是指由于财政制度和财政手段本身的缺陷以及各种经济等不确定性因素，导致地方政府的财政收支矛盾激化，进而对财政稳固与平衡造成破坏的可能性。它表现为国民经济长期发展过程中财政赤字不断积累的结果。俞乔（2013）认为，债务风险本质是对未来信用透支的风险。苑德军（2014）认为，我国当前地方政府债务风险主要表现在：经济减速弱化地方政府偿债能力的风险，由房地产泡沫破灭导致地方政府性债务的违约风险，期限错配流动性风险，地方政府"借新还旧"导致的地方债务风险的转移和风险累积，非信贷融资比重上升，地方政府融资平台运作不规范风险。李敏（2014）认为，地方政府债务风险是指地方政府所承担的债务无法按期还本付息的可能性，以及由此产生的地方政府财政无法正常运转、无法完成其财政职能的支出责任的可能性；他认为，从不同的角度可以将地方政府债务风险进行不同的分类。例如，从偿债角度可将地方政府债务风险分为偿债风险和流动性风险，从债务风险产生原因的角度可分为区域性风险、复杂性风险和传递性风险，从债务风险表现形式分类，可分为规模风险、结构风险、管理风险和外在风险。中华人民共和国审计署在关于《全国政府性债务审计结果》的公告中，将"政府性债务"分为 3 类：政府负有偿还责任的债务、政府负有担保责任的债务以及政府可能承担一定救助责任的其他相关债务。

2. 关于地方政府债务产生的原因

国内关于地方政府举债原因的研究主要从财政体制、经济发展方式、政绩考核模式以及管理制度等方面开展。

（1）基于我国财政体制的视角。郭玉清（2011）认为，中国地方政府举债的原因主要有以下几方面：一是财政体制约束。例如，中央出政策、地方付账的项目，上级对下级的财政专项转移支付中要求地方负担大量配套资金的项目。二是地方政府投资冲动，出于追逐利益的动机，再加上不完善政绩考评机制，各地方政府不顾自身财力限制，盲目投资建设项目。马海涛、马金华（2011）认为，关于我国地方政府债务的成因在2006年以前，财政体制因素是主要原因；2006年以后，财政体制因素和经济增长方式因素是主因。此外，法制缺失和多头管理也是我国地方政府债务产生一个重要的原因。王蓓（2013）从当前我国地方政府的经济发展模式角度提出，地方政府的财权与事权不匹配是导致地方政府债务激增的根本原因。李红霞、刘天琦（2013）认为，我国中央政府与地方政府间财权与事权"倒挂"是地方政府债务产生的重要原因。陈凡、王海成（2013）认为，现行财政体制下各级政府之间财权事权划分不清、匹配程度不高导致了我国地方政府债务的产生。邹东涛、马骁（2013）从新制度经济学的角度认为，中央政府和地方政府巨大的财政偏好，预算外资金、行政层级过多，以及中央和地方两级政府间的隐性博弈等非制度化因素是我国地方政府债务产生的主要原因。

（2）基于我国经济增长方式的视角。赵权厚（2011）认为工业化和城市化是我国地方政府债务产生的主要原因。类承曜（2011）认为，政府主导型经济发展方式是我国地方政府债务不断增长的最主要原因。吴兰琼、陶凌云（2012）认为，我国的投资拉动经济增长方式导致经济失衡，是地方政府债务产生的主要原因。

（3）基于我国地方官员政绩考核模式的视角。李茂媛（2012）认为我国地方政府债务迅速增加的原因主要有三个方面：分税制改革、地方官员的激励模式以及官员的效用最大化追求。邢治斌、仲伟周（2014）认为，我国不合理的财税制度、不科学的政绩考核制度、不健全的投融资制度以及不完善的债务管理机制是我国地方政府债务膨胀的诱因。史亚荣、雷寂（2014）认为，地方财政入不敷出、来自各方面的政治激励竞争机制以及我国地方政府与银企的畸形关系是我国地方债务规模激增的主要原因。刘世锦（2018）认为不正确的政绩观是地方政府官员变相违法违规举债的主要原因。

（4）基于管理制度的视角。债务监管不严格导致预算约束和债务的借、还和使用等政府债务管理环节缺失，无法有效管控地方政府债务的发展动态，进而导致了地方政府的过度举债行为。例如，曹萍、周巧洪（2015）认为，由于缺乏具有权威性的地方政府债务监督管理机构，导致地方政府债务信息不透明，是地方政府债务产生的主要原因之一。封北麟（2018）认为，由于中央在制度与政策设计上存在漏洞，加之执行不力和监管乏力等原因，导致地方政府通过各种方式违规变相举债。马蔡琛（2018）认为，我国相对滞后的债务管理使得无法对各种创新金融工具实施有效监管，导致地方债务加剧。刘尚希（2018）认为，由于财政风险评估机制的缺失，在缺少风险评估机制约束的情况下，地方政府更倾向于随意举债。

3. 关于地方政府举债效应

刘利刚、陈少强（2006）认为，地方政府举债在深化财政体制改革，缓解年度间支出与需求相差过于悬殊的矛盾，实现城乡统筹、促进经济稳定和加快民主化进程等方面具有积极效应。石绍宾（2007）认为，利用地方债务为地方公共产品融资可以产生3个方面的效应：一是预算效应，可以降低地方公共品支出对地方政府财政收入的依赖程度；二是负激励效应，地方官员的短期政绩目标会激励地方政府过度利用公债进行投资；三是迁移效应，利用地方债务为地方公共品融资会对居民同时产生迁入和迁出效应，刺激了人口的流动。刘朝、周宇（2011）认为，地方政府债务具有双重效应。地方政府债务的正效应体现在：有利于缓解地方财政压力、改善地方政府调控经济的水平、提高地方政府公共产品和服务的供给；地方政府债务的负效应体现在：导致地方政府偿债压力过大、地方政府威信下降、地方债务危机和财政危机转移。汤睿君（2012）认为，政府举债虽然可以提供更多的公共产品与服务、增加就业岗位、改善生活环境、促进经济增长，但当地方政府债务超过了地方财政的可承受程度，则会带来财政风险，降低政府的公信力。李新光、胡日东（2016）通过构建空间模型对中国省域债务水平增长的空间效应进行研究得出结论：周边邻近地区债务水平对本地区债务水平具有正向传染效应。李冠青等（2019）基于网络效应的视角，通过采用2009~2016年的面板数据实证分析地方债务资金对不同产业的拉动效应，认为债务资金投向的有效性取决于是否投向相宜的产业、地区。陈望云（2018）运用2005~2016年的数据就地方政府债务对我国经济增长的影响进行实证分析后得出结论：政府债务的经济增长效应具有明显的区域差异性特征。

4. 地方债务风险的生成机制

吴俊培、李淼焱（2013）从我国的财政体制、转移支付制度和税制等方面分析了地方债务风险的机理。徐海波（2013）从政府融资平台贷款和土地财政两个角度分析了财政风险向金融风险转化的形成机理。宁宇新、薛芬（2012）分析了地方政府负债增长的内在动力机制，并说明在经济下行阶段，高杠杆率、高投资的地方政府增长模式有潜在引发区域金融风险的可能性。周晓明（2013）剖析了地方债务依托的地方政府融资平台公司通过与地方政府土地财政，以及与地方性商业银行、信托公司、影子银行之间环环相扣的合作关系导致了金融风险并有可能演变成中国式"次贷危机"的可能性。伏润民（2013）认为，权责时空分离的存在导致地方政府举债权力的无约束扩张是我国地方政府债务风险产生的根源。唐云锋（2016）认为，行政集权与财政分权间体制导致地方政府脱离现实追求经济快速发展，是我国地方政府债务风险产生的制度性根源。杨婷婷（2019）从财政分权和晋升激励的视角分析了地方政府债务风险的形成机制：在财政分权背景下，一方面，我国的分税制改革导致地方政府财力上移和事权下压，地方财政收支缺口不断增大；另一方面，不完善政绩考核制度带来的晋升激励，使地方官员更倾向于通过实施"资源密集型"工程来拉动经济增长，在财力约束的情况下，地方政府通过举债融资方式成为必然选择。唐云锋、刘清杰（2020）论述了地方政府债务风险与房价双向叠加效应：地方政府对土地财政的依赖不仅强化了房价对地方政府债务风险的抑制作用，也强化了地方政府债务风险对房价的刺激作用。马树才等（2020）利用2005～2017年省级面板数据和中介效应模型，从土地财政、信贷扩张和影子银行等方面分析了地方政府债务风险的传导路径。

5. 我国地方政府债务风险的对策

王蓓（2013）从增强地方政府的偿债能力和推进财政责任法体系建设等方面提出对策。史亚荣、雷寂（2014）就合理划分中央政府和地方政府的事权，设定风险标准，对地方政府投融资平台进行透明化、市场化、规范化改革和加快政府职能转变等方面提出了对策建议。徐海波（2013）从融资平台差异化处理和拓宽地方财政资源等方面提出政策建议。马海涛、马金华（2011）认为，解决我国地方政府债务的根本出路在于地方政府举债债券化，最终使地方政府债务走向透明化、法制化、市场化、规范化的道路。吴俊培、李森焱（2013）从逐步完善地方税体系、建立一般转移支付制度、建立地方债务约束机制等方面提出对策建议。宁宇新、薛芬（2012）从构建地方政府负债与区域金融风险联动管控机制方面提出建议。史亚荣（2020）探讨了利用区块链技术在地方政府隐性债务治理过程中的应用。邹悦（2020）认为，有效防范和化解地方政府债务风险必须处理好4个方面的关系，即政府和市场的关系，中央和地方的财政关系，经济结构调整与地方经济发展的关系，短期和长期目标的关系。王璐（2020）认为，为防范由地方政府债券违约引发地方政府债务系统性风险的发生，应分别从政府债券违约处置的法治逻辑和金融法规方案等途径寻求法制化治理对策。

（三）关于政府债务风险问题的国内外研究现状评述

1. 对国外研究文献的评述

国外关于政府债务的研究可追溯到欧洲中世纪的托马斯·阿奎那（Thomas Aquinas）反对国家举债的观点（李敏，2014），在随后的几百年时间里，关于政府债务的研究主要围绕政府举债的必要性展开争论并提出自己的观点。关于政府债务风险的研究则主要在 20 世纪 80 年代末以后，直至 20 世纪 90 年代才对政府债务风险进行了深入的研究，研究重点主要集中体现在政策及技术层面上，而且相关研究也取得了不少开创性成果。例如，汉娜的"财务风险分析矩阵"已经成为当前国际经济组织及许多国家分析政府债务风险的主要参考。

然而，由于受到崇尚自由经济思想的影响，在对实际经济问题进行分析研究时，没有把研究经济问题放在具体的包括政治、经济、法律以及社会和文化在内的社会范围内进行分析研究。换句话说，西方国家学者关于政府债务风险的研究忽略了对特定国家或地区既有的政治、经济、法律制度等角度进行研究，而这些因素对于该国政府债务风险的评估和管理有着重要影响。尤其是对于中国而言，由于政治经济制度、法治以及文化传统等不同于西方民主国家，因此，抛开这些因素而单从技术方面分析和研究中国的地方政府债务风险显然有着明显的理论缺陷。由此可见，国外关于政府债务风险理论的分析和研究成果在适用性方面存在不足之处。

此外，国外早期的文献缺乏系统地从财政风险和金融风险相互传感的角度对政府债务风险进行研究。他们多半只是单纯地从财政风险和金融风险产生和防范的角度，通过财政政策和货币政策协调应用的方式来调控经济和化解政府债务风险，并未系统地从研究财政风险和金融风险相互传感的角度来分析政府债务风险产生的影响。

2. 对国内研究文献的评述

关于地方政府债务的研究，主要存在以下问题：

首先，关于中国地方政府债务风险临界点的确定忽略了结合中国实际情况进行研究，人们多半是在国际通行经验基础上做了部分调整；而对中国地方政府债务风险现状的研究则多半以描述性和计量分析为主，尤其是在计量分析过程中因为关键性数据的可得性和真实性等，外加这些数据具有地域性和孤立性等缺陷，所以计量分析研究得出的结论具有局限性，无法导出普遍规律。在采用国际指标对中国地方政府债务风险进行判断的过程中，国内文献很少考虑国际政府债务指标体系对中国的适应性问题，尤其是较少结合中国的政治经济制度、法治建设状况和传统文化因素等问题进行分析，这种单纯以国际指标体系为依据的地方政府债务风险判断的科学性是值得怀疑的。

其次，关于中国地方政府债务风险的形成原因，许多学者把中国地方政府债务风险产生的主要原因归咎于不完善的分税制改革、中国长期形成的经济增长模式、地方政府的政绩考核模式以及地方政府债务风险管理制度的缺陷等，而这些只是导致债务风险产生的直接原因，很少有人从这些直接原因背后隐藏着的制度性原因进行深层次分析。因此，有关中国地方政府债务风险成因的分析难免存在片面性。

再次，关于中国地方政府债务风险的分析研究，现有的研究主要存在以下几方面问题：一是关于地方政府债务风险的研究过于简单化。现有关于政府债务问题的研究主要是沿袭传统的主流分析框架，将政府债务视为单纯的经济问题，由于难以摆脱单一经济学分析范式的羁绊，在相对复杂和充满不确定性的市场环境中缺乏解释力和预测力，因此，在实践中长期出现干预—失败—再干预—再失败的政府与市场"双失灵"困境。二是采用计量的方法，以全国或某一地方的数据为标本从地方政府债务产生原因的角度进行分析，因数据的地域性限制和分析方法的相对静态性，无法反映出地方政府债务风险的普遍规律。三是单纯从财政风险或金融风险的角度分别进行分析，忽略了从财政风险和金融风险的相互传感和放大的角度进行全面系统分析。

最后，关于化解中国地方政府债务风险对策的研究，虽然国内学者和专家从不同的角度进行了大量的研究工作，并提出了很多建设性的意见，但由于缺乏对地方政府债务风险产生的深层次原因进行分析，基于表象层面提出的对策思路不可能从根本上有效解决中国地方政府债务风险问题。

因此，本书以中国地方政府债务风险的现状、中国地方政府债务风险产生的深层次原因以及中国地方政府债务风险生成机理为研究的中心线索，从产权制度的视角，对地方政府债务风险形成的根本原因和债务风险的生成机理进行分析和揭示，从而为地方政府债务风险的治理策略提供更加科学的依据。

第三节　研究思路、分析框架、研究方法、创新之处及不足之处

一、研究思路

本书的研究思路如下：第一，由中国地方政府债务不断积累和快速膨胀所引发的风险问题是一个亟需解决的重大课题。第二，笔者在充分搜集和分析国内外有关地方政府债务、产权及其相关理论文献、著作及其相关数据的基础上，立足于我国实际国情，详细分析我国地方政府债务发展历史沿革、地方政府债务风险现状及其产生的深层次原因。第三，利用规范与实证相结合的分析方法，对我国地方政府债务风险进行系统分析和研究，包括地方政府债务风险的度量与评估、地方政府债务风险分布等。第四，从产权理论的视角针对由中国地方政府债务引起的财政风险向金融风险转移和传感放大的生成机理进行分析。第五，通过对其他国家化解地方债务经验进行分析总结的基础上，提出防范和化解中国地方政府债务的对策建议。

二、分析框架

本书的分析框架如图 1 - 1 所示。

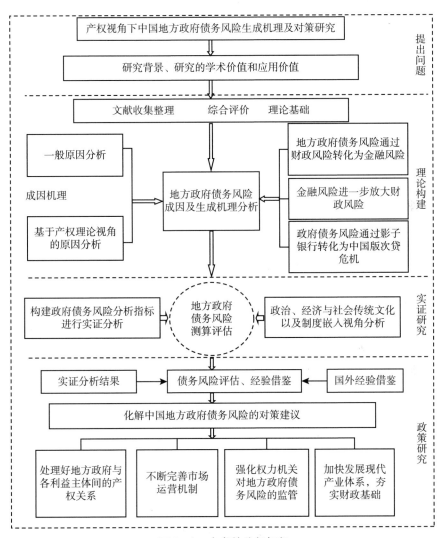

图 1-1 本书的分析框架

三、研究方法

（一）规范分析与实证分析相结合的方法

本书以我国产权制度为基础，从我国中央政府与地方政府间产权关系、金融部门与财政部门间产权关系，以及地方政府与国有企业间、国有银行间产权关系的角度，探讨我国地方政府债务风险的生成机理及其产生的根本原因，提出化解我国地方政府债务风险问题的对策建议。同时，本书将从国家统计局、中国人民银行、中华人民共和国财政部和各省份公布的数据，搜集与研究相关的数据资料，并对资料进行收集整理和分析。

（二）历史分析和比较研究的方法

本书通过对从晚清至民国时期、中华人民共和国成立初期、改革开放初期、1994 年税制改革和 2008 年金融危机至今 5 个时期的地方政府债务发展情况及其采取的解决措施进行分析和论述，从而对我国地方政府债务发展的脉络进行较为清晰的认识。同时，本书分别选取了世界上不同类型的发达国家和发展中国家为研究对象，对这些国家化解本国地方政府债务风险采取的措施及其效果进行深入分析和经验总结，为我国有效化解地方政府债务风险提供经验借鉴和启示。

（三）跨学科研究的方法

理论与实践相结合是科学研究的最基本要求之一。除了对经济社会问题基本规律进行理论研究外，还需通过实践的方法对已有规律探索的正确性与否进行有效检验。本书将运用产权的相关理论和方法，同时结合新制度经济学、公共经济学、博弈论、经济学和政治学的相关理论，对有关地方政府债务风险的相关问题进行分析，采用案例研究对债务风险识别、产生原因、演进机制以及对策分析等相关理论进行分析。

四、创新之处

1. 学术思想创新

地方政府债务问题研究具有跨学科属性，并与一国政治、经济、社会和法律等制度领域具有密切关联。本书基于委托代理的视角，构建"人民—国家—政府—市场"分析框架，重新定位人民、国家、政府和市场的关系，强调人民是国家和政府的委托者，政府作为人民和国家的代理人，其行为要受到国家制度框架的约束；同时，政府作为市场活动的重要参与者，也要受到市场规则的约束；强调公有产权的终极所有者为一国或人民所有。本书为充分发挥人大机关、人民群众和社会舆论对各级政府关于债务资金举借和使用情况进行监督的合法性与合理性提供了更进一步合理解释，这也是对产权理论的进一步发展。

2. 学术观点创新

本书将产权理论引入了地方政府债务风险问题的研究，以我国产权制度为基础，从我国金融部门与财政部门间产权关系模糊、中央政府与地方政府间产权关系不明晰、政府和国有企业间产权关系不清晰等角度探讨了我国地方政府债务风险产生的根本原因及其生成机理，使产权理论在理论研究和具体应用上获得了较强的解释力。关于中国地方政府债务风险识别和研判方面，通过嵌入我国特有的制度、历史、文化以及法律视角，分析我国地方政府债务风险在既有的政治经济制度和社会文化背景等视角下的表现，克服传统仅凭实证方法的数据结论作为地方政府债务风险判断依据的做法，从而更清晰地对中国地方政府债务风险现状进行研判。关于地方政府债务风险的化解方面，本书结合美国底特律市申请破产保护等案例分析，从产业发展规律和经济结构优化的视角，提出发展现代产业体系化解地方政府债务风险的观点，并就现代产业体系化解地方政府债务的机理进行分析。

3. 研究方法创新

在研究方法上，本书采用了历史逻辑统一方法、哲学方法、演绎归纳法、比较分析法以及规范和实证分析法等多种研究方法，并在此基础上广泛借鉴了法学、政治经济学、新制度经济学、公共经济学、发展经济学以及法学等多重理论视角进行综合研究。

五、不足之处

第一，由于从产权视角对地方政府债务风险问题进行研究的不多，从而使得笔者在借鉴既有研究经验方面存在不少困难，加上笔者知识水平有限等原因，使得本书存在许多不足之处。

第二，地方政府债务风险的量化标准有待进一步深化。本书关于地方政府债务风险的量化和评估，主要从国际通行政府债务风险识别标准以及地方政府资产负债的角度对中国地方政府债务风险进行度量和评估，而这两种评估方法都是建立在已有研究成果的基础之上。由于受限于数据搜集和具体方法的应用，本书未能进一步建立关于中国地方政府债务风险评价的指标体系并进行实证分析，或是建立一个嵌入中国的制度和传统习俗文化因素条件下的地方政府衡量量化指标，希望在今后的研究中能取得这些方面的研究成果。

第二章

中国地方政府债务风险研究的理论基础

第一节　产权及其相关理论

产权为制度集合中最基础的制度安排，产权理论、国家理论、意识形态理论是制度变迁理论的三大基石。通过对产权及相关理论进行分析，有助于人们理解不同经济制度下的产权安排及其对人的行为、资源配置和经济绩效产生的重要影响，并了解政府部门在产权界定和保护中的作用。当前，我国经济正从高速增长阶段向高质量发展阶段转变，高质量的经济发展离不开资源的最优配置与经济社会激励结构的结合；而激励结构则由产权和制度决定，经济高质量发展离不开产权保护所发挥的重要作用。

1. 产权的概念

产权是中国 20 世纪 80 年代以后由于国有企业改革的需要，从西方产权经济学引进的概念，在产权概念引进之前多使用所有制。关于产权的定义，中外学者从不同的视角，给出了很多定义，主要包括以下几类：

（1）产权是否等于所有权。一种观点认为，产权等于所有权，持这种观点的研究者从广义视角出发，强调产权主体对客体的最高支配权——所有权。例如，配杰威齐认为，产权表明所有的人必须遵守与物相对应的行为准则，而这种准则就是所有权（刘伟和李凤圣，1998）。另一种观点则强调产权拥有比所有权更为宽泛的范畴，当不同形式的产权权能不只集中于一个主体时，所有权只是占有的基本性质，而产权包括占有、使用和支配等权能则反映了不同主体之间的权、责、利关系。例如，《牛津法律大辞典》把产权视为由"若干独立权利的集合体"，而非单一的权利，产权就包括了"占有权、使用权、用尽权、滥用权、出借权、出租权、设定担保权、赠予权、出售权和遗赠权"等与财产有关的权利。①

（2）产权是由法律强制性规定的有关人对物的相关权利。这种观点将产权视为法律意义上存在的产权——法权，而忽视了产权作为经济关系的存在。例如，《不列颠百科全书》将产权"property"视为"法定权利的客体"，是指"人与人之间对物的法律关系的综合"。②

（3）将产权视为由人对物的权利而发生的人与人之间的社会关系。这种观点从产权权能的视角出发，是对产权"法定权利"观点的思想升华，在一定程度上揭示了产权的本质。

（4）将产权视为一种社会工具。这种观点主要强调产权的功能作用，例如，德姆塞茨认为产权作为"一种社会工具"，能帮助一个人形成他与其他人进行交易的合理预期（科斯等，1994）。产权的一个主要功能是引导人们实现将外部性较大地内在化的激励（科斯等，1994）。

（5）产权本质上是一种生产关系。"私有财产是生产力发展一定阶段上必然的交往形式"③，这种观点属于马克思的产权观，他从历史唯物主义的视角出发，认为产权制度的变革取决于社会生产力与生产关系、经济基础与上层建筑之间的矛盾运动，强调了人对产权关系背后的

---

① 沃克. 牛津法律大辞典［M］. 北京：光明日报出版社，1988：729.

② 美国不列颠百科全书公司. 不列颠百科全书（K—P）［M］. 北京：中国大百科全书出版社，2007：1099－1100.

③ 马克思，恩格斯. 马克思恩格斯全集（第46卷上）［M］. 北京：人民出版社，1979：490－493.

人与人关系根源。综合上述众多产权经济学家关于产权的定义可以发现，产权包含以下几方面的内容：首先，产权是一种权利束，一般将产权归结为 4 种基本权利：所有权、使用权、用益权和让渡权（卢现祥和朱巧玲，2017）；其次，产权反映的是权利主体之间的权、责、利关系；最后，经济学上的产权反映的是经济关系，产权制度的变革取决于生产力的发展状况。可以把产权定义为：特定社会制度和发展阶段下，由于物的存在以及关于它们的使用所引起的人们之间相互认可的行为关系。产权反映的不仅是人们关于财产使用的权利束，还确定了人们关于权、责、利相统一的制度规范。

2. 产权的类型

从产权形式看，主要有三种：一是私有产权（private property rights）。私有产权是对必然发生的不相容的使用权进行选择的权利分配。它们不是对可能的使用所施加的人为或强制性限制，而是对这些使用进行选择时的排他性权利分配（刘静，2004）。换句话说，私有产权是赋予人们对必然发生不相容的各种用途进行选择的权利。对于私人权利的所有者而言，他有权排除任何人使用这种权利。但由产权的可分割性可知，私有产权可由两人或多人行使各自不同的权利，而非由一个人掌握所有的权利。只要每个人拥有的权利是互不重合的，那么由多个人同时对某一财产行使的权利仍属于私有产权。私有产权的关键在于，所有权利行使的决策完全由私人作出并承担决策后果。二是共有产权（communal property rights）。共有产权是将权利分配给共同体内的每一位成员，但排除了共同体外任何成员享受这种权利，以及对共同体成员行使这些权利的干扰。由于共有产权在共同体内不具排他性，这种产权容易造成资源利用过程中的"公地悲剧"。三是国有产权（state-owned property rights）。国有产权意味着只要国家按可接受的政治程序来决定谁可以使用或不能使用这些权利，它就能排除任何人使用这一权利（朱巧玲，2007）。在国有产权下，国家通过选择代理人行使权利的方式，一方面，对于作为权力使用者的地方政府而言，由于其对资源的使用、转让乃至成果的分配都不具备充分权能，就会导致代理人对经济绩效和其他成员的监督和激励程度降低；另一方面，作为委托人的国家而言，要对作为代理人的地方政府进行有效监督须耗费极其高昂的成本，而且其权利的行使为追求政治利益而偏离了经济利润最大化原则，其选择的代理人也同样为了追求政治利益最大化而偏离经济利润最大化的倾向，因而国有产权在对资源进行配置的过程中也存在极大的负外部效应。

3. 产权的功能

产权作为一种基础性制度安排，不仅对经济主体的行为选择和经济绩效有着至关重要的影响作用，而且对政治也有着广泛深远的影响。长期以来，人们对产权功能的分析主要侧重于经济领域，较少考虑产权的政治功能。因此，对产权功能的分析应从经济、政治领域来进行系统分析。其中，产权的经济功能主要包括激励与约束功能和资源配置功能，产权的政治功能主要包括政治保护功能和权利决定功能。

（1）产权的激励与约束功能。产权保护是经济增长的必要制度条件，良好的产权安排能够为经济主体产生稳定的预期，促进生产，进而有助于社会财富的增进。产权的激励功能主要通过良好的产权界定降低合约成本，增加对未来预期的确定性，促使获取未来收益的概率增大，增加了经济主体的创新激励，同时也伴随着相应的责任与义务。因此，产权从责任义务的视角来看又是一种约束。产权约束功能表现在：通过清晰的产权界定，在明确经济主体权利的同时，也对其相应的责任、义务做了明确的规定，使人们知道逃避责任、义务所要付出的代价。

（2）产权的资源配置功能。产权的资源配置功能是指通过产权安排或产权结构改变资源的配置状态，以特定方式来影响人们的行为选择和预期，进而对资源的配置、产出构成和收入分配进行调节。产权决定了特定经济社会中的产权主体及其相应的资源配置方式，进而规定了不同社会主体在社会财富分配中所处的不同地位。因此，即使资源禀赋是类似的，但不同社会的产权制度安排会导致不同的行为选择和经济绩效上的差异。具体而言，产权的资源配置功能主要体现在两个方面：一是通过产权的变动改变资源在不同主体间的配置、不同资源的使用方向，进而改变资源的配置状态；二是产权状况对资源配置的调节机制产生影响甚至是决定性作用。因此，适合的产权安排是资源配置优化和有效使用的先决条件。日本和一些新兴工业化国家之所以实现经济复兴，与其在工业化初期进行的产权重新调整密不可分。

（3）产权的政治保护功能。从国家和个人关系的视角来看，产权的政治功能主要表现为横向政治保护功能和纵向政治保护功能两种：产权的横向政治保护功能主要是防止人们相互之间对财产权的侵犯，属于由民法调整的政治保护功能。产权的纵向政治保护功能主要是防止国家和政府对私人财产的侵犯，属于由宪法调整且由宪政来保证执行的政治保护功能（邓大才，2014）。产权的政治保护功能体现在3个方面：一是产权划分了国家和个人之间的权利界限，规定了政府和人民的权利范围，限制了政府行动的范围和统治者的专横意志（胡戎恩，2006）。二是产权可以限制国家、政府对权力的滥用。产权通过对国家、政府权力边界进行明确界定和诸多限制来防止国家和政府凭借暴力机构对私人权利进行侵犯。三是产权通过"划界、限权、对抗"，使得财产权益得到有效保障。坎南（1962）认为，政府的目的在于保障财产。

（4）产权对国家政权性质的决定性功能。产权在某种程度上决定了国家政权的性质。"财富孕育着统治权"，而政府的构成由统治者与民众之间的财富分配状况决定（派普斯理，2003）。哈林顿（1996）在关于所有权与国家政体的关系方面认为，国家是建立在所有权基础之上的；一个人占有大部分土地的国家属于君主政体，少数人占有土地超过人民占有土地的国家属于混合君主政体，而全体人民都是地主的国家则是一个共和国；产权的均势或地产的比例是怎样的，国家性质也就是怎样的。马克思（1972）认为，独立的私有财产，即抽象的私有财产以及与之相适应的私人，是政治国家的最高构成。政治的"独立"被说成"独立的私有财产"和"拥有这种独立的私有财产的人"。由此可以看出，产权是国家和政府的基础，国家的性质和政府的形式由特定的产权占有形式决定。

4. 产权的效率理论

效率是一个实践性较强的概念，在经济制度领域，不同的效率理论意味着不同的经济制度主张。而产权理论研究的主要目的是通过产权制度的比较、选择和调整，对不同产权安排的效率进行检验，进而激励产权主体的福利最大化。学界关于产权效率的研究，主要围绕产权、激励与经济行为的关系。本书将对不同产权安排的收益——报酬制度及其对资源配置影响进行探讨，尤其是围绕公有产权和私有产权的效率问题，以及产权效率评价标准等问题进行分析。具体主要包括以下3种观点：

一是私有产权效率论。大多数西方经济学家都更倾向于"执拗地断定私有产权是最有效率的"（吴宣恭，2000）。例如，阿尔钦（1994）认为：除私有产权以外的其他产权都降低了资源的使用与市场所反映价值的一致性。这也就意味着，除了私有产权以外，其他的产权制度都是低效的。德姆塞茨（Demsetz，1967）认为，由于私有产权意味着社会对所有者权利的承认并拒绝他人行使该权利，因此个人会倾向于选择使物品收益最大化的方案。由于排他性权利意味着私人收益最大化权利得到有效保障，因此激励着人们对其所拥有的物品进行有效率的运用。具体而言，私有产权对效率的促进机理主要体现在以下几个方面：①降低交易成本。在共有产权体系下，公共资源的所有权为大家所有，有关公共资源使用的谈判必须在所有人达成协议后才能有结果，由此造成谈判和监督费用的增加。而私有产权只需少数人谈判就可以达成使用资源的协议，减少了谈判人数，消除了大量所有者之间的复杂谈判，使得谈判和监督费用大大降低。同时，私有产权意味着签约合作的自由，通过形成竞争促使签约双方"卖力干活"，从而实现执行合约费用的有效降低。②外部性内部化。私有产权能够有效解决"所有者缺位"问题，使具体个人承担自身经济活动产生的成本和收益，从而有效防止外部性问题的出现。③促进专业化的发展。阿尔钦（1994）认为，私有产权制度使"所有权的专业化得到了推进"。在私有产权制度下，由于所有权是可以转让的，且"允许人们在与财富占有相一致的个人利益与努力之间有更大的相关性"，从而使"行动所有者"更具较强的"利益捕捉能力"，因此，"所有权的专业化将产生收益"（盛洪，2009）。

二是国有产权的非效率论。与私有产权相比，国有产权不具排他性权利和自由转让权利。产权经济理论普遍认为，公有产权导致效率缺乏。例如，诺斯（1984）认为：由于统治者在谋求自身利益最大化过程中面临着代理问题和成本度量等问题的约束，因而其所采用的征税方法及其建立起来的产权体系会偏离资源配置效率最大化原则（思拉恩·埃格特森，1996）。统治者在谋求自身利益最大化时要受到生存问题、代理问题及制度成本等问题的限制，因而它所采用的征税方法和建立起来的产权体系很可能会引致经济远离它的技术性生产边界，甚至在一些极端情况下，统治者的最优战略能产生一种产权结构，足以使经济停滞和崩溃（思拉恩·埃格特森，1996）。由于存在交易费用、搭便车和信息的非对称性，一些仅对特殊利益集团有利的产权建立给整个社会的产出造成了重大损失（埃格特森，1996）。寻租理论认为，既得利益集团会通过以下方式使产权发生有利于其成员的特殊变化：通过院外活动使政府制定的产业政策或保护政策有利于自身、对新进入者设置障碍、形成支撑产业结构的行政垄断；由于缺乏竞争，从而导致低效（朱巧玲和张霞，2016）。柯武刚（2000）在分析国有企业产权问题时认为，国有制企业的委托—代理会产生成本控制弱化、在职消费和承担风险少等问题（X—非效率），他还进一步通过分析福利国家失败来论证国有产权的低效问题。公共部门提供福利服务的低效率，遭侵蚀的税收基础，对享受福利的更高期望，三者结合，在所有的实质性福利民主国家中造成了严峻的财政问题（柯武刚，2000）。具体而言，公有产权由于存在 4 个方面的负面经济效应而导致了低效问题：①高昂的交易成本降低了达成协议的可能性，增加了监督执行协议的成本，进而导致低效。②过度使用公有权利，收益和成本不对称，因"公地悲剧"而形成的低效。③因偷懒问题而导致的低效。④因资源过度投入而导致的低效。⑤因价值信息消失而导致的低效。总之，在很多学者看来，公有产权体系下的资源配置一般是缺乏效率的，而私有产权可以有效避免或减轻公有产权存在的各种问题，因而私有产权相较公有产权更有效。

　　三是产权非决定论。在纯经济理论意义上，公有产权和私有产权的有关效率理论体现的是产权经济学者对两种产权安排的不同价值取向。

事实上，绝对意义上的纯粹共有产权和私有产权在现实生活中是不存在的。科斯在《社会成本问题》关于土地复杂产权结构中就指出："土地所有者的权利并不是无限的……事实上，在任何法律制度中都如此。"由此可以看出，科斯已经意识到了产权非绝对性的普遍性问题。张五常（2001）指出："私有产权为一个极端，公有产权为另一个极端。大多数产权安排都处于这两者之间，这两者很少以纯粹形式出现。"巴泽尔（1997）也指出："产权不是绝对的。"产权的非绝对性具有两方面的内涵：第一，从静态的角度看，绝对意义上的私有产权和共有产权都是不存在的。就私人物品而言，在现实生活中，人们往往对同一种物品实施不同的行为，这就意味着一种物品具有复杂多样的可使用属性。事实上，除了个人所拥有的物品，任何交易活动都可理解为复杂多样的属性的集合体，以及可以对之实施多种行为的权利集合体，同一种物品可能为多人所分割、支配或控制。就公共物品而言，在现实世界，任何有价值的资源都不存在不受限制的共同使用（张五常，2000）。尤其是对那些公共资源而言，国家通常会根据一定的标准对其使用进行控制，以防止"公地悲剧"的出现。这也就意味着公共资源事实上是掌握在某些人的手中，并从这些公共产权中获得相应的利益，这类共有物品事实上成为私人物品，也就排除了他人获得该物品的可能性。因此，共有产权中也存在一整套私人产权体系（巴泽尔，1997）。第二，一个社会对某种物品的同一属性实行的产权制度也不是绝对不变的，人们可能会根据实际情况的变化，对原来的公共物品界定转化为私人物品，或放弃关于某种私人物品某种属性的私有权，使之转化为共有物品。例如，随着人口增加而导致某些公共资源的稀缺性加重，这些公共资源就会向私人所有转变；某些私人物品的某些属性因界定费用高或权利行使成本高而放弃对其行使相应的私有产权，使之被置于公共领域，并成为公共品。

由此可见，对任何物品或属性，无论是实施彻底的私有产权，还是实施彻底的共有产权，都是违反效率原则的。私有产权总是有效，而共有产权总是缺乏效率，并不是绝对成立的。在现实生活中，实施有效的产权制度应遵循以下基本原则：第一，选择对某种物品或资源的某种属性实施的产权制度，而后应对实施该种产权制度所需的总成本和可能取得的总收益进行对比，若实施共有产权取得的总收益大于总成本，就应该实施共有产权制度。反之，若实施私有产权取得的总收益大于总成本，就应该实施私有产权制度。第二，应根据能力、权利、责任和义务相统一的原则。根据交易各方对产出贡献能力配置相应的产权，具有较强影响能力的人将获得更充分的激励，也就意味着他将受到更有力的约束，这就促使其朝着符合各方利益促进的方向进行资源配置活动，由此可以有效防止由于能力、权利、责任和义务不明晰而导致的"公地悲剧问题"。

第二节　市场产权理论

一、市场产权的起源、内涵及其特征

（一）市场产权的起源

市场产权与市场的起源及其变迁发展密切相关。关于市场的起源及其变迁的文献十分丰富，人们主要从经济学、民族学和经济人类学等学科领域对早期原始经济形态就市场的起源进行分析和探讨。

第一，国外关于市场起源的研究。波拉尼在《人的经济学》一书中基于经济史学的角度认为，市场是在较为晚期的社会中才逐渐发展起来的。他认为，市场制度有市场外部发展和市场内部发展两个不同的起源，其中，前者与"异地交易"密切相关，后者则同"粮食的对内供给"密切关联（万红，2003）。栗本慎一郎（1997）认为，市场作为一种原始性交易制度安排的"默契交易"，是出于共同体生存的需要才进行交易的，其本质是为了避免与共同体外的人相接触而采取的一种特殊交往方式。约翰·希克斯（1987）则认为，专业商人的出现及其活动对市场的兴起起到了非常重要的作用。马克思和恩格斯认为，市场是人类社会发展到特定阶段的产物，与人类社会分工的发展程度密切相关。恩格斯（1999）认为，虽然交换在"游牧部落从其余的野蛮人群中分离出来"（第一次社会大分工）之前更早的时期就已经开始了，但只存在偶然的交换；"在这个阶段上，除了部落内部发生的交换外，绝不可能有其他的交换，即使是部落内部的交换，也只是一种例外的现象"。很明显，这种形态实际上只是在最初交换阶段，也就是在劳动产品通过偶然的、间或的交换（马克思和恩格斯，1972）。恩格斯（1999）认为，只有第一次社会大分工出现之后，"游牧部落生产的生活资料，不仅比其余的野蛮人多，而且也不相同。同其余野蛮人比较，他们不仅有数量多得多的牛乳、乳制品和肉类，而且有兽皮、绵羊毛、山羊毛和随着原料增多而且日益增加的纺织物。这就第一次使经常交换成为可能。"

第二，国内关于市场起源的研究。我国学者通过对某个或几个特定民族进行实地考察，结合具体的民族志、考古学材料等途径，就市场起源问题提出了自己的见解。满都尔图（1983）通过对中华人民共和国成立前我国滇西北横断山区的独龙族和傈僳族等少数民族和北美、大洋洲一些土著居民交换产品的行为进行考察和研究之后认为，产品交换起源于社会大分工前一种原始的偶然性交换，这种交易的次数和数量极其有限。龙建民（1988）以彝族社会的历史发展为背景，并在实地调查的基础之上，探讨了市场的起源问题，他认为，远古氏族部落之间的"互赠礼物"，逐渐发展成为氏族部落之间的"访问式交换"，又经历了"援助式""馈赠式""访问式""传讯式"等多种交换形式。随着氏族的解体，交换方式从两个人间偶然的碰巧交换方式逐渐发展到市场的发展，经历了从偶然的聚会交换发展到无数买卖主体之间的聚会式交换，并逐步发展成为市场初级形式的集场，然后又逐步发展演变为"草皮街""草棚街""少瓦房街""少小集镇"等不同发展阶段的市场形态（龙建民，1988）。丁长清（1997）认为，市起源于市邑、墟集、草市，市与镇相并列是历史演变的结果。王志毅（1998）从分工和专业化的角度分析了中国市场经历萌芽、出现、扩大及形成的4个发展阶段及其演变路径。万红（2002）通过对中国西南多民族地区集贸市场的发展进行研究后指出，集会交易模式和默契交易模式可能是市场的起源。

从上述文献的研究分析中可以看出，虽然人们从不同的学科视角和考察对象对交换和市场起源进行了研究和探讨，但是都贯穿了人类社会生产力发展的脉络。也就是说，交换市场起源及其发展和人类社会生产力的发展密切相关，并随着社会生产力的发展而处于不断发展演变的过程中。因此，关于市场的起源问题，本书认为，市场是关于人类社会商品交换和活动的总和，市场的繁荣和发展程度与商品经济和社会发展密切相关，哪里有社会分工和商品生产，哪里就有市场。

在我国，市场最早出现在母系氏族社会，当时就已经开始出现最初的物物交换（伊进，1991）。这种最初形态的市场有以下特点：一是当时的人们尚未形成市场的观念，相互之间的交换活动属于自发行为，没有固定的市场设施，交换的时间和地点也存在不确定性。二是这种市场属于产销合一的集贸市场，生产者和商人融为一体，农民和手工业者是市场主体（伊进，1991）。随着生产力的不断发展，人类步入了奴隶社会，奴隶主阶级开始建造起作为防御工事的"城"，正如马克思、恩格斯（1972）在《家庭、私有制和国家的起源》里所说，"用石墙、城楼、雉堞围绕着石造或砖造房屋的城市，已经成为部落或部落联盟的中心；这是建筑艺术上的伟大进步，同时也是危险增加和防卫需要增加的标志""在各种城市劳动部门间实行的分工所造成的新的集团，创立了新的机关以保护自己的利益，各种官职都设立起来了"。随着"城"的建立，从农业中分离出来的广大手工业者和商人们也开始聚集于"城"，并在城里建立起为固定交易和生活提供服务的相关基础设施，"城"和"市"连接了起来，由此也形成了中国的古代城市。统治阶级为了使自身的统治地位得到物质保障，开始在"市场"上设立起行使各种税费收取等职能的管理机构。此时开始出现了原始的"市场所有权"，伴随着"市场产权"问题的萌芽，国家开始通过从市场上收取的各种税费建立起自身统治地位的物质保障，其实质是国家"市场所有权"在经济上的实现形式。由此可见，市场产权及市场所有权是继阶级、国家和财产所有权关系出现之后的一个经济学范畴（曾繁华和鲁贵宝，2008）。

由此可见，除了处于人类原始社会早期的市场是自发产生、无需投入相应人力和财力建设之外，自人类社会步入奴隶制国家时代以来市场经历的从低级发展形式到现代市场经济的高级市场形式的出现，都需要花费一定的各种形式投入（包括物质资本、货币资本及人力资本等各种形式的投资）才能构建起来。在这种情况下，则需要解决耗费人力、物力或财力投资构建，培育市场的投资主体的市场产权的归属及其界定的问题。通常情况下，无论是关于构建一国范围内的市场基础设施建设所需投入的大量人力、物力或财力，还是对确保该国市场健康有效运行所投入的用于市场制度建设和市场管理的庞大费用，只有通过国家政府投入（包括中央政府投入和地方政府投入）形式才能实现。因此，从这个角度来说，市场的产权自然应该归一国政府所有。

此外，对市场进行投资构建和培育的主要目的是从市场获取相应经济利益。因此，按照"谁投资、谁获益"的原则，必须明确市场产权的主体，并对市场主体和市场交易参与者相互之间的权、责、利及其相关制度安排等问题进行明确规定。在经济全球化背景下，作为一国市场产权主体的中央政府所制定的市场产权规则及其制度安排应包括国内市场产权规则及其制度安排和国际市场产权规则及其制度安排两方面。其中，国内市场产权规则及其制度安排的内容包括：①确定国内市场交易主体的经营活动范围、市场交易活动规则，作为市场产权主体的国家政府与作为交易主体的市场参与者相互之间的利益和风险责任的界定等。②解决市场交易制度的安排问题。③解决中央政府与地方政府间市场分权规则及其相关制度的安排问题。④不同地区之间由于具体情况的特殊差异性所导致的市场产权规则和制度差异安排等问题。国际市场产权规则及其制度安排的主要内容包括：①在只有两国相互开放的情况下，需要解决的国际市场产权规则包括有关于两国市场产权制度安排的合作与协调问题，以及两国企业相互开展投资和贸易往来等活动有关的市场产权制度安排。②在由 2 个以上由于地理位置和经济利益存在某种一致性的国家相互开放组成的区域经济一体化组织（如欧洲联盟）的情况下，一国企业的经营活动由于超越了国家的主权范围，跨国企业的经济活动要同时受到原主权国家和区域经济一体化组织的市场产权规则的约束和调节。在这种情况下，主权国家基于国家经济利益，在建立或实行市场区域共享制的市场产权制度安排过程中，须处理好主权国家之间、区域经济一体化组织调解机构与各国企业之间市场产权制度与规则安排等问题，妥善处理好主权国家的市场让渡与市场分享的关系，最终实现区域经济一体化组织内部多方共赢目标。③在全球经济一体化的情况下，各主权国家之间存在着竞争与合作的关系。不同主权国家经济发展水平的不同导致国与国之间的综合国力和国际竞争力存在不同程度的差异。在由发达国家主导的经济全球化"游戏规则"下，任由各种生产要素以及产品和服务的全球自发流动会引致全球财富及经济利益分配的"马太效应"。这会导致经济不发达国家的经济主权受到损害，不能充分享受由全球市场经济发展带来收益最大化而实现共赢的目标。在此情况下，主权国家尤其是发展中国家要积极参与到经济全球化"游戏规则"和合作博弈过程中，以实现本国市场产权收益最大化。

（二）市场产权的内涵

根据上述分析可知，在经济全球化的大环境下，随着不同国家或地区之间的经济联系日益密切，以及一体化市场的形成，主权国家的市场产权制度不仅包括国内一系列权利束在内的市场规则与制度安排问题，还要解决在全球化背景下各国间相关权利束的市场产权规则与制度安排问题。因此，市场产权主要是指"一国中央政府对其构建、所有、运作、管理市场以及从市场获益的一系列市场规则与制度安排"（曾繁华和鲁贵宝，2008）。

（三）市场产权的特征

1. 稀缺性

稀缺性在一般意义上讲，是指"物质的不可获得性"。在经济学文献中，稀缺意味着可用的数量不够满足全部的需要和欲望（保罗·A.萨缪尔森，1996）。市场产权的稀缺性在现代市场经济条件下主要体现在两个方面：一方面，由于人类社会现实生产能力的有限性，人们从经济活动中获取收益的相对有限性无法满足人们欲望的无限增大，导致了市场本身的稀缺性。也就是说，市场交换空间和交易关系的有限性导致相对有限的产出无法满足人们无限增大的需要和欲望。另一方面，能够实现利润最大化的市场交易组织和有效制度安排的有限性使得市场产权本身具有稀缺性。虽然现实生活中存在着多种市场组织，但是能够带来较高利润率或较高盈利水平的交易组织和有效制度安排是有限的。市场产权的稀缺性意味着，任何市场和市场组织并非像阳光、空气一样，是一种唾手可得或可以随意获取的"公共产品"，人们可以免费获得、享用，而是一种需要付出一定成本才能获取的稀缺物品。

2. 准资本属性

市场产权实质上是一种能获得收益的稀缺性要素资源。市场产权的准资本属性体现在两个方面。一方面，国家可以凭借市场所有权获得以税费收入等形式的经济利益，这些税费收入实际上是企业和个人等市场主体在获得市场经营权后，通过自身的经营努力获得的收入向国家上缴的部分。另一方面，企业和个人等市场主体在获取市场经营权后，通过自身的合法经营形成一定的税后收入，这种微观意义上的市场产权收益表现为企业和个人市场经营权在经济利益上的实现。由于市场产权是一种能带来经济利益的稀缺性资源，历史上的发达国家曾多次通过"坚艇利炮"和殖民政策剥夺发展中国家的政治主权，实现对这些国家市场产权的占有与控制，并大肆搜刮这些国家的国民财富。因此，由于市场产权的准资本属性，谁拥有市场的所有权和经营权，谁就拥有获取相应收益的权利。当前，中国可以利用巨大的市场所有权优势，通过对外资提供或转让一定的市场经营权来促进国民经济快速发展，可实现双赢的局面。

3. 国家排他性

所有权指由于特定主体对某种资源具有法律意义上的独占性而排除其他人使用该资源的权利，所有权的产生源于资源的相对稀缺性。由于所有权具有排他性特征，因此有助于防止资源受到公众的侵害和滥用，确保投资者为改善这种资源的配置获取相应的收益。所有权的存在及其有效保护是促进社会进步的动力源。市场产权的排他性在实践中表现为国家制定的有关市场进入壁垒和产业保护的政策。承认市场产权的国家排他性有助于克服市场准入无规则和"搭便车"等问题，尤其是有助于防止发达国家商品和服务不受约束地进入发展中国家市场，但会对发展中国家支柱产业和新兴产业的发展壮大构成威胁。

4. 可计量性

市场产权收益作为市场所有权在经济上的实现，其经济收益无论在宏观上讲还是微观上讲都是可计量的。例如，宏观意义上的市场产权收益包括企业等市场经营主体通过自身合法经营所取得经营收入后向国家缴纳的各种税费收入的总和，其相对量主要是指税费收入的年增长率等。微观意义上的市场经营权收益，主要是指各经济活动主体在市场上通过自身的投资和生产经营活动实现的税后利润。由此可见，市场所有权收益是可以计量的。

5. 可交换性

市场经营权的可交换性是指相互贸易往来的国家或地区之间互相交换或转让市场经营权的行为，具体表现为国家或地区之间相互的商品、服务贸易和投资。在经济全球化的背景下，随着商品经济的快速发展，资本、劳动力、信息、技术等商品和生产要素的跨国或跨地区流动日益频繁，国家或地区之间进行市场经营权交换的范围或领域不断向纵深发展，可交换的具体内容也不断丰富，各国或地区从相互之间的市场经营权交换中获得的市场收益随之不断增大。

二、市场产权构成要素及其归属关系分析

（一）市场产权的构成要素

市场产权的构成要素包括市场所有权、市场经营权、市场占有权以及市场收益权等权力束。其中，市场所有权是指一个国家建立在其领土上的市场本身所具有的排他性权利。这种排他性权利的特征包括：①政府的市场所有权主体地位具有唯一性和排他性。②政府是市场制度安排的唯一提供者。③一国政府市场所有权的市场主权边界是该国的主权领地边界。④在经济全球化、全球市场一体化的今天，国家对其自身的市场主权仍然具有终极所有权。市场所有权主要解决的是在市场产权制度安排过程中，国家与国家、国家与企业以及国家与个体之间的权、责、利关系问题。市场经营权主要是指国家把市场的经营权委托给予自身存在契约关系的企业和个体开展生产经营活动，主要解决的是企业和个体在市场上资源和要素的配置问题。市场占有权主要是指在市场上关于资源配置的过程和配置的结果，主要解决的是企业在关于商品和劳务的市场占有率和市场控制力等资源配置的过程和结果。市场收益权主要指市场所有权在经济上的实现形式，主要包括国家通过国家税费、海关税等形式取得的国家预算收入。市场收益权主要解决的是国家所有制在经济上的实现形式和企业市场经营权在经济上的实现形式等问题。

（二）市场产权归属分析

1. 市场主体

作为市场经济的一个重要组成部分，市场主体是市场经济存在和发展的前提，市场主体的数量、质量和竞争能力同市场经济的发展规模、发展水平密切相关。一般而言，承认市场主体的地位、重视对市场主体进行扶持的国家或地区，其市场经济发展的质量通常较好，综合竞争力也较强。我国自中华人民共和国成立到改革开放前的较长时期里，由于

市场主体的地位长期得不到认可，自发成长起来的市场主体也不断遭到扼杀，致使我国的市场经济发展长期处于萎缩状态。改革开放以后，随着国家和社会对市场主体的认可，市场主体的发展在数量上不断扩大，在质量上不断提高，市场经济发展的规模和水平也相应呈现出不断的变化和发展。因此，对市场主体问题的确认，通过注重对市场主体进行相应的培育和扶持，发挥各个市场主体应有的作用，对我国市场经济的发展壮大有着非常重要的意义。

　　长期以来，学界关于市场主体问题的认识存在着分歧，在西方经济学中普遍只认可厂商（企业）和家庭（个人）两类市场主体，并未将政府视为市场主体。在国内，关于市场主体的界定存在着多种不同观点：①市场主体"一元论"。该观点强调企业是市场主体，市场主体似乎非企业莫属。例如，李连仲、李连弟（1995）认为，企业是市场主体结构中的决定性要素，市场主体是具有独立法人产权和独立经济利益的商品生产经营者。②市场主体"二元论"。该观点认为，市场经济中的主体主要有企业和家庭（或个人）两类市场主体。例如，张荣华、王瑞平（1991）认为，理论上讲，能够成为市场主体的必须是自主经营、自负盈亏、具有法人资格的、从事现实的商品生产、经营、销售的组织（如工商企业）和登记注册的独立个体生产经营者。程民选（1996）也主张市场主体只包括厂商（企业）和家庭（或个人），市场主体不应包括政府在内。③市场主体"三元论"。该观点认为，市场主体除了企业和家庭（个人）外，也把政府视为市场主体。崔巍（2005）认为，现代市场经济主体包括家庭、企业和政府；其中，家庭提供劳动力和资金等生产要素，获得相应的生产要素收益，企业获得劳动力进行生产，政府履行管控经济职能。钱津（2014）也认为，除了企业和家庭（个人）外，政府是市场经济中不可或缺的市场主体。④市场主体"多元论"。该观点认为，市场主体应包括家庭、工商企业和金融企业、政府和外国（地区）企业等多种主体。刘宝三（1993）认为，市场主体似乎就是企业，这显然是片面的。市场主体应该是多元的，主要包括个体主体和群体（即泛指所有居民）、企业主体、事业主体和政府主体。

关于市场主体确认，一般认为应具备 3 个方面的规定性：①必须拥有独立产权。即拥有直接占有、使用、支配和处置交换客体的权利。②必须具有独立从事经济活动的自主权，并追求利益的最大化。③在享有各种权利的同时，必须履行规定的各种义务，承担相应的责任和风险。

上述关于市场主体的认识，关注焦点主要集中于是否将政府纳入市场主体。不主张将政府纳入市场主体的观点主要担心政府成为市场主体后，既当"运动员"又当"裁判"，可能会导致市场竞争有失公平，造成市场混乱。本书认为，政府是现代市场经济条件下不可或缺的主体。首先，政府作为市场主体，除了体现在履行宏观经济管理职能外，还体现在微观经济层面的资源配置作用。例如，政府必须通过自身掌握大量的土地和矿产等资源同其他市场主体建立契约关系发挥资源配置的作用。政府利用财政信用资金（政府债务收入）直接投资，而且这些投资成本又必须通过市场运作收回。这些都是政府作为市场主体的一个重要表现。其次，政府自身也有一定法律允许范围内的自主决定权，而且政府除了以整个社会利益为活动目标外，也有自身的利益诉求，尤其是地方政府也在一定程度上代表着地方的利益。最后，政府采购不仅会形成庞大的市场需求，而且政府在采购过程中也以消费者的身份在市场上购买各种办公用品和服务，这个过程也以效用最大化为目标。因此，基于对市场的认识和实践的视角，从广义的市场主体概念的角度出发，笔者认为，市场主体是指参与市场经济浪潮中有明确目的、以追求自身利益最大化为目标的所有组织和个人，主要由法人和自然人（政府、事业单位、企业及个人等）构成。市场上各种商品和服务的交换实质上体现了交易双方之间的经济利益关系交换，反映的是一定的社会关系。而作为交易的对象（包括使得交易正常进行的各种中介和被用于交换的各种商品和服务等），则成为市场客体。因此，市场主体除了包括商品和服务生产者、经营者和购买者外还应包括市场的管理者（政府及其相关职能部门）等。

2. 市场产权的归属

在单一制国家结构中，中央政府与地方政府是一种委托代理关系。就我国而言，根据《中华人民共和国宪法》的规定，"中华人民共和国的一切权力属于人民"①"中华人民共和国全国人民代表大会是最高国家权力机关"，② 国家权力机关由人民民主选举的代表组成，代表全国人民的意志和利益，全国人大是全国人民行使权力的最高机关。"国家行政机关、监察机关、审判机关、检察机关都由人民代表大会产生，对它负责，受它监督"。③ 人民代表大会制度实质上是一种委托代理制度，这种委托代理关系主要表现为：一是作为委托人的"人民"与作为代理人的执政党和政府之间建立的委托代理关系；二是上一级党组织和政府与下一级党组织和政府间建立的委托代理关系。从上述分析角度来看，我国市场产权的最终所有者应该是"人民"，而不是"中央政府"，终极委托人也应该是"人民"，而不是"中央政府"。由于市场产权本质上是一种公共产权，对于一国的市场产权及其带来的各种收益最终应归属于本国人民，而不应为该国处于统治地位的利益集团的少数人占有。

因此，国家市场产权的最终归属关系应该是本国的人民，该国中央政府和地方各级政府作为人民的代理人在履行市场管理职能过程中拥有法定占有权与支配权；市场活动的具体参与者从政府获得法定的使用权，并拥有相应的资产处置权和收益权。国家或中央政府作为"人民"的委托者，是市场规则和制度安排最主要的供给者和市场建设最大的投资主体，在市场交换关系和契约关系的建构中处于主导地位。地方政府、企业和个人等市场经济主体在参与市场交换关系和契约关系的过程中享有获得一定收益的权利，对促进市场体系、市场制度建设和市场环境建设也起到非常重要的作用；但各市场主体的各种

---

① 《中华人民共和国宪法》第二条。
② 《中华人民共和国宪法》第五十七条。
③ 《中华人民共和国宪法》第三条。

活动及其相关权益最终要受到中央政府各种明晰的产权安排及其制度规则的约束。

（三）确认市场产权归属关系的意义

一方面，通过明晰界定的市场产权归属关系，有利于促进各种市场资源配置效率的不断提高，有效调动各类市场主体的积极性，促进市场经济提高运转效率。具体而言，明晰界定市场产权归属关系，明确界定各市场参与主体的活动范围及其相应的权利和义务，尤其是防止政府在参与市场运行过程中既当"运动员"又当"裁判"，最终形成公平、平等竞争的有效市场结构体系，形成良好的市场运行秩序，有助于保护交易者的财产权益，提高交易效率，实现市场收益的最大化目标。当前，在不断完善社会主义市场经济体制的过程中明晰市场产权归属关系的界定尤为迫切，它是确保社会主义市场经济机制正常运行的关键因素，明晰的市场产权归属关系界定有助于中国经济体制改革走向成功之路。

另一方面，明确国家或中央政府在人民委托下作为一国市场产权的唯一合法主体，对促进一国经济社会发展起到了非常重要的作用。①有助于国家通过不断完善市场产权规则和制度安排，充分发挥政府在促进经济发展过程的宏观调控作用。②有助于实现经济运行效益的不断提高，确保国家宏观经济安全。③有助于国家通过以市场所有权为博弈的筹码，积极参与国际游戏规则的修改与制定，从而提高游戏规则的公平、合理性，有效维护我国国际经济活动中的合法权益。④明确广大人民群众是市场产权的最终所有者。而国家政府作为人民群众的委托者，其对市场产权规则和制度的制定和执行情况，以及对市场占有和支配权的使用则必须受到广大人民群众的监督，保证"权为民所用，利为民所谋"，防止政府及其工作人员损害或违背了人民的核心经济利益。

三、市场产权规则的主要内容

（一）企业间市场产权规则

企业作为最基本、最重要的市场主体，是商品经济和社会化大生产的必然产物，具有盈利性、自主经营、自负盈亏、自我发展、自我约束等特点。处于市场经济中开展经营活动的企业，无论其经营范围、经营规模，还是其具体的组织形式，产权的独立性是毋庸置疑的。产权的独立性是企业在市场经济活动中坚持独立地位的物质基础，它保证了各企业主体自主地开展市场经营活动，追求利润最大化目的，与其他市场主体平等地交换和缔结契约。企业间市场产权规则的主要内容包括以下方面：

1. 企业产权规则

企业市场产权规则的内容主要涉及物权、股权、无形财产权等方面。其中，物权是企业直接支配有形财产的权利，所有权制度是核心。因此，加强对所有权的法律规定和保护是现代产权制度的主要内容之一。建立符合现代市场经济发展需要的现代产权制度应该包括以下几方面内容：归属清晰、权责明确、保护严格和流转顺畅。

2. 企业进出规则

作为净化市场经营主体和市场客体"过滤器"的市场进出规则，是市场健康运行的重要制度保障。其中，企业的市场进出规则的主要内容包括两方面内容：

（1）市场经营主体进入和退出市场必须符合资格条件和规范：一是包括企业进入市场所必需的经营场所和营业执照在内的资格规范；二是包括按照法律法规规定的企业组织结构、章程和经营范围在内的市场经营主体性质规范；三是保证市场经营主体退出市场的有序和规范，包括退出市场所必需的法律程序和履行必要的手续。

（2）包括商品和服务在内的市场经营客体进入和退出市场所必须

遵守的规则：一是确保商品和服务进入市场交易的合法性；二是确保进入市场的商品和服务必须满足一定的质量要求，以有效维护消费者权益。例如，有关产品进入市场所必需的质量认证制度和质量检验制度等。

3. 市场竞争规则

市场竞争规则是为了确保市场竞争机制作用的有效发挥，其本质是一种利益均衡机制。通过确保公平、公开和公正的市场竞争环境，是充分发挥市场机制积极作用，实现优胜劣汰和资源配置的优化，并实现预期经济绩效的关键。因此，市场竞争规则是规范竞争秩序、提高经济绩效、保证市场经济质量的重要规则，也是市场主体之间地位平等、机会均等竞争关系的制度体现。具体而言，竞争规则主要包括禁止限制竞争、禁止不正当竞争以及禁止垄断行为。其中，禁止限制竞争行为主要包括禁止强迫交易行为、禁止排挤竞争对手行为、禁止限制和破坏正常市场竞争行为；禁止不正当竞争行为主要包括禁止欺骗行为、禁止诋毁竞争对手行为、禁止商业贿赂行为、禁止侵犯商业秘密行为以及禁止强买强卖行为等；禁止垄断行为主要包括禁止垄断或是企图垄断市场等破坏市场正常运行的行为。

4. 市场交易规则

作为市场经济条件下最重要的市场规则，市场交易规则是确保有序规范的市场交易活动得以建立和维持的重要基础。离开市场交易规则，形成良好的市场秩序只能是空谈。通常情况下，市场交易规则主要包括对交易行为、交易方式以及交易价格等方面的内容进行有效规范。其中，公平交易是交易行为应坚持的最基本原则，交易方式的规范化是现代市场经济的基本要求，交易价格的规范化是良好市场秩序的重要内容和基础。

5. 仲裁规则

仲裁规则是协调、裁决和处理企业间经济纠纷时应坚持遵守的准则和规范，是维护市场稳定的重要组成部分。当各市场各企业主体在参与市场竞争与进行交易过程中发生各种矛盾和纠纷，且相互之间无法通过自身协调处理矛盾和纠纷时，就需要市场仲裁组织和相关机构来进行裁决、协调并处理矛盾和纠纷，以有效维护市场秩序的稳定。仲裁规则主要包括市场协调、市场仲裁和法律诉讼3个层次的内容。市场协调是一种基于民间协调的市场矛盾、纠纷的解决方式，具有灵活性强、成本低和平和性等优点，但也存在适用范围有限和效率低等不足之处；市场仲裁是一种基于民间仲裁的市场矛盾、纠纷解决方式，一般不直接具有法律效力，但可申请法院执行；法律诉讼是基于国家相关市场法律法规，通过一定司法途径解决市场矛盾和纠纷的方式，具有直接的法律效力。

总之，国家作为市场产权的唯一主体，通过企业间市场产权规则和制度安排，对企业等市场主体的财产权和收益权进行有效的界定、承认和保护；通过对市场进出规范、市场竞争规范、市场交易规范和市场仲裁规范等制度的确定，使各市场主体只有在这些规范约束框架内开展经营活动，才能确保各市场主体的市场经营活动正常开展，市场占有权做到公平、公正，市场收益权分配做到公平、合理进行，最终实现整个市场体系健康、有效地运行。

（二）政府与企业间市场产权规则

通常情况下，政府在现代市场经济条件下一般不应对企业内部的生产经营决策过程进行直接干预，而主要是通过制定和实施一系列的市场产权规则和制度对企业的生产经营活动进行间接调节和影响，防止企业在生产经营过程中的各种"越轨"和违法行为的发生，保证社会经济正常运行。政府作为市场产权的唯一合法主体，拥有制定与实施企业间市场产权规则和制度的权力。

1. 政府在建立企业间市场产权规则中的作用

政府在构建市场产权规则的过程中具有独到的优势，并且发挥着重要作用。诺斯、托马斯（1989）认为，政府必须建立一种"保护和公正"的产权制度来满足选民对该政府的期待，并通过所制定的产权制度获得税收收入。在现代市场经济中，国家政府（尤其是对于转型时期的中国政府）在市场产权规则和制度的建立和完善方面发挥着非常重要的作用，主要体现在：

（1）市场产权规则的建立是在政府强有力的推动作用下完成的。市场产权规则具有消费上的非排他性、非竞争性特点，属于一种公共物品，市场产权规则和制度一旦建立，对每个经济主体都适用的使用者可以在不付费的情况下通过它来维护自己的利益，因而出现"搭便车"的现象。就当前处于转型时期的中国而言，政府通过大力推进市场产权归责的建立和不断完善，明确每一个企业市场主体的权、责、利，并保证得到法律的保证实施，以使得企业预期行为更加稳定，市场经济运行更加健康有序，经济效率得到有效提高。

（2）市场产权规则的维护不能离开政府的主导和支持作用。市场经济作为一种法治经济，它离不开既定制度下的意识形态和道德基础，尤其是对处于转型期的中国来说更是不可或缺的。当前，中国可以通过政府的作用在以下方面建立和维护市场经济道德秩序。一是通过政策导向和舆论途径来引导企业等市场主体应遵守的基本市场道德准则；二是通过法律和行政等调节手段来遏制侵权等各种违法的市场行为；三是通过发挥各类社会中介组织（如消费者协会等）的作用来维护市场经济的道德秩序。总之，我国应通过多途径的市场经济道德建立及其维护，从道德上建立起自我克制的市场产权规则，有效降低国家执行经济职能的成本。

（3）市场产权规则的有效实施离不开政府的强制力作为有效后盾。例如，良好的市场竞争秩序以及企业规则的制定和实施，都需要政府的强制力量才能实现。市场经济的诚信精神和原则的确立和贯彻离不开政府行政力量的推动。尤其是以行政手段推动新制度的建立和实施，将具有比制度本身自然形成的"成本更低、新制度确立的时间更短、相对收益更大"的优势（黄少安，2000）。因此，对于处于不同经济发展时期的国家或地区来说，有效市场产权制度的建立和推行，离不开政府的推动作用。

2. 政府在制定与实施市场产权规则中的主要手段

政府作为市场产权的唯一合法主体，通过制定与实施政府与企业间市场产权规则，来界定和保护产权、对企业等市场主体行为进行规范和监督，实现政府自身各种行为的法制化、制度化和规范化，充分发挥政府在宏观调控方面的经济职能，为企业等市场经营主体提供各种有效的服务。在收益分配上，政府有权享有市场所有权收益（主要指各种税费形式的政府收入）；而企业等市场经营主体则在政府提供的市场产权规则框架内，通过独立自主地开展相关生产经营活动，获取一定的市场经营权收益（即各种税后收入）。也就是说，在市场产权规则的框架下，政府获得市场所有权收益，而企业获得市场经营权收益，这种收益分配机制有利于充分发挥市场机制配置资源的作用，不断促进企业的技术创新与制度创新。具体而言，政府主要通过以下方式制定与实施市场产权规则：①通过市场立法方式来制定市场产权规则。也就是通过具体的法律法规形式将市场产权规则所要实现的宗旨和原则体现出来。具体而言，要制定一套适合市场经济健康、正常运行需要的诸如规范企业等市场行为，以及有效保护消费者权益等方面的经济法规，从而使得国家相关经济管理职能部门在履行职能时做到有法可依。这样一来，通过以法律法规等形式体现出来的市场产权规则，则有效保障了市场经济健康、正常运行。②通过市场经济执法方式将已确定为法律法规的市场产权规则对各个企业等市场主体的各种经济活动实施有效监督与管理，严厉制裁各种违法行为。③通过建立一个严格、完善包括经济监督、法律监督、行政监督、群众和社会舆论监督在内的监督体系，促使企业等市场主体和政府相关职能部门工作人员认真执行国家各种经济政策、遵守经济法规和各种职业道德。④加强道德建设（尤其是职业道德建设），一方面，有效克服社会生活中的各种腐败等败德行为；另一方面，通过综合运用法律和思想政治工作等多方面途径，逐步形成、确立适应市场经济发展的各种行业职业道德标准及其价值观念，实现人们思想素质和职业道德水平的全面提高。

（三）中央政府与地方政府间市场产权分权规则

根据市场产权理论，中央政府与地方政府的关系在单一制国家结构中属于一种委托代理关系。其实质是在尊重市场经济规律的基础上，根据生产力的发展水平，通过在中央政府与地方政府之间进行权力与利益的合理分配以促进市场经济的有效运行。

1. 中央政府与地方政府之间市场产权分权的界定规则

（1）中央政府与地方政府间市场产权分权的宗旨是促进现代市场经济有效运行。因此，分权的前提是必须尊重市场经济规律，在此基础上提供宏观制度保障与微观服务协调来促进现代市场经济有效运行。

（2）必须依据生产力发展状况及水平来确定。中央政府与地方政府之间市场产权分权的本质是上层建筑运行结构的一种自我调适。因此，其分权模式以及分权程度必须适应社会生产力的发展要求。

（3）政企必须分开。在市场经济条件下，为了防止政府在市场经济运行中既当"裁判员"，又当"运动员"而影响经济运行效率，应让政企职责分开，让企业成为真正拥有市场经营权，进行自主经营、自负盈亏的市场主体。

（4）监督与协调相统一。为了充分发挥市场产权规则的功效，中央政府与地方政府在进行市场产权分权的过程中，应注意处理好监督与协调关系。因此，为了确保中央政府与地方政府经济目标的一致性，中央政府应通过财政和立法，加强对地方政府的监督控制。同时，地方政府的利益会随着市场经济的发展而不断凸显出来。由于地方政府利益的客观存在性，为了增强中央政府与地方政府间的合作与协调关系，中央应扩大地方参与制定市场产权规则的参与权。这也是现代市场经济运行与行政体制变革规律的内在要求。

（5）稳定性与灵活性相结合。中央政府与地方政府之间市场产权分权规则在保持相对稳定性的同时，也要一定程度地体现灵活性和多样化。具体而言，为了增强市场产权规则的有效性和可操作性，适应经济社会发展的需要，可以结合国内各地区间实际经济发展状况的差异，对原有的中央政府与地方政府间市场产权分权界定格局进行适当的调整。

2. 中央政府与地方政府各自的市场产权权能

由于中央政府和地方政府各自涉及不同范围的公共事务，与之相关的利益重要程度和所拥有的公共权力也因此而不同。一般而言，中央政府在行使宏观调控职能时应以国家的整体利益和长远利益作为出发点，而地方政府则更多地关注辖区内的局部利益。

中央政府的市场产权权能主要包括：①提供公共产品和服务，通过市场体系的建立健全和市场规则的不断完善，提高市场配置资源的效率。②制定经济社会发展的整体规划和长远战略，通过完善的系统配套政策促进经济持续增长和产业结构优化升级。③确保国家市场产权与国家经济安全。④通过经济手段、法律手段和必要的行政手段实施宏观经济调控，使社会的总需求和总供给保持相对动态的平衡。⑤健全产权制度，确保各市场主体的合法财产不受非法侵害，完善市场所有权利益分配关系，不断缩小社会贫富差距，创造良好的市场竞争环境。⑥以市场所有权为筹码，积极参与国际游戏规则的制定和修改，为本国企业参与国际竞争创造有利条件。

地方政府的市场产权权能主要包括：①通过地方性市场体系的培育和发展促进区域性市场与全国统一开放市场的有机融合。②制定和实施辖区经济社会发展战略目标，建立健全与国家宏观发展目标相协调的地方性市场法规和实施细则，促进区域性市场健康有序运行。③贯彻和执行国家制定的市场产权制度，通过运用各种经济杠杆促进区域经济可持续发展，实现区域经济发展目标。④为地方经济社会发展提供优质、高效的公共产品和公共服务。⑤通过实施区域创新战略，优化区域经济结构，促进区域产业结构转型和升级，不断增强区域产业的市场竞争力。

第三节　财 政 产 权

在国有企业、国有金融机构和各级政府及其相关职能部门追逐自身利益（如政绩、权力和各种经济利益）的过程中，由于没有明确的风险分担界限，这些部门容易存在"盈利归自己，亏损归国家"的普遍社会心理，因此，它们在进行各项决策的过程中通常只强调对自己有利的一面，而忽视甚至不想承担可能招致的各种公共风险。由于失去了相应的各种风险约束，地方各级政府在对公共风险干预的过程中往往会出现干预过度，导致包括财政风险和金融风险在内的各种风险状况不断积累和恶化，这种由地方政府债务不断膨胀引发的各种风险会向中央财政转移，而最终的埋单者却是广大纳税人。因此，本书有必要通过引入财政产权概念，来明确作为征税人的中央政府和地方政府与纳税人之间的权、责、利等关系，防止由地方政府债务引发的各种公共风险的蔓延和恶化。

一、财政产权的内涵

国内的政府间关系一般可以归纳为权力关系、财政关系和公共行政关系。其中，财政关系是国内政府间关系的核心，它决定了政府间关系的财政资源分配、中央政府与地方政府的职能权力及其实现，进而决定相应各级政府在公共事务管理中的地位与权威。因此，政府间财政关系是国内政府关系分析的重要基础。政府间财政关系的本质是一种市场经济条件下的利益分配关系。政府间的这种利益关系是通过市场途径来实现的，因为任何经济利益无论从何种层面上讲都要通过市场来实现。市场能带来利益，而政府间财政关系就直接表现为在利益基础上形成相互之间的权、责、利关系，由此得出政府间关系的本质表现为财政产权关系。这种关系主要是由征税人（中央政府和地方各级政府）和纳税人在通过市场获取各自利益的过程中形成相应的权、责、利的产权关系。

关于财政产权的概念，杨再平（1992）从维持国家政权机构运行的角度认为，财政产权就是政府凭借其政权的力量通过征税等而获取的一种产权，它是为了维持国家机器的运转而设立的。张术松（2003）和吴垠（2008）分别从纳税人与征税人（政府）的角度分析财政产权。张术松（2003）基于西方财政理论的视角认为，财政产权是指纳税人与征税人（政府）之间的财产权利关系。他强调作为财政行为主体的纳税人应该拥有财政产权制度的创制权。吴垠（2008）认为，中国的财政产权制度是由作为纳税人与征税人的中央政府和地方政府通过博弈方式形成的均衡权、责、利关系。

根据上述定义分析，我们可以这样来定义财政产权：财政产权是指征税人（包括中央政府和地方政府）和纳税人在通过市场获取各自利益的过程中，通过相互博弈的方式形成相互之间均衡的权、责、利的产权关系。其中，这种博弈方式集中表现在两个方面：一方面表现为纳税人与征税人（中央政府与地方政府）之间通过签订税收（含国税和地税）契约的过程，这一博弈过程最终会成为纳税人和征税人关于有限财政资源使用的委托代理关系的过程；另一方面，这种博弈过程表现为中央政府与地方政府在既定的产权框架下的能动作用，集体表现为通过中央政府和地方政府的相互行为方式影响甚至改变一国既有的财政产权制度，并形成相应的财政分权关系。

由于纳税人与征税人（中央政府和地方政府）间的利益关系是十分复杂的，他们作为相对独立的主体，各自有相对独立的利益目标函数。在缺乏相关法律制度保障的情况下，作为"掠夺之手"的各级政府就会通过各种强制力对纳税人的合法权利进行侵犯；而作为纳税人的一方，则会通过利用国家相关税收等法律规章制度的缺陷进行偷税漏税等行为以追逐非法利益。因此，在纳税人和作为征税人的中央政府和地方政府之间在缺乏某种固定契约关系的情况下，一方面，由于缺乏规范的财政资源的让渡使用，会使政府不按照契约规定合理使用财政资源，甚至会出现政府侵犯纳税人的合法权益的现象；另一方面，会出现纳税人利用法律规章制度的漏洞不按照契约规定上缴应缴税费的情况，导致国家大量财政资源流失，甚至影响到各级政府职能的正常运行。

二、财政产权的形成原因

一般认为，市场的形成需要满足三个条件：一是大量的独立经济利益的主体的存在；二是经济主体之间存在交易的需求；三是各经济主体间为实现利润最大化目标而开展互相竞争。在这里，本书将通过上述三个市场形成的条件来论证财政产权的存在性。

（一）市场上存在着独立经济利益的政府主体

目前，我国政府层级主要有中央政府、省级（含直辖市）区划政府、地（市）级区划政府、县级区划政府和乡级区划政府5个层级。

在传统经济理论中，人们通常认为政府在调控宏观经济运行的过程中充当着"裁判员"的角色，而忽视了政府也存在自身利益诉求的一面，甚至会为了自身利益的最大化不断扩张政府的产权边界，由此造成各种社会不公和资源浪费；在这个过程中，政府又充当了"运动员"的角色。就我国政府而言，自中华人民共和国成立以来，我国一直致力于人民当家做主的社会主义国家建设，把政府公务员看成是"人民的公仆"，而忽视了政府及其工作人员的自身利益诉求。实践证明，这是不符合实际的，政府及其工作人员在行使自身权利的过程中是以自身利益为本位的。因此，政府作为一个相对独立的利益主体，无论是作为地方人民群众的代表，谋求本辖区内人民群众的最大利益，还是维持自身存在和运行，为政府组织成员自身的利益考虑，它一直都是以效用或者收益最大化为主要目标。就我国而言，我国各级政府间相互竞争，不断争夺财源，其本质上就是为了实现辖区社会经济利益和自身利益的最大化目标。大量的事实表明，政府是一个有着自身独立利益的诉求主体。

改革开放以后的中国，市场经济迅速发展并处于不断完善之中，政府作为市场主体也积极参与到各类市场交易活动之中，甚至还垄断了部分市场领域的交易（如市场上层组织领域）。在这个过程中，政府相互之间的交易也必然存在。具体表现在以下两个方面：一是同级政府之间存在相互交易的需要。根据比较优势的理论，不同区域之间有着不同的资源禀赋，其生产的产品也具有比较竞争优势。在这种情况之下，各地区会生产自己有优势的产品，去交换本地区具有比较劣势的产品。二是上下级政府之间也存在交易的需求。就我国目前的情况而言，虽然上、下级政府之间属于行政隶属关系，但是上、下级政府之间也存在相互之间的利益交换。例如，上、下级政府之间为争夺财权等资源的支配权而展开的相互间竞争甚至冲突。这种权利的竞争和争夺，从表面上看属于政治权利分配，但其实质上是一种经济利益性质的交易关系。

（二）政府之间相互竞争与合作的需要

陈敬德（2004）提出了政府间产权交易的概念，他认为政府间产权交易是指各级政府间围绕有形和无形资源的产权进行直接或间接、横向或纵向的交易。政府间进行产权交易的目的，是通过对财产所有权各项权能做出相应的制度性安排，实现资源优化配置和经济发展的良性循环，增加政府的收入，有效履行政府的各项职能。政府间产权交易的前提是产权明晰化。为了防止各级政府由于"出尔反尔"问题引致相互之间的短期行为和社会不信任的心理，政府应该提高政策的透明度，保持产权交易政策在一定时期内的连续性和稳定性。

在我国，财政产权作为政府产权权能的一个重要组成部分，同样也存在着政府间财政产权交易，这种交易集中表现为不同层级政府间围绕与财政有关的各种有形资源和无形资源的产权交易，而这种产权交易主要通过政府间的竞争与合作表现出来。

第一，关于中央政府与地方政府的合作与竞争关系，地方政府在中央的授权下代表中央政府行使特定领域和特定地域的政府职能，中央政府赋予地方政府一定的财权。地方政府依据中央政府的授权，制定符合本区域实际情况的经济发展战略，通过各种优惠政策吸引大量的人力资源和科技资源等生产要素，在有效促进本地区经济增长、增加当地财力的同时，也不断拓宽政府提供各种公共产品和公共服务的空间，促进公民福利的提高。从这个角度看，中央政府与地方政府有着相同的目标函数，因而体现出中央政府与地方政府相互合作的一面。但是，二者之间又有着各自相对独立的利益。一方面，中央政府利用自身在财权和事权划分规则中的权威地位，单方面地对政府间财权和事权分配比例不断进行有利于自身的调整和修改，尤其是将国家财力逐步向中央集中，却将大量的事权向地方政府下放，由此导致了地方政府的财权与事权不匹配问题。另一方面，地方政府作为相对独立的利益主体，有着强烈维护自身局部利益和眼前利益的欲望，甚至会不惜代价地牺牲国家的整体利益和长远利益。具体表现在：地方政府利用当前财政体制存在的软约束缺陷，通过各种方式向中央"哭穷"，以争取更多的中央财政补助，甚至不惜代价地通过各种方式举借大量地方政府债务，以期由中央政府最后"埋单"。因此，中央政府和地方政府由于有不同的目标函数又表现为利益不一致的一面。

第二，关于地方政府相互之间的竞争与合作关系，具体表现为：一方面，长期以来，在以"GDP"为中心的政绩考核体制下，各级政府围绕着本辖区内财源不断增加的目标，经常直接参与甚至干涉市场活动以满足自身偏好且能够实现财政收益最大化的目标。为争夺包括自然资源、人才、资金以及科技等各种资源，地方政府竞相出台优惠政策吸引投资，以促进本辖区经济社会的快速发展，这本质就属于政府之间的相互竞争。另一方面，各级地方政府在履行经济发展职能的过程中，同样也追求自身益最大化目标。然而，每一个地方政府都面临着辖区内诸如自然资源或人力资源等特定资源稀缺的发展制约，地方经济发展的逐利性意味着地方政府要突破既定行政区域界限的限制，突破行政边界约束，在更广阔的空间通过既定资源的产权让渡（如区际贸易和分工等）来克服先天的资源缺陷，实现不同政府间利益的共同增进。当前，地方政府之间主要通过以下措施建立长期产权交换平台，促进区域主体利益共同增进，有效增加地方政府的财政收入：①多个区域主体共同建立产权交易制度化平台，实现区域间交易成本的降低，主要的合作模式有泛珠三角"9＋2"合作模式。②区际之间为保障产权交易的有效操作和执行而联合制定的涵盖各方面内容的协议、备忘录以及宣言和"共识"等法律和文件，有利于实现相互之间的利益共享共担，加强区际联合立法，保障区域产权交易契约的操作与执行。③不同区际通过资源共同开发、基础设施共建以及生态环境共同治理等方式提高资源流动效率和实现资源重组优化，促进产权交易在更广的空间范围内实现。

（三）各级政府履行职能的需要

政府机构除了履行维护国家安全、民族团结和社会稳定的基本职能外，还要履行向社会提供良好的基础设施和优质高效的公共产品和服务，提供社会福利保障，保护自然环境，保护个人基本权益等职能。这些基本职能形成了政府的事权，并按一定原则划分到不同层级政府履行完成，这就需要各级政府必须有相应的财权和财力去完成既定的任务。各级政府必须按一定的规则形成自己相对独立和稳定的财政收入，这样就形成了政府财政产权的基础。

三、财政产权主体归属问题分析

有效产权的界定、供给和保障是造就国家繁荣、公民富裕的根本保障。因此，对财政产权主体最终归属问题进行有效界定，是有效实现财政收益最大化的充分保障。

（一）我国财政产权主体的发展演变和发展过程

自 1949 年中华人民共和国成立以来，我国财政产权主体经历了由计划经济时期的政府作为财政市场产权主体到作为纳税人的广大人民群众成为真正的财政市场产权主体的转变过程。

在我国计划经济时期，公有制经济一统全国，各类经济组织都是政府的附属物，政府几乎包揽了所有的经济活动，包括社会公共产品和个人生活品在内的一切社会产品都由政府生产和分配，纳税人与征税人合为一体。在这种情况下，政府拥有全部的财政产权，形成主要政府财政收入的税种、税率以及纳税对象都是由政府自身决定，税收的征缴和税收的使用乃至税收使用的监管都通过政府自身来完成。在关于国内政府间关系方面，由于实行的是高度集权的政府体制，地方政府作为中央政府的附属物，由中央政府实行"统一领导，分级管理"。在财政权限划分方面，包括财政政策的制定、利益的分配等方面都由中央政府制定，并构成了当时财政活动的主要内容，形成了中央政府对地方政府的财政管理体制。包括纳税人在内的广大人民群众既无法监督政府机构关于财政资源的使用情况，也无法建立纳税人对征税人的财政控制体系。其结果是，由于缺乏真正必要的监督，国家财政税收的征缴和使用情况不公开，在政绩和个人利益的驱动之下，很容易导致政府机构的各级领导以国家的名义乱收费、乱征税甚至侵害作为纳税人的广大人民群众的合法财产，最终导致政府由于收不抵支大举借债，政府债务负担不断加重，造成国家财政安全隐患。财政资源使用过程中应有的效率也不能正常发挥，严重阻碍经济社会的向前发展。因此，必须建立一种适应经济社会发展要求的财政产权体制以保障整个社会生产体系的正常运行。这也就意味着要建立一种真正体现包括纳税人在内的合法权益，并建立起代表纳税人利益和意志的人民代表大会制度，最终建立起从预算到决算整个过程的民主决策和民主监督的规范的财政体制，即建立起财政产权真正属于纳税人所有的财政体制。

改革开放以后，以公有制为主体、多种所有制经济共同发展已成为我国当前的基本经济制度。在这种情况下，公有制经济已不再是政府的附属物，而是和非公有制经济一样，成为相对独立的经济主体，有着自己独立的经济利益追求。按照新制度经济学产权理论的观点，某种收入的产权理应由其创造者拥有所有权，并用于满足其创造者的各种发展需求。作为纳税主体的社会公众有着强烈的参与财政活动的诉求，他们在为政府提供财政物质基础的同时，也必然要求享有自身作为纳税人应有的权利。在这种情况下，纳税人与征税人（包括中央政府与地方政府）之间的关系已成为我国财政的基本关系。财政收入作为财政产权的一种实现形式，它的性质已由计划经济时期的国有产权转变为市场经济条件下纳税人所有的公共产权，纳税人已经成为财政产权的真正主体而非政府。纳税人的这种真正的主体地位需要通过新的产权制度来进行有效界定、规范和保障。纳税人作为政府的最终委托人，拥有监督政府、选择政府领导及其工作人员以及选择真正为人民服务的人大代表来监督政府行为的权利。地方政府不再是上级政府的附属物，中央政府与地方政府之间的财政管理权限也不再是纯粹的集权和分权问题了，而是体现为实质意义上的财政民主化问题。财政分权这种本质上是产权调整与再配置过程的行为，其目的是更好地实现国家公共财政"取之于民"和"用之于民"的宗旨。

（二）财政产权归属问题分析

以税收为主要形式的政府财政收入，大部分都主要来源于纳税人所创造的经济成果，并为政府正常履行相关职能提供了强大有力的物质保障支撑。根据契约理论，国家财政权力职能源自该国公民对其部分财产的让渡，这种让渡行为是集体理性行为的结果。公民之所以让渡属于自己的部分财产权益，其动机是为了使个人各项基本权益得到人们普遍认可的法律保护。国家在获得公众让渡的部分权利之后，通过一定的法定程序将公民的部分财产权益经由强制性税收转化为政府的财政收入，然后以财政支出的方式履行政府机构相应的各项职能，这样的国家税收行为实质上是一种制度性承诺。因此，国家财政权力是一种"取之于民、用之于民"的产权安排。从这个角度来说，我国财政产权最终归属权应该是属于广大人民群众。

四、财政产权的特点

（一）有固定的交易场所

财政收入作为一种重要产权，其实质是纳税人通过对自己部分财产权利的让渡以保障自身各项基本权益得到更好的保护和实现，本质上属于一种基于利益的交易行为。交易的方式主要是纳税人与征税人（包括中央政府与地方政府）依靠契约的方式来实施，交易的场所通常是税收缴纳的场所，如国家税务部门等，因此，财政产权交易的场所是固定的。

（二）交易的非物质性

与传统市场上"看得见、摸得着"的有形商品交易相比，在市场化程度较高的情况下，进行交易的商品是"非物质"利益交换关系。从国家财政收入角度来看，以税收为主要形式的政府财政收入主要来源于该国公民对自己部分财产权利的让渡，让渡的动机是使个人的各项基本权益得到国家的保障，其实质就是一种相互之间的利益交换。此外，各地方政府间为了增加本地财政收入竞相出台的优惠政策和制度进行招商引资，也属于一种"非物质"利益交换关系。

（三）交易的非直接性

法国年鉴学派代表人物布罗代尔在对大量历史事实进行总结的基础上，把市场分为上层组织和下层组织。下层组织是面对面的，随处可见的一手交钱、一手交货的从事商品交换的有形的市场；而上层组织是交易双方并不见面、通过依靠契约的实施来实现交易的产权密集型或契约密集型市场（卢现祥和朱巧玲，2007）。与传统市场上商品所有权的直接交易不同，在政府间财政产权清晰界定的情况下，作为征税人的政府为了实现自身的财力最大化，会向投资者（纳税人）提供优惠、宽松的发展环境；而纳税人则会通过各种"投票"的方式对政府提供的公共产品和服务进行感受、评估和选择，并引发各政府间的相互竞争，这种交易的双方并不发生实质性的接触。

（四）财政产权主体间交易活动的不平等性与强制性

康芒斯（2011）把交易分为"买卖的交易""管理的交易""限制的交易"，这三种交易活动是地位平等的人们之间或者上级和下级之间的社会活动的单位。其中，"管理的交易"是一种法律意义上的上级对下级的关系，管理者处于法律上的优势，被管理者处于法律上的劣势，管理者与被管理者之间是一种"命令和服从的关系"。在管理的交易里，管理双方"遵守命令和服从法则"，即上级发号施令，下级必须服从（康芒斯，2011）。

在市场经济条件下，纳税人与政府作为市场主体具有经济意义上的平等地位，那么建立在契约基础之上的各主体间的关系也应该是平等的。然而，为了维持国家政府机构各项基本行政管理职能的正常履行、有效保障该国公民各项基本权益，需要消耗一定的社会财富，就需要国家凭借其强制力通过一定的法定程序去参与社会财富或社会产品的分配，占有公民的部分财产权益，并形成相应的制度安排。政府的财政产权，就是政府凭借其政权的力量通过征税等，而获取的一种产权（杨再平，1992）。一切国家的征税的权力都是从所谓国家所有制来的，而国家也就成了真正的主人（马克思和恩格斯，1957）。因此，处于管理者地位的国家政府机构与处于被管理者的征税人之间的关系就形成了一种"命令和服从的关系"。

五、政府产权制度与政府行为

产权制度与政府行为存在密切关系。财政产权作为一种产权制度，调节着政府的各种行为，本部分主要探讨政府产权与政府行为的关系。

在现代市场经济中，如何对政府的角色进行合理定位是当前经济理论和各国实践过程中都需要不断探索的重大问题。改革开放以来，一方面，我国通过一系列分权改革，尤其是通过中央和地方政府之间的行政分权和财政收益分割，产生了不同层级的政府产权及其相应的各种利益，各级地方政府在分权化改革过程中逐渐成为相对独立的行政主体和产权主体，并具有相对独立的自身利益。但由于地方政府社会公共性和自身利益性的双重性质，地方政府的运行也就具有社会公共利益最大化和政府组织自身利益最大化的双重目的。当这两重目标发生冲突后，政府行为会倾向于实现自身利益最大化目标，由此导致政府职能的缺位和行为的不规范。另一方面，中国的市场化改革将地方政府推向了区域经济发展的中心位置。地方政府除了承担公共服务职能外，还负担着引领区域经济发展的职能。但地方政府在主导地方经济发展的过程中存在越位、错位和缺位现象，导致了不少问题的出现。例如，过分追求区域经济增长而导致公共服务和社会管理的缺位，在过多卷入市场竞争领域过程中既当"裁判员"又当"运动员"而导致的越位，以及由于权力与市场的结合使政府经济行为没有遵守市场经济规律而导致各类型腐败现象频发，进而出现政府行为的错位现象。

产权的存在是地方政府行为的诱因，也是规范地方政府行为的重要路径。我国目前处于转型时期，对产权尤其是对政府产权和政府行为的关系还缺乏明晰的认识和界定，使得地方政府在具体行为过程中，由于角色不明确而导致其不作为和乱作为等现象的发生。因此，规范地方政府行为、防范重大风险的发生，关键是要清晰地认识和界定地方政府产权，厘清政府财政产权和政府行为之间的关系。

（一）政府产权的内涵

政府产权是指财产归属政府时所形成的政府对财产所有、支配、收益和处置的一组权力（陈维达，2007），它是根据相关法律规定赋予政府相应的职能、职责及权力结构，并明确规定政府的行为边界，由此而形成的一种产权关系（冯涛和袁为，2008）。一般认为，市场经济条件下的产权主体只包括企业组织和个人，相应的产权关系也只存在于这两类主体，事实上，由于政府拥有全社会最大的包括财政资源和自然资源在内的公共财产权，因此政府也拥有产权（刘广之，2018）。关于政府产权的内容，一般认为主要包括4个方面：①财政产权。即各级政府凭借其对各种财政资源的所有和支配而拥有的占有、使用、支配和处置等相关权力。②自然资源产权。即政府依据《中华人民共和国宪法》规定，对矿藏、水流、森林、山岭、草原、荒地和滩涂等自然资源行使的包括所有、使用、处分和受益等权力。③土地产权。即政府依据《中华人民共和国宪法》和《中华人民共和国土地管理法》等规定，依法享有城市范围的土地的所有权、使用权，以及包括租赁、抵押和地役等其他相关权力。虽然我国的法律规定城市以外的农村和郊区包括宅基地和自留地、自留山等的土地所有权归属集体所有，但由于集体所有制产权主体地位的残缺，集体土地的最终控制者仍旧是政府。④政府对国有企业的经营和管理权力。主要表现为各级政府通过财政资金投入依法设立、通过控股而实现对从事生产经营活动的国有企业的绝对或相对控制的权力。

（二）社会主义条件下我国政府产权的演变过程

我国的政府产权在社会主义的不同发展时期具有不同的产权形式和特点。

在计划经济时期，我国通过社会主义改造形成了国有制的经济形式，并成为社会主义公有制的主要形式。这一时期的公有制只有全民所有制和集体所有制，由于政府是全民所有制和集体所有制事实上的行为主体，政府成为公有制的唯一代表，政府集公有财产的所有者和经营者于一身，公有制产权形成了事实上的政府产权；换言之，政府产权成为公有产权"主要的甚至是唯一的代表""政府产权被泛化了"（陈维达，2007）。政府产权呈无限放大的特征。

转型时期（1979年至今），随着经济体制改革的市场化导向持续推进，无限放大和泛化的政府产权开始向有限的政府产权回归，政府产权经历了一系列重大改变。第一，政府产权在公有产权主体多元化和多层次公有产权形式的背景下逐步退出了原有的统治地位，从原有公有财产所有者和经营者的角色逐步转变为调节者角色，政府不再是公有财产的"总管家"。第二，由于所有权和经营权的分离，政府产权在运行过程中会出现产权分离，呈现出不同权利的利益主体，如国有企业的所有权和经营权在市场化改革过程中出现了分离。

（三）转型时期我国政府产权与政府财政行为分析

我国社会主义国家的性质决定了国家或政府的所有的财产是社会公有财产，国家或政府的政治权力和财产权力来源于人民的委托授权，政府产权的最终权利主体属于人民，这一点是毫无疑问的。政府产权的形成体现了全体社会成员把公有财产的一部分委托给政府，政府在接受委托行使社会公有产权时形成了一种事实上的产权分离，相应的政府行为可以划分为两类：

一是行使公共财政权力，代表国家管理包括公共资源、公共产品和公共福利在内的公有财产，将公共财政收入投入社会民生领域，向社会提供包括科技、教育、医疗卫生、社会保障和环境治理等优质高效的公共产品和公共服务，对落后地区和社会弱势群体给予必要帮扶，防止公共产品和公共服务的缩水导致社会成员的福利水平大幅度下滑，实现税收"取之于民""用之于民"的宗旨。

二是作为产权主体行使政府产权，受人民委托行使国有资产所有者权力。政府作为国有资产所有者，享有法人自主权，具有依法对国有资产进行支配和处置的权力，并对国有资产运营的损益承担相应的责任和义务。

政府的公共财政权力与政府的财产权是不能混同的。前者属于公共行政权力，是一种国家权力，政府的公共行政权力高于其他社会成员、私人或组织的权力；后者是政府作为产权主体行使的一种财产权力，是一个民事行为主体并与其他财产主体处于完全平等的地位，在行使民事主体权力的同时，应承担相应的责任、履行相应的义务。如果将政府的这两种权力相混淆，不仅会出现政府在管理国有资产时的权力、责任和义务不明确，进而导致政府职能扭曲的问题，而且还会导致某些政府机构及其工作人员以行使公共权力的名义对公有资产权益和私有资产权益进行侵害，大搞权钱交易和贪污腐败等行为，并引发各种风险和矛盾。例如，虽然近年来我国的财政收入规模有了较大幅度的增长，但政府财政在支出过程中容易受政府目标和官员偏好所支配。地方官员"经济人"和"政治人"的双重身份决定了其不仅关心辖区内的财政收入，还关心自己的职务晋升、薪酬福利、声望乃至腐败和寻租收入。在以GDP 为中心的竞争考核机制下，地方官员对个人收益最大化的理性行为直接演化为辖区经济快速增长的唯一目标。为此，地方政府官员往往为追求短期经济效益，更倾向于进行大规模投资、大搞形象工程，以此来彰显其政绩。甚至在地方财力有限的情况下，地方政府会通过过度举债的方式来突破预算约束。地方政府的过度负债不仅会"挤出"用于科技、教育、医疗卫生和社会保障等社会领域的"公共"支出，进而导致"公共"领域的欠债不断增多，而且还会由于资源的掠夺性开发和对环境的严重破坏而导致生态环境欠债的不断积累，最终形成地方政府沉重的债务负担。

第四节 地方政府行为与区域经济发展

改革开放以来，中国地方政府在经济社会的快速发展过程中所发挥的作用得到了两种截然不同的评价：一是地方政府在中国经济快速发展过程中的重要推动作用受到广泛的褒扬；二是政府扩张尤其是债务规模快速扩张对资源配置的扭曲作用严重阻碍了中国经济效益的提升，因而饱受诟病。地方政府以国家的名义行使权力，通过制定与执行政策和法规等无所不至的管制对社会和市场进行管控，成为中国宏观经济效益好坏的最关键问题。

一、多级政府体系中的地方政府

（一）地方政府的定义

学术界关于"地方政府"的定义，尚未形成一个能够被普遍接受的界定。斯蒂芬·贝利（2006）认为，地方政府并不是一个十分清晰的概念，人们很难发现一个与中央一级公共机构严格区分的具体组织特征来对"纯粹"的地方政府进行界定。在英文文献中，地方政府通常用"Local Government"、"Subnational Government"、"Subcentral Level of Government"或"Regional Authority"等表示。《国际社会科学百科全书（第9卷）》认为，地方政府有权决定和管理一个较小地区内的公众政治，它是地区政府或中央政府的一个分支机构，地方政府在政府体系中是最低一级。《布莱克维尔政治学百科全书》认为，地方政府是"权力或管辖范围为限定在国家的一部分地区内的一种政治机构……在一国政治机构中处于隶属地位，具有地方参与权、税收权和诸多职责"。[①]《辞海》把地方政府定义为地方国家行政机关，主要负责行政区域内的行政工作。根据以上关于地方政府的定义，我们可以得出关于地方政府这一机构的总体认识：地方政府是中央政府的对称，是在地方各级行政区域内行使部分国家权力、管理社会公共事务的国家行政机关，我们可以把除中央政府以外的所有政府都归于地方政府。

（二）地方政府的层级设置

在全球的 190 多个具备国际法主体地位的国家中，除了新加坡、安道尔和摩纳哥等城市国家、圣马力诺等"袖珍"国家和部分岛屿国家只设立了一级政府外，绝大多数国家的政府都是由中央政府和地方政府共同组成的多级政府体系（Multi-Level Government）（王玮，2015）。不同的国家有不同的地方政府的名称和不同的地方政府层级：地方政府的名称方面，包括省、州、邦和郡等；地方政府层级方面，有的国家只设立一级地方政府，有的国家设立了二级地方政府，还有的国家设立了三级甚至四级地方政府。不同的国家结构形式对地方政府的构成、权力配置以及中央与地方关系等方面都会产生重要影响。在联邦制国家中，地方政府具有相对独立的主权，联邦政府的权力来源于各地方政府成员单位的让与，各级政府可以在联邦宪法规定的权力范围内制定适合本地实际的宪法和法律，并对本地的公共事务进行自主决定和自主管理。单一制国家往往以中央政府为核心，地方政府在中央政府的统一领导下，根据宪法和法律规定的权限范围行使职权；中央政府与地方政府之间存在行政隶属关系，地方政府的权力来自中央政府的授予，中央政府可以根据宪法和法律规定对地方政府的权力范围进行调整。表 2 - 1 为部分单

[①] 戴维·米勒，韦农·波格丹诺. 布莱克维尔政治学百科全书 [M]. 邓正来主编. 中国问题研究所，等译. 北京：中国政法大学出版社，1992：421.

一制国家和联邦制国家地方政府的层级设置。

表 2 – 1　　　部分单一制国家和联邦制国家地方政府的层级设置

国家		经济发展水平	地方政府层级数
单一制国家	中国	发展中国家	4
	法国	发达国家	3
	英国	发达国家	2
	日本	发达国家	2
	乌拉圭	发展中国家	1
联邦制国家	美国	发达国家	2
	德国	发达国家	2
	瑞士	发达国家	2
	印度	发展中国家	2
	阿根廷	发展中国家	2

资料来源：王玮. 地方财政学（第二版）［M］. 北京：北京大学出版社，2015：3.

中国作为世界人口最多、疆域辽阔、由多民族组成的单一制发展中国家，地方政府行政体系比较复杂，地方政府的级次、名称和具体构成自新中国成立以来已经历了多次调整。目前我国实行的是"省级行政单位（包括省、自治区、直辖市）——地级行政单位（包括地区、地级市、自治州、盟）——县级行政单位（包括县、县级市、市辖区、自治县、旗等）——乡镇（包括乡、镇、街道办事处等）"的四级政府体制。根据《中国统计年鉴2021》的相关数据，截至2020年底，我国31个省级行政区划单位共有333个地级行政单位、2844个县级行政单位、38741个乡镇级行政单位（不含港、澳、台）。

（三）地方政府产生的原因

地方政府作为部分区域行使国家权力的行政机关，其存在和生产力发展与社会分工有着密切联系，是人类社会发展到一定阶段的产物。任何一个国家要实现对社会的有效治理，都必须依托地方政府这一组织机构来完成。唯一不同的是，由于不同国家国土面积、人口数量、生产力发展水平以及与之相关的社会公共服务复杂程度不同，因此一个由不同层级政府体系组成的地方政府所承担的经济社会职能也会有所不同，并以此决定地方政府的存在价值。一般的普遍规律是，在人类社会发展的早期，由于国土面积狭小、人口数量稀少、生产力发展水平低，此时的社会公共事务不复杂，因此在这种情况下只需设立一级政府就可以对整个国家进行有效统治与管理，无需设立地方政府。随着社会生产力的不断发展和生产关系的日益复杂，一些国家因对外侵略导致了领土的不断扩张和人口的不断增长，使得由国家实施管理的社会公共事务也越来越复杂，仅靠一级政府无法实施有效治理，这就需要建立一个由多层级政府组成的政府体系在合理分工的基础上共同承担以前一级政府所管理的事务，地方政府就是在这样的背景下应运而生的。

进入现代社会，地方政府的存在价值不仅停留在治理的有效需求方面，还反映在政治和经济等方面。具体而言，现代社会的基本职能主要包括 3 个方面：执行中央政府包括意识形态等方面的政治性治理行为、维持社会秩序正常运行的社会管理行为、以提高经济社会效益为目标的经济调控行为。尤其是在经济全球化的背景下，社会公共事务的复杂程度和外部国际环境远超个体分析能力。为了降低制度的交易成本、实现社会效用最大化，需要建立满足新的需求供给的适应性地方政府。新的地方政府除了满足区域内与社会需求有关的法律、政策和公共服务等产品以及促进经济发展外，为了扩大市场补充辖区内资源稀缺，还以政府的形式积极开展跨区域乃至对外合作和贸易，为辖区经济可持续发展创造良好的国内外条件。尤其是当经济复杂程度和外部竞争环境远超个体理性分析能力时，地方政府不仅停留于公共服务供给，还可以通过主动参与具体微观经济活动的方式，引导和纠偏个体决策的非理性活动，实现资源效率的不断提高。在资本主义国家，资本主义制度的性质决定了其地方政府职能是为资本效率服务，目标是通过利用技术和资本的绝对优势实现资本收益最大化。但 2008 年全球金融危机爆发所引致的欧美等主要资本主义发达国家经济增长乏力、政策失效和贫富差距扩大等现象加重，引发了人们对社会公平问题的深刻反思。我国作为社会主义国家，如何通过资本、技术和劳动等资源的有效配置，推动经济可持续发展，实现中国社会集体效率或社会福利最大化目标，是新时代背景下中国地方政府的重要职能，也是其存在价值的重要体现。

二、地方政府的目标与行为选择

地方政府作为国家政治组织的一种形式，其目标函数是多重的。从公共选择视角看，地方政府官员为了在激烈的选举竞争中获胜，其政策的制定和实施必须致力于满足辖区内大多数人的意愿，因此，地方政府具有实现辖区内公众利益最大化的行为目标。从经济人的视角看，根据公共选择学派的观点，"经济人"假设对政治领域行为仍然是适用的。因此，地方政府行为具有追求自身利益最大化的行为动机，而这一行为动机促使地方政府官员在追求私利的过程中难以确保地方政府的公共利益最大化目标得以实现。

从委托代理关系的视角看，作为代理人的地方政府行为主要受到委托人的约束。根据蒂布特模型的观点，在政治市场领域，地方选民的投票行为对地方政府官员的行为方式会产生较大影响。尤其是在信息完全的条件下，地方政府政策的制定和实施将面临辖区选民的有效监督，一旦发现滥用政府权力的行为，地方选民将通过投票选择、资本外流等方式进行回应，辖区选民的呼声将成为地方政府行为的一种有效约束。对于中国的实际情况而言，地方政府除了作为辖区民众的代理人外，更被看作是更高层级政府的代理人，上级政府将通过提名或任命地方政府官员等方式对地方政府行为进行有效约束。但是，受限于信息不对称和政治体制不完善等因素，可能出现地方政府官员在狭隘私利的驱使下，其政策行为与辖区内多数选民公共利益目标发生偏离的情况，由此致使地方政府代理失灵。另外，强有力的利益集团会通过与地方官员"结盟"等方式，试图影响乃至主导地方政府在特定领域政策的制定。在这样的政策环境下，地方政府配置资源是低效或无效的。因此，在对地方政府行为监督和约束低效甚至无效的环境下，地方政府在履行职能的过程中，由于不适当地应用政府所拥有的垄断强制力，造成资源配置的低效甚至是无效与巨大的社会福利损失。

三、地方政府行为选择对区域经济发展的影响

地方政府作为国家机构的重要组成部分，与中央政府相比，地方政府对区域经济社会发展的影响更为直接。产权制度作为市场经济的基石，我国经济体制改革的重点在于产权制度的完善和资源配置的市场化，产权的保护程度和一国或地区的经济发展呈正相关（罗小芳和卢现祥，2020）。对于国家或地区而言，要想促进区域经济的繁荣发展，产权界定和保护是必要条件。因为有效的产权界定和保护能够有效培育企业家精神，促进创造性和竞争性，更加有利于经济的增长。国家与国家之间的竞争，地区与地区之间的竞争，最终很大程度上是一个产权保护的竞争（李项峰，2007）。但政府在产权领域的作用并非完美，政府一方面界定和保护产权，另一方面也可能凭借手中权力任意侵犯私人产权，造成经济的衰退或停滞。政府在产权领域的作用存在"双重性"。在这里，本书主要从产权的视角分析地方政府行为对区域经济社会发展产生的影响。

（一）地方政府行为的"三只手"

关于地方政府在经济社会发展过程中应发挥的作用，主要源于两种传统的观点。一种是"无为之手"的观点，亚当·斯密关于政府自由放任的观点认为，政府除了提供极端市场失灵情况下所必需的国防、法律和秩序等公共物品外，无需任何形式的干预。另一种是"扶持之手"的观点，主要以凯恩斯的国家干预主义为代表。面对普遍存在的"市场失灵"，该观点主张通过政府干预来实现社会福利的最大化。另外，还有一种观点认为，政治家也有自身利益，并会使用国家强制力来实现自

身利益。当政府这样做时，它就会变成"掠夺之手"。美国经济学家安德烈·施莱弗和罗伯特·维什尼在《掠夺之手：政府病及其治疗》中认为，政治家也有自身利益，他们会为追求私利而牺牲公益。他们通过分析发现，无论是独裁政府还是民主政府，都存在追求私利的相似情况。[①] 根据奥尔森的观点，如果地方政府官员考虑的是长远利益，会通过提供公共物品来维持和增加自身的长远利益。当地方政府官员只是为了当前和短期利益的需要，他们会更倾向于过度掠夺。根据利益集团的相关理论，利益集团甚至不惜以高额的社会成本为代价，通过各种游说活动影响政府决策的再分配方式，对公众资源进行掠夺。

（二）地方政府的产权界定和保护对区域经济发展的影响

产权在本质上作为一种界定社会财富分配的社会工具，对资源配置的决策制定会产生重要影响，进而影响经济行为及其绩效。政府的出现，极大地降低了产权界定和保护的成本。与私人保护产权相比，政府凭借其所具有的强制力，在界定产权和行使产权方面具有自己的优势，能够有效避免有效产权制度的囚徒困境，进而有效促进经济增长。但是，由于偏好多元性和有限理性的存在，政府在产权领域的作用并非完美，也存在着负面性。根据诺斯的观点，由于政府拥有强制的权力，某些公共行政人员会倾向于利用自身拥有的强制力，以牺牲经济社会发展的长远利益及他人利益的方式来为自身谋取私利，因而政府具有形成低效率产权制度的倾向，由此会导致经济停滞或衰退。

在我国，地方政府掌握着行政区域内包括土地、矿山与森林，财政收入，以及国有企事业单位人才等在内的庞大份额经济资源，成为事实上的区域产权主体（常勇智和丁四宝，2013）。在以政府主导的经济发展框架下，地方政府根据经济追赶目标的需要对其所掌握的资源进行行政性配置。具体主要通过土地财政、金融抑制、基础设施建设和发展房

---

① 安德烈·施赖弗，罗伯特·维什尼. 掠夺之手——政府病及其治疗（中文版）[M]. 赵红军，译. 北京：中信出版社，2004：1-7.

地产业等方式推动区域经济快速增长。这种通过行政配置资源的发展模式，在从贫穷到小康的中低端产业发展阶段具有一定优势。通过集中精力确定某一具体追赶目标，会使之前诸多受到抑制的因素被释放出来，进而促进经济快速发展。但随着经济进入较高发展水平阶段，这种建立在要素行政化配置基础上的经济快速增长模式存在要素市场缺乏和产权制度不完善的问题，这必然导致要素在地区和行业等领域的错配与扭曲问题。首先，我国的建设用地制度导致了人口流动方向和土地供应指标在空间上的错配，造成土地资源配置低效。为了推动区域经济的均衡发展，我国的建设用地指标倾向于供给经济相对落后的中、西部中小城市，主要用于各种产业园区和新城，但由于存在人口大量外流的情况，出现了园区闲置和新城过剩的状况。地方政府通过举债投资建设起来的各种产业园区和新城最终变成巨额的债务负担；而人口流入的东部沿海发达地区，由于土地供应指标的相应收紧，导致人口流入地区的土地价格和住房价格猛涨，同样不利于经济的高质量发展。其次，在金融资源配置方面，同样存在金融对实体经济的错配与扭曲问题。由于产权制度的原因，国有银行金融机构偏向于将资金贷给和政府关系密切的大中型国有企业，对 GDP 贡献只有 40% 的国有企业至少占了 60% 以上的金融资源，而贡献了 50% 以上税收、60% 以上 GDP、70% 以上技术创新、80% 以上就业、企业数量占比超过 90% 以上的中小企业，占有的国有商业银行金融资源不到 40%，导致资本市场要素配置的严重扭曲，造成全要素生产率的严重损失。[①] 再次，产权保护是经济快速增长和长期高质量发展的重要源泉。有效的产权保护能够约束政府的机会主义和掠夺行为，进而促进经济的健康持续增长。产权保护的真正目的在于使拥有财产权利的主体具有更大的投资动力，从而产生更大规模的生产、发明和创造，进而给整个社会带来更多的盈利（赫尔南多·德·索托，2007）。过去 40 多年，我国经济的高速增长主要建立在政府主导的资源配置基础上，由于过多强调政府在资源配置方面的作用，而忽略了市场

---

① 卢现祥. 论产权制度、要素市场与高质量发展 [J]. 经济纵横，2020（1）：68.

配置资源，使得作为创新主体的企业不是把目光盯着市场，而是盯住政府，导致产权保护不够，造成资源配置的扭曲、错配和低效失，更不利于自主创新。

在委托—代理机制下，地方政府作为中央政府和社会公众的代理人，其目标函数也是多重的，除了追求社会公众福利最大化目标外，还包括任期内的经济利益和政治利益效用目标。地方官员"经济人"和"政治人"的双重身份决定了其不仅关心辖区内的财政收入和公众福利最大化，还关心自己的职务晋升、薪酬福利、声望乃至腐败和寻租收入，而这些和个人的政治晋升有着密切关系。在以就业、财政和 GDP 为中心的地方官员治理考核体系下，地方官员对个人收益最大化的理性行为直接演化为辖区经济快速增长的唯一目标（马万里，2015）。因此，地方政府官员有着强烈的推动经济增长动机。地方官员主要关注上级政府设置易于测度的 GDP 增长等硬指标，往往追求短期经济绩效。为了在有限任期内做出引人关注的政绩，一方面，经过层层委托—代理关系，地方政府凭借其对土地的实际控制而成为事实上的土地所有者，地方政府既是集体土地的管理者，又实际行使国有土地的所有权（赵贺，2006）。地方政府以农地原用途价格征用土地，按照城市工业、商业和住宅等用途的市场价格将土地批租，将土地"征售"之间形成的巨大利差转为地方政府所占有，由此产生了"土地财政"，成为地方政府收入的重要来源。另一方面，在以经济建设为中心的大环境下，地方政府的工作重心始终放在与经济增长有关的项目投资方面，包括确立区域经济增长目标、落实重大投资项目计划，并努力通过各种融资渠道解决资金难题。尤其是近年来，地方政府主导和参与的投资项目规模在持续扩大，涵盖范围也不断拓宽，涵盖了产业发展、基础设施建设等方面，用于经济建设的地方政府投资规模不断增大。由于地方政府财力有限，难以支撑庞大的投资项目及其不断扩大的资金规模。面对这一现实矛盾，地方政府只能绕过《中华人民共和国预算法》等相关法律法规，通过银行信贷、信通融资、理财和融资平台贷款等方式违规变相举债，形成了事实上的地方政府债务。与此同时，地方政府的大规模投资建设支出不仅会"挤出"用于科技、教育、医疗卫生和社会保障等社会领域的"公共"支出，进而导致"公共"领域的欠债不断增多，而且还会因资源的掠夺性开发和对环境的严重破坏而导致生态环境欠债的不断积累。因此，在缺乏产权约束的情况下，地方政府短期内追求经济快速增长的内在冲动必然会导致地方政府各种形式债务规模的快速膨胀，不利于经济可持续发展。

第三章

中国地方政府债务内涵及其历史沿革

第一节　地方政府债务的内涵

一、基本概念

（一）公债

公债也称公共债务，指的是一国政府及其相关机构根据法律和合同规定，按照约定条件在国内外发行债券或向外国政府组织、国际性金融和外国银行借款所形成的债务。关于公债的分类：①根据公债发行的地域分类可将其分为内债和外债。其中，内债是指国家相关政府机构凭借其信誉，根据约定的偿还原则，在国内举借的政府性债务。外债是指一国对外发行债券或向外国政府、外国银行，以及国际性金融组织借款所形成的国家债务。②按照公债发行的政府级别可将其分为中央政府债务（国债）和地方政府债务（地方债）。中央政府债务（国债）是中央政府凭借国家信用，为筹集特定数额财政资金而发行的一种债务凭证；地方政府债务（地方债）是指地方政府及其相关机构以地方政府信用作为担保，承诺偿还本金和支付义务责任，为筹集特定数额资金而发行的债券。

（二）地方政府债务

地方债也称地方公债，是地方政府筹措财政收入的一种主要形式。关于地方政府债务的概念，目前我国相关法律法规和政府文件尚未形成明确的界定和论述。本书关于地方政府债务的概念，主要是在参照"公债"和《中华人民共和国民法典》关于"债"的定义的基础上，将其定义为：地方政府为了筹集特定数额的资金，根据信用原则，以承担还本付息责任为前提向社会举借债务而产生的债权和债务关系。

地方政府债务有狭义和广义之分。狭义的地方政府债务仅指2014年修正的《中华人民共和国预算法》第三十五条规定的省级政府在国务院限额内发行的"地方政府债券"，属于合法的直接显性债务。广义的地方政府债务除了地方政府根据法律和合同规定产生的合法显性债务外，还包括地方政府融资平台债务，或因地方政府提供担保，由地方政府间接偿还的债务（翟继光，2018）。2014年《中华人民共和国预算法》修正前，我国地方政府性债务分为3类："政府负有偿还责任的债务""政府负有担保责任的或有债务""政府可能承担一定救助责任的其他相关债务"[1]。《国务院关于加强地方政府性债务管理的意见》分别使用了"地方政府债务"和"地方政府性债务"两个概念，其中，"地方政府性债务"的范畴不仅包括地方政府举借的债务，还包括融资平台和事业单位等举借的带有政府性质的债务,[2] 属于广义的地方政府债务。

---

[1] 中华人民共和国审计署.2011年第35号审计公告：全国地方政府性债务审计结果 [EB/OL].［2011－06－27］. https：//www. gov. cn/zwgk/2011－06/27/content_1893782. htm.

[2] 国务院.""地方政府债务'和'地方政府性债务'有何不同？"［EB/OL］.［2014－10－02］. http：//www. gov. cn/xinwen/2014－10/02/content_ 2760044. htm.

二、地方政府债务的类别划分

要想有效解决地方政府债务风险问题，首先必须对地方政府债务进行清晰的归类。

世界银行高级经济学家汉娜（Hana Polackova Brixi）在其建立的财政风险矩阵模型中，根据政府承担的职责将政府债务分为：直接负债、或有负债、显性负债和隐性负债。其中，显性负债和隐性负债主要是根据政府的法律责任和道义责任视角进行划分；而直接负债和隐性（或有）负债则主要是依据政府债务责任的确定性和非确定性视角进行划分。政府财政风险矩阵如表 3－1 所示。

表 3－1　　　　　　　　　　　政府财政风险矩阵

债务	直接负债 （在任何条件下都存在的债务）	或有负债 （在特定事务发生的情况下存在的债务）
显性（法律和合约）确认的政府债务	1. 国家债务 2. 预算涵盖的开支 3. 包含公务员工资和养老金在内的法定长期性支出	1. 国家对非主权借款、地方政府、公共部门、私人部门实体的债务担保 2. 国家对包括学生贷款、抵押贷款、农业贷款和小企业贷款等各种贷款的保护性担保 3. 国家对贸易和汇率的承诺担保 4. 国家对私人投资的担保 5. 包括存款保险、私人养老基金收入、农作物保险、洪灾保险和战争风险保险等在内的国家保险体系
隐性（基于公众和利益集团预期压力的政府道义责任而产生的债务）	1. 未来公共养老金（非公务员系统） 2. 非由法律和合同明确规定的社会保障计划 3. 非由法律和合同明确规定的未来保健融资计划 4. 公共投资项目的未来日常维护成本	1. 地方政府或公共实体、私营实体非担保债务的违约 2. 银行破产（超出政府保险外）救助 3. 实体私有化的实体债务的清偿 4. 非担保养老金、就业基金或社会保障基金（对小投资者保护）的破产 5. 中央银行承担义务不能履行 6. 私人资本外逃等情况下的其他紧急财政援助 7. 改善环境、灾害救济、军事拨款

资料来源：刘尚希. 财政风险：一个分析框架［J］. 经济研究，2003 年第 5 期.

就我国而言，到目前为止，尚未对地方政府债务做出明确的分类，只是在一些政策性文件中经常看到"地方政府性债务""地方政府隐性债务""地方政府债券""地方政府融资平台"等与地方政府债务有关的名词，但不同的政府债务名词统计口径不一样，相互之间不具可比性。《国务院关于加强地方政府性债务管理的意见》对政企债务进行明确分割，赋予了省、自治区、直辖市地方政府的适度举债权，规定地方政府举债采取地方政府债券方式，并将地方政府债券融资方式分为一般债券融资和专项债券融资两种方式。2017 年 7 月的中国共产党中央政治局会议中强调规范地方政府举债融资，坚决遏制隐性债务增量，第一次谈及地方政府隐性债务。地方政府隐性债务主要是指地方政府在法定限额债务外通过直接或者承诺以财政资金偿还以及违法提供担保等方式变相违规举借债务。因此，可以对我国地方政府债务进行以下分类。

（一）主动负债和被动负债

中国地方政府承担着区域经济发展和履行公共服务的双重职能，扮演着行政主体和经济主体的双重角色（胡舒扬，2019）一方面，在以 GDP 为主的政绩考核模式下，为了推动区域经济发展，尤其是在地方官员利益的驱动下，地方政府大规模建设热情不减。为了直接拉动经济增长，地方政府积极通过各种方式举借债务，尤其是地方政府在法定限额外利用各类市场主体、金融工具在金融市场上变相违法违规融资，由此产生了地方政府的主动负债行为，该类债务是地方政府为了实现自身效用目标而形成的负债。另一方面，中国地方政府作为公共服务主体，承担着提供公共产品的巨大任务。1994 年财政分权改革后，地方政府承担了医疗卫生、教育、社会保障、养老保险和基础设施建设等公共事务职责，由此形成了地方政府的被动负债，该类债务是由于体制转轨或是下级政府因执行上级政府政策而产生的债务。

（二）显性债务和隐性债务

显性债务是指地方政府根据法律和合约的明确规定而承担的直接偿

债责任或担保责任。该类地方政府债务有着十分明确的法律关系，地方政府最后要承担的相应债务责任金额往往是明确的。隐性债务是指地方政府绕开《中华人民共和国预算法》等法律政策规定，利用各类市场主体、金融工具在金融市场上变相违法违规举债融资所形成的债务。可以说，除地方政府显性债务之外的所有债务均为地方政府隐性债务。与显性债务相比，隐性债务具有两方面特征：一是举债方式多样、底数不清。常见的地方政府隐性举债方式除了地方政府融资平台贷款外，还包括政府购买服务、政府和社会资本合作（Public-Private Partnership，PPP）以及各类政府发展基金等违规方式。在隐性债务资金规模方面，虽然《2017年第四季度国家重大政策措施贯彻落实情况跟踪审计结果公告》第一次公布了我国5个省的6个市县通过各种违规变相举债形成了154.22亿元的隐性债务，但这只是揭露了地方政府隐性债务的冰山一角。二是地方政府长期以"隐性"方式积累的债务，隐藏着较大的风险。地方政府通过融资平台等途径违规举借的资金，主要投向周期长和回报慢的基础设施和公益性项目，这些项目不仅难以保证较长时期内的收益性，还存在着由产能过剩引致的低效甚至无效投资问题。

（三）一般债务和专项债务

根据《国务院关于加强地方政府性债务管理的意见》的规定，地方政府采取债券方式借债，并将地方政府债务分为一般债务和专项债务。一般债务是指地方政府因发展没有收益的公益性项目所需举借的债务；由地方政府发行一般债券进行融资，该类债务的偿债资金主要来源于一般公共预算收入。专项债务是指因发展具有一定收益的公益性项目需要由地方政府通过发行专项债券举借的债务。专项债务的偿债资金来源为该公益性项目的政府性基金或专项收入。与之相对应，地方政府一般债务收支纳入一般公共预算管理，地方政府专项债务收支纳入政府性基金预算管理。

三、地方政府债务效应分析

关于中国地方政府性债务的效应分析，可以从正负两方面的效应进行分析。

（一）中国地方政府性债务正效应分析

提供完善的基础设施等公共产品是地方政府的重要职能之一。在地方财政相对有限的情况下，仅靠地方政府自身财力显然无法满足资金需求量大、建设周期长和投资收益低甚至没有收益的基础设施建设要求。在不影响政府收入的情况下，通过适度规模的举债可以增加用于基础设施建设和社会公益产品生产的财力，为地方经济建设和民生环境的改善打下坚实的物质基础，进而产生持久的经济效应和社会效应。

此外，地方政府通过债务性融资促进基础设施等公共产品的投资建设，会有效增加社会总需求，带动相关原材料市场和制造业的发展，并有效促进社会就业。通过公共投资的乘数效应会为私人投资创造良好的投资环境，从而促进了区域经济的快速发展。

（二）中国地方政府性债务负效应分析

地方政府举债的负面效应主要体现在对私人投资的排挤效应、增加财政风险和产生金融风险3个方面。

1. 对私人投资产生排挤效应

地方政府举债对私人投资的排挤效应主要通过直接排挤效应和间接排挤效应体现出来。第一，政府通过向资本市场举债用于公共领域的投资会减少资本市场对其他非公共领域的私人投资，从而对私人投资产生直接的排挤效应。第二，在货币总量不变的情况下，由于地方政府过度举债会导致资本市场利率水平的提高，增加投资成本，进而会对私人投资产生挤出效应。

2. 增加财政风险

地方政府财政收入相对有限，加上地方政府庞大刚性支出的影响，增加了地方政府对巨额债务还本付息的难度。尤其是在宏观经济形势恶化（如爆发经济危机）的情况下，地方政府财源急剧减缩，更是使地方政府债务负担雪上加霜，容易引发地方政府的财政风险。另外，当各级地方政府普遍发生财政风险并在特定时间集中爆发时，将会增加中央政府偿还债务的难度，引发全国范围内的财政风险集中爆发，最终将会演化成严重的经济危机。

3. 产生严重金融风险

通常情况下，地方政府的债务融资主要通过金融体系来完成，一旦地方政府的举债、债务资金使用以及债务资金偿还等任何过程出现问题，都会影响到金融体系的安全和稳定。尤其是在当前中国金融产权国有的情况下，当地方政府无法按时偿还到期债务并影响到银行体系等金融机构的安全和稳定后，必然要通过财政途径来化解金融风险。最常见的主要是通过政府财政直接向银行等金融机构注资来解决问题。这种做法会导致政府财政支出压力的增加，甚至会导致政府财政赤字缺口的不断拉大。政府必然通过采取增税、货币创造和发行国债等手段来填补不断扩大的财政赤字缺口，这样又会产生较为严重的通货膨胀，致使私人投资减少，消费受到抑制，会降低社会实际总产出水平。伴随着政府税收减少，地方政府财政收支缺口继续扩大，政府性债务风险将进一步上升。此外，这种通过政府财政对银行等金融机构注资的方式会在客观上刺激和强化银行等金融机构的机会主义动机，使银行金融机构对地方政府的贷款审批更加不谨慎，从而间接诱发地方政府性债务风险的不断加剧。

第二节　中国地方政府债务发展历史沿革

中国地方政府债务发展的历史可追溯到我国晚清时期，通过探讨我国不同时期地方政府债务发展的历史，对于有效化解当前我国地方政府性债务风险有一定借鉴意义。

一、晚清至民国时期地方政府债务发展情况

晚清时期，清政府面临庞大军费支出与战争赔款的重负，在财政吃紧的情况下，不得不通过举借外债的方式弥补财政亏空。两广总督岑春煊开始提出以"息借民款"的方式向老百姓借款。时任直隶总督的袁世凯，为了筹集到巨额款项，以盐利等政府财源作为担保，主要通过两种方式举借政府债务：一是向各县摊派强借；二是暗自向日本借款。袁世凯成为中国历史第一个搞地方债的地方大员，开启了中国地方政府举债的先河（梁发苒，2014）。由于借款绩效显著，众多地方政府群起而效之。

北洋政府时期和南京国民政府时期的浙江省，其举借债务主要用于政府经常性支出，在无法保证税收收入的情况下，这种举债方式只能是寅吃卯粮。尤其是到了1934年的南京国民政府时期，浙江省地方负债总额已经达到7850万元，大致相当于该省五年多的税收总和，面临着较高财政危机爆发的可能性（梁发苒，2014）。为了缓解偿债压力，政府通过将所有政府公债借款分别归类，以延长偿还期限和减轻利率方式进行整理，这实际上是损害债权人利益债务的一种违约做法。

在这段时期，上海地方政府的公债发行最具典型。上海在晚清政府、北洋政府和南京国民政府的3段时期里总计发行过9次公债。上海的公债资金主要用于城市基础设施建设和修建因战争破坏的道路、桥梁、图书馆和医院等，而非用于弥补财政赤字和军费开支，属于典型意义的政府建设公债。上海地方政府债务举借方式开创了利用外资的先河，而且有效维护了市政公债的债信（梁发苒，2014）。

二、中华人民共和国成立初期地方政府性债务发展情况

中华人民共和国成立初期，经中央批准，中国先后分别发行了"东北生产建设折实公债"和"地方经济建设公债"。

1950 年，为了迅速筹集资金恢复东北经济发展，我国首次面向东北地区的职工、市民和工商界等阶层发行了"东北生产建设折实公债"。由于通货膨胀等因素，公债的募集以及偿还本息均以当时具有代表性的生活用品等实物（包括粮食和原煤等）价格为计算标准。

1958 年，随着《关于发行地方债的决定》和《中华人民共和国地方经济建设公债条例》的发布，全国性公债停发，改为地方政府在必要时发行短期的地方债以为地方经济建设筹集资金，并对地方公债发行目的、数量等方面作出了明确规定。此后，安徽省在 1959～1961 年以及黑龙江省在 1959～1960 年都发行了地方经济建设公债。

在"大跃进"期间，由于通货膨胀严重等因素，各地方政府纷纷通过从银行获取贷款和通过其他方式筹集资金来解决较为严重的地方财政赤字。由于有的地方政府和企业的超范围使用资金，在缺乏监管的情况下导致资金使用效率低下和浪费严重的投资，造成了大量欠债和亏损。

在这段时期的公债发行过程中，由于通过法律途径对中央政府和地方政府不同的管理权限进行了明确规定，并赋予地方政府对地方债券收入的较大使用权；因此，这在地方公债有效促进地方经济建设的同时又有效防止了由地方公债发行导致的各种风险。

20 世纪 60 年代以后，随着中央对各级政府财政税收和利润进行集中收缴并由中央集中管理银行信用，中央收回了地方政府公债发行权，在 1968 年还清所有内、外债后，中国由此进入了较长的无内、外债时期。

三、改革开放初期地方政府性债务发展情况

这段时期，中国正处于由计划经济向市场经济转轨的前期阶段，为了摆脱原有经济体制的束缚，一些大规模的改革措施相继出台以实现局部突破原有计划经济体制的束缚。在中央政府和地方政府间关系方面，20世纪80年代，中央提出了"分级管理"，授予地方政府一定自主权以调动地方政府的积极性。在这样的背景下，中国财政体制也经历了较长的"放权让利"和"分灶吃饭"时期，地方政府获取和配置资源的权力不断增大。为了增加本级财政收入，各地争先竞争发展，积极开展经济建设，地方政府资金实力也显著增强。但是这种分权模式不断助长了各种各样的地方保护主义和经济封锁等问题，有的地方政府甚至相互间开展了恶性竞争。由此也产生了地区经济发展不均衡、重复建设等较为严重的问题。在地方政府发债问题方面，由于继续实行相对统一的经济财政政策，地方政府的财政收支权仍然掌握在中央政府手中，地方政府的发债权依旧受到中央政府的严重控制。

这个时期的地方政府债务主要属于"拨转贷"形式。具体表现为，地方政府的基本建设资金由过去的中央政府的预算拨款改为银行贷款的形式。1979年在一些省、市和国有企业开展试点，并在1985年以后全部改为"拨改贷"的形式。这种方式在实际操作过程中，由于相关权、责、利规定不明确，地方政府和企业实际上仍然将这种"拨改贷"方式视同为原来意义上的财政拨款。因此，地方政府和企业在将贷款用于基本建设的工程中出现了各种各样的违规行为。结果导致政府债务集中和银行坏账大量积累的历史遗留问题。这种"拨改贷"的体制在1988年我国实行投资体制改革以后停止实施。

四、不完整的税制改革导致地方财政的违规扩张

随着中国改革开放的实施和社会主义市场经济体制的正式确立，我

国开始进入了地方政府债务快速膨胀时期，地方政府债风险问题也随之显现，并不断引起了人们的广泛关注。1994 年开始实施的分税制改革，在政府层级方面，只进行到省级政府，省以下各级政府事权未能得到明确划分。在改革深度方面，只是处于"分钱"阶段，财权与事权持续匹配制度未能有效构建。此外，分税制改革还使地方政府可支配资源和经济建设自主权进一步扩大，政府直接参与各种经济建设的程度也随之加深。地方政府在履行职能过程中，在财权上收、事权下放的条件下，为了弥补不断增大的财政收支缺口，只有通过各种非常规途径获取财政收入。尤其是在中央政府实施积极投资计划的影响之下，财力有限的地方政府为了筹集投资建设所需资金，除了寻求来自中央政府的转移支付外，还通过多种变相违规形式借债，由此形成了地方政府举债的直接动因。

虽然 1994 年《中华人民共和国预算法》等相关法律规定地方政府机关不得举债，或是作为举债担保人，但各级地方政府通过各种变相举债融资的行为屡禁不止。因此，我国现有法律在政府强有力行政能力的背景下没能对地方政府举债和地方政府债务迅速扩张起到应有的约束和限制作用。虽然这种举债方式在宏观经济平稳快速发展的情况下增加了地方政府财源，促进了经济社会快速发展，但是当宏观经济陷入衰退时，便容易使从事信贷业务的银行金融机构和非银行金融机构（如信托投资公司和信用社等）由于违规经营形成大量不良资产，甚至面临破产的风险。在金融产权国有的情况下，政府一般会为这些不良资产埋单。在政府财政收入既定的情况下，这又会加重政府的财政负担，并且有可能会加重纳税人负担、导致通货膨胀、减少投资以及抑制消费，甚至会间接刺激银行金融机构信贷过程中的机会主义动机等一系列"恶性循环"发生。例如，1997 年金融危机发生以后，政府为了避免金融机构受到危机冲击造成破产的发生而为银行等金融机构的不良资产"埋单"，结果加重了财政负担，各种包括政府拖欠教师工资等形式的地方政府债务负担也不同程度地加重。2008 年金融危机爆发之后，为了应付危机，国家通过实施积极的财政政策大规模增加公共投资，而地方则需要提供相应的配套资金。在资金极为有限的情况下，通过融资平台途径举债的措施无疑是一个最好的方式。各种形式的地方政府融资平台如雨后春笋般的出现，导致了危机过后各种形式的地方政府债务又一次猛增。截至 2010 年底，全国省级（含省级）以下地方政府普遍举债，只有 54 个县级政府没有举债（崔兵和邱少春，2017）。尤其是近年来，地方政府利用各类市场主体、金融工具在金融市场上变相违法违规融资，引发地方政府性债务隐性风险呈持续扩大的趋势。

总之，在此阶段，不完善的分税制改革导致地方政府的各种违规举债行为屡禁不止，而制度上的"堵"又使地方政府的债务收支没有得到有效公开，导致各种地方政府举债形式混杂。中华人民共和国审计署在关于《全国政府性债务审计结果》等文件中采用"地方政府性债务"这一措辞，显然是地方政府债务不同程度的外延。地方政府性债务除了包括地方政府直接举借并负有偿还责任的债务外，还包括地方政府因提供各种形式的担保而形成的债务，或是地方政府因可能承担一定救助责任而形成的债务等带有政府行为痕迹的债务，由此反映出这一阶段地方政府债务管理的混乱。由于透明度缺失而导致地方政府债务规模数据模糊不清，进而导致地方政府债务规模的安全性和可持续性降低。地方政府的举债行为在未受到任何形式民主监督的情况下，地方政府官员可以通过大肆举债获得政绩乃至腐败收入等各种形式的好处，却不用承担由于过度举债而产生的各种责任和义务。换言之，无论地方政府债务的规模有多大、偿债负担有多重，地方政府官员的利益都不会因此而受损，进而刺激他们在任职期间肆无忌惮举债，由此导致地方政府债务规模不断扩大。

五、金融危机后地方债破冰和部分省份尝试发债

中华人民共和国财政部于 2009 年相继出台了《2009 年地方政府债券预算管理办法》《财政部代理发行地方政府债券财政总预算会计核算办法》《2009 年地方政府债券资金项目安排管理办法》等文件，规定由

我国财政部通过国债渠道代理发行地方政府的债券，并对地方政府债券发行的总额度、发行期限、债券利率和资金用途等方面做了明确的规定。其中，地方政府债券的期限一般为 3~5 年。根据《2009 年地方政府债券资金项目安排管理办法》的规定，地方政府债券资金主要用于保障安居工程、事关民生的基础设施、生态工程建设以及震灾后恢复重建等公益性基础建设项目，并明确规定地方政府债券资金不得用于经常性支出和党政机关办公楼堂馆所项目等相关支出。

除了由中央政府代理地方政府发行债券外，一些地方政府也开始了自行发债的有益探索。2011 年 10 月，财政部同意批准上海市、浙江省和广东省深圳市开展地方政府自行发债的试点工作，并制定了《2011 年地方政府自行发债试点办法》进行规范和指导。2013 年 6 月，财政部发布《关于印发〈2013 年地方政府自行发债试点办法〉的通知》，在2011 年地方政府发债试点省、市的基础上增加了江苏和山东两省作为发债试点，并制定了《2013 年地方政府自行发债试点办法》，进一步完善了对地方政府自行发债试点的指导和规范。其中，地方政府自行发债试点省（市）最多可以发行债券的期限种类由 2011 年的 3 年和 5 年增加到 2013 年的 3 年、5 年和 7 年。另外，该办法还对试点省（市）债券价格的确定、债券发行数量的限额以及债券发行利率基准等方面做了明确规定。

六、《中华人民共和国预算法》赋予省级地方政府的地方公债发行权

第十二届全国人民代表大会常务委员会第十次会议于 2014 年 8 月31 日表决通过了《全国人民代表大会常务委员会关于修改〈中华人民共和国预算法〉的决定》，并决议于 2015 年 1 月 1 日起施行。此次修正的《中华人民共和国预算法》赋予了省级地方政府发行地方公债的权力。随后，国务院又在出台的《国务院关于加强地方政府性债务管理的意见》中明确规定地方政府举债融资方式仅限于地方政府债务和 PPP

模式，并禁止地方政府通过企事业单位和融资平台等形式举借债务，对政企债务进行分割，在全国范围内对地方政府债务进行整治。这是中央政府规范地方政府融资、防范地方政府债务风险的重要举措。《地方政府性债务风险应急处置预案》建立健全地方政府性债务风险应急处置工作机制，并明确了地方政府一般债务和专项债务的处置方式。《关于进一步规范地方政府举债融资行为的通知》明确禁止地方政府及其所属部门以文件、会议纪要、领导批示等形式要求企业为政府进行各种形式的举债。财政部发布的《关于做好地方政府专项债券发行工作的意见》要求加快地方政府专项债券发行和使用进度，提升地方政府专项债券的市场化水平。为了解决地方政府到期债券难以及时偿还的问题，财政部自 2015 年开始推出了"旧债换新债"的方案，"置换债"的推出试图解决地方政府暂时的"债务偿还难"问题。例如，2019 年以来，湖南省的湘潭市和江苏省的镇江市等地相继引入国开银行，将较短期限的地方政府债务置换成长期贷款，^① 既能有效化解当地债务风险，又有助于重塑地方政府既有债务的市场属性。上述规范构筑起了加强我国地方政府债务管理的基本框架，旨在加强对地方政府的举债融资约束，防止地方政府发生由债务违约而引发的系统性财政金融风险乃至危机。虽然地方政府举债融资的 PPP 模式旨在将混乱不清的融资平台债务剥离为企业债，以及重塑政府信用、有效降低地方政府债务风险，但 PPP 融资模式在推广的过程中并非如预期那样一帆风顺。为了消除市场的冷淡反应，中央对 PPP 项目相继推出了财政补贴和财政引导基金等优惠政策。不过，如果这些优惠政策的监管失效，则很容易演变为政府为市场主体融资提供的各种形式的"隐性担保"，由此导致地方政府隐性债务规模的不断膨胀，并成为加剧地方财政金融风险的"达摩克拉斯之剑"（赵玮，2018）。

随着中国面临由国内外环境恶化导致的经济下行压力的不断增大，

---

① 博瞻智库. 地方政府债务专题研究——附 31 个省市和 382 个地区的债务负担数据 [EB/OL]. [2019 - 03 - 22]. https：//www. sohu. com/a/303086361_ 100003691.

尤其是在新型冠状病毒肺炎疫情的背景下，发行地方政府债券不仅能有效缓解地方财政收支矛盾，还可以成为通过财政政策提升有效需求的重要手段。因此，中国近年来在不断增加地方政府债券发行规模的基础上，通过宏观政策的协调配合来强化地方政府债券的逆周期调节功能，促进宏观经济良性循环和高质量发展。为了加快资金向政府投资项目的投放力度，财政部自 2018 年开始提前下达地方政府债务规模的新增额度。在《2020 年政府工作报告》中提出拟安排 3.75 万亿元地方政府专项债券（比 2019 年增加 1.6 万亿元），用于补短板、稳投资和促进消费，促进经济的高质量发展。在地方政府债券的发行渠道方面，通过公开发行提升投资主体的多元化，允许投资机构和个人购买。发行定价方面，通过评级机构的参与不断提升债券定价的市场化程度，并提高了长期债券的发行比例。另外，还拓宽了地方政府债券的适用范围，允许专项证券在条件符合的情况下参与重大项目投资，确保在建项目后续融资的有效保障。

第四章

中国地方政府债务规模及债务风险分析

在中国，地方政府债务的内涵和口径以 2015 年 1 月 1 日开始实施的《中华人民共和国预算法》① 为界分为两个阶段：1994 年颁布的《中华人民共和国预算法》禁止地方政府直接举债，因此，对于地方政府通过各种方式变相融资产生的债务便成为地方政府性债务，具体包括地方政府负有偿还责任的债务、政府负有担保责任的债务以及政府可能承担一定救助责任的债务。根据 2015 年 1 月 1 日颁布实施的《中华人民共和国预算法》规定，省级政府可以在国务院确定的限额内，通过发行地方政府债券方式举借的债务，也是地方政府的唯一合法融资渠道。除此之外，地方政府还通过融资平台、PPP 以及各种产业基金等方式变相违规举借债务，形成地方政府隐性债务。2015 年《中华人民共和国预算法》实施后的地方政府债务可以分为地方政府显性债务和地方政府隐性债务。

---

① 我国分别于 2014 年和 2018 年对 1994 年颁布的《中华人民共和国预算法》进行了 2 次修正并通过。相较于 2014 年，2018 年修正的《中华人民共和国预算法》对地方政府的举债权并没有做出实质性改动，只是进一步扩大了监督范围。因此，本书所指的《中华人民共和国预算法》特指于 2014 年修正、2015 年开始实施的《中华人民共和国预算法》。

第一节　《中华人民共和国预算法》实施前
地方政府债务规模及其风险分析

一、《中华人民共和国预算法》实施前的地方政府债务规模

地方政府债务与财政分权或财政联邦主义的制度环境有着密切关系。中国地方政府负债发端于中国式的分权改革（崔兵等，2017）。1979 年，中国有 8 个区县政府开始举借负有偿还责任的债务；1981～1985 年，有 28 个省级政府开始举借负有偿还责任或担保责任的债务；1986～1996 年，共计 293 个市级和 2405 个县级政府开始举借债务；截至 2010 年底，全国只有 54 个县级政府没有举借债务（见表 4－1）。但是，由于 2015 年之前的《中华人民共和国预算法》明令禁止地方政府举借债务，因此地方政府只有通过不断变换借债主体来规避债务管制，这段时期中国地方政府负债是在国家法律禁止或法律空白的环境中隐性进行的。

表 4－1　　　　1979～1996 年中国各地区政府性债务发生起始情况

年份	省级政府			市级政府			县级政府		
	当期开始举借债务个数	累计个数	累计占比（％）	当期开始举借债务个数	累计个数	累计占比（％）	当期开始举借债务个数	累计个数	累计占比（％）
1979～1980	0	0	—	4	4	1.02	51	51	1.84
1981～1985	28	28	77.78	56	60	15.31	300	351	12.63
1986～1990	5	33	91.67	121	181	46.17	833	1184	42.61
1991～1996	3	36	100.00	172	353	90.05	1221	2405	86.54

资料来源：中华人民共和国审计署 . 2011 年第 35 号审计公告：全国地方政府性债务审计结果［EB/OL］.［2011－06－27］. https：//www. gov. cn/zwgk/2011－06/27/content_1893782. htm.

关于 2015 年《中华人民共和国预算法》实施前的地方政府性债务规模，其在 2013 年 6 月以前的数据主要来源于审计署分别于 2011 年 6 月 27 日公布的《全国地方政府性债务审计结果》（2011 年第 35 号）和 2013 年 12 月 30 日公布的《全国政府性债务审计结果》（2013 年第 32 号）；其在 2014 年底的数据主要来源于财政部从 2014 年 10 月底~2015 年 1 月 5 日对全国地方政府存量债务的清理甄别，并由财政部联合发展改革委、人民银行、银监会等有关部门对清理甄别结果进行核查。

如表 4－2 所示，根据审计署发布的数据，截至 2013 年 6 月底，我国地方各级政府性债务规模达 17.90 万亿元，比 2012 年底增加 2 万亿元，占全国政府性债务比重的 60%。地方各级政府负有偿还责任的债务为 10.89 万亿元，比 2012 年底增加 1.26 万亿元，占地方政府性债务总额的 60.8%；地方各级政府负有担保责任的债务为 26655.77 亿元，比 2012 年底增加 0.18 万亿元，占地方政府性债务总额的 14.9%；地方各级政府可能承担一定救助责任的债务为 4.34 万亿元，比 2012 年底增加 0.67 万亿元，占地方政府性债务总额的 24.3%。

表 4－2　　　　　2010 年末~2014 年末全国地方政府性债务规模　　单位：万亿元

年度	政府负有偿还责任的债务	政府负有担保责任的债务	政府可能承担一定救助责任的债务
2010 年末	6.7	2.3	1.7
2012 年末	9.6	2.5	3.8
2013 年 6 月	10.9	2.7	4.3
2014 年末	15.4	3.1	5.5

资料来源：①中华人民共和国审计署.2011 年第 35 号审计公告：全国地方政府性债务审计结果 ［EB/OL］.［2011－06－27］.https：www.gov.cn/zwgk/2011－06/27/content_1893782.htm. ②中华人民共和国审计署.2013 年第 32 号公告：全国政府性债务审计结果 ［EB/OL］.［2013－12－30］.http：//www.gov.cn/gzdt/2013－12/30/content_2557187.htm. ③全国人大常委会预算工作委员会调研组.关于规范地方政府债务管理工作情况的调研报告 ［J］.中国人大，2016（05）：19－23.

截至 2014 年末，中国地方政府性债务规模为 24 万亿元。地方政府负有偿还责任的债务为 15.4 万亿元，占地方政府性债务总额的 64.2%。负有担保责任的债务为 3.1 万亿元，占地方政府性债务总额的 12.9%。可能承担一定救助责任的债务为 5.5 万亿元，占地方政府性债务总额的 22.9%。在地方政府负有偿还责任的 15.4 万亿元债务中，省级政府负债 2.1 万亿元，占比为 14%；市级政府负债 6.6 万亿元，占比为 42%；县级（含乡镇）政府负债 6.7 万亿元，占比为 44%。从区域分布看，东、中、西部地区政府负有偿还责任的债务分别为 6.7 万亿元（占比 44%）、3.9 万亿元（占比 25%）和 4.8 万亿元（占比 31%）。①

地方政府性债务借债主体的多元化，以及有关地方政府性债务的监管制度不完善，会导致地方政府性债务在此期间呈快速增长态势。1997 年以来，我国地方政府性债务呈快速增长中，尤其是 1998 年和 2009 年地方政府性债务余额较上一年分别增长 48.20% 和 61.92%（见图 4 - 1），中国地方政府性债务规模增速远高于同期全国 GDP 增速。

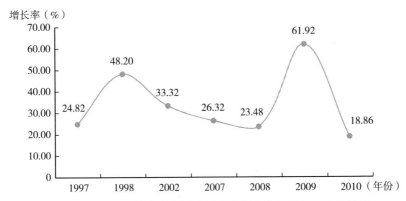

图 4 - 1　1997～2010 年全国地方政府性债务余额增长率变化情况

资料来源：中华人民共和国审计署. 2011 年第 35 号审计公告：全国地方政府性债务审计结果 [EB/OL]. [2011 - 06 - 27]. https：//www. gov. cn/zwgk/2011 - 06/27/content_1893782. htm.

---

① 全国人大常委会预算工作委员会调研组. 关于规范地方政府债务管理工作情况的调研报告 [J]. 中国人大，2016（05）：19 - 23.

除了审计署和财政部公布的关于中国地方政府性债务规模数据外，国内外银行金融机构、评级机构以及其他相关机构也对当时我国的地方政府性债务规模进行了估算。国际知名评级机构穆迪将中国银监会公布的数据同审计署公布的数据进行对比之后认为，2010年底，中国地方政府债务规模的总额应为14.2万亿元，比审计署同期公布的10.7万元要多出3.5万亿元。[1] 原财政部部长项怀诚表示，据其掌握资料，2011年中国中央政府和地方政府债务为30余万亿元，其中，地方政府接近20万亿元。[2] 李扬和张晓晶（2013）认为，从2007~2011年，中国地方政府总负债的规模分别为138932.2亿元、157734.69亿元、189351.81亿元、240953.14亿元、288592.18亿元，5年间中国地方政府总负债规模增长了1.08倍。

从以上数据可以看出，关于中国地方政府性债务规模的统计数据，国内外不同机构公布的结论存在较大出入。究其产生的原因，除了现行的会计制度外，还因为当时中国法律规定地方政府不能进行直接举债，所以政府只能通过各种较为隐蔽的方式获取债务资金并形成实际意义上的债务。

二、《中华人民共和国预算法》实施前的地方政府债务构成

从审计署2013年12月30日公布的《全国政府性债务审计结果》，以及全国30个省级地方政府于2014年1月相继公布的政府性债务审计结果数据来看（见表4-3），我国地方政府性债务构成主要表现出以下几方面特征。

---

① 穆迪. 中国地方政府债务总额多过官方估计［EB/OL］.［2011-07-06］. http：//www.zaobao. com/special/report/politic/cnpol/story20110706-140063.

② 国信证券. 15万亿地方债溃坝之忧5年内或突破30万亿元［EB/OL］. http：//www.guosen. com. cn/webd/public/infoDetail. jsp? infoid=42502323.

表4-3

2013年6月底全国地方政府性债务情况统计

省（自治区、直辖市）	负有偿还责任的债务（亿元）	负有担保责任的债务（亿元）	可能承担一定救助责任的债务（亿元）	总债务率（%）	负有偿还责任的逾期债务率（%）	负有担保责任债务的逾期债务率（%）	可能承担一定救助责任的债务的逾期债务率（%）	债务年均增长率（%）	承诺以土地出让偿还债务余额（亿元）	承诺以土地出让偿还债务余额占省市县三级政府负有偿还责任债务余额的百分比（%）
北京市	6506.07	152.05	896.02	99.86	0.25	1.67	0.03	33.23	3601.27	—
天津市	2263.78	1480.60	1089.36	72.54	—	0.04	1.42	—	1401.85	64.54
上海市	5194.30	532.37	2729.18	87.62	0.56	0.28	—	16.50	2222.65	44.06
重庆市	3575.09	2299.88	1485.30	92.75	2.46	0.45	3.37	10.89	1659.81	50.89
黑龙江省	2042.11	1049.89	496.12	54.41	2.36	1.10	5.31	19.89	652.88	36.10
吉林省	2580.93	972.95	694.48	84.13	1.29	1.29	3.12	13.60	586.16	22.99
辽宁省	5663.32	1258.07	669.48	71.04	2.56	0.84	3.15	16.27	1983.20	38.91
河北省	3962.29	949.44	2603.03	80.62	2.56	3.08	4.71	18.09	759.52	22.13
河南省	3528.38	273.52	1740.04	48.01	3.40	7.04	3.62	25.99	—	—
山东省	4499.13	1218.68	1389.99	55.22	2.76	0.91	8.82	22.50	1437.34	37.84
山西省	1521.06	2333.71	323.73	52.55	1.94	0.47	8.19	19.79	268.94	20.67
安徽省	3077.26	601.20	1618.86	52.96	2.44	1.00	3.17	32.65	901.99	36.21
江苏省	7635.72	977.17	6155.85	60.34	1.38	0.87	2.14	17.87	—	37.48
浙江省	5088.24	327.09	1513.04	63.48	0.15	0.14	0.32	13.84	2739.44	66.27
福建省	2453.69	243.73	1684.46	55.47	0.94	1.83	0.56	28.26	1065.09	57.13
广东省	6931.64	1020.85	2212.88	59.41	1.90	3.39	1.55	—	16670.95	26.99

续表

省（自治区、直辖市）	负有偿还责任的债务（亿元）	负有担保责任的债务（亿元）	可能承担一定救助责任的债务（亿元）	总债务率（%）	负有偿还责任的逾期债务率（%）	负有担保责任债务的逾期债务率（%）	可能承担一定救助责任的债务的逾期债务率（%）	债务年均增长率（%）	承诺以土地出让偿还债务余额（亿元）	承诺以土地出让偿还债务余额占当年该省三级政府负有偿还责任的债务余额的百分比（%）
广西壮族自治区	2070.78	1230.89	1027.58	57.86	4.43	0.99	1.49	15.50	739.40	38.09
江西省	2426.45	832.56	673.48	68.05	1.55	1.13	8.59	23.91	1022.06	46.72
湖南省	3477.89	733.41	3525.99	74.14	4.10	5.58	4.04	22.08	942.42	30.87
湖北省	5150.94	776.89	1752.95	88.00	1.91	2.92	3.49	23.78	1762.17	42.99
内蒙古自治区	3391.98	867.27	282.82	77.18	3.66	1.98	28.31	22.92	—	—
陕西省	2732.56	947.75	2413.48	68.64	3.65	3.11	0.91	23.35	631.86	26.73
四川省	6530.98	1650.90	1047.74	77.65	3.19	3.39	5.20	22.42	2125.65	40.00
贵州省	4622.58	973.70	725.33	92.01	2.28	2.03	3.11	25.20	—	—
云南省	3823.92	439.42	1691.49	91.01	4.09	5.44	1.49	22.76	206.54	22.40
甘肃省	1221.12	422.80	1317.55	46.99	2.98	10.27	3.55	33.48	—	—
青海省	744.82	160.52	152.31	57.79	0.78	1.25	2.46	38.80	—	—
宁夏回族自治区	502.20	180.55	108.25	50.48	2.41	0.16	6.80	11.84	—	—
新疆维吾尔自治区	1642.35	807.71	296.09	54.53	2.55	0.81	1.58	—	—	—
海南省	1050.17	225.26	135.41	81.03	0.24	0.45	1.77	18.58	519.54	56.74

注：“—”表示因相关省（自治区、直辖市）未公布数据而无法统计。
资料来源：2014年1月各省（自治区、直辖市）公布的政府性债务审计结果。

第一，从规模和结构方面来看，不同省级行政单位的债务规模和债务增速呈现出较大差异。从债务规模来看，江苏、广东、浙江等经济发达省份的债务规模较大，青海、安徽及甘肃等省份的债务增速较快。在债务结构方面，除了重庆市、山西省和甘肃省的债务以或有债务为主外，其他地方政府都以政府负有偿还责任的债务为主。从政府性债务层级分布来看，市级和县级政府是主要的举债主体，但部分西部不发达地区以省级政府债务为主，广东、江苏和浙江等省县级政府债务占比较高。

第二，从债务举借主体看，截至2013年6月底，全国地方政府负有偿还责任债务的主要举借主体包括融资平台公司、政府部门和机构、经费补助事业单位以及国有独资或控股企业，它们分别举借40755.54亿元、30913.38亿元、17761.87亿元和11562.54亿元，占地方政府负有偿还责任债务比重的93%（见图4-2）。

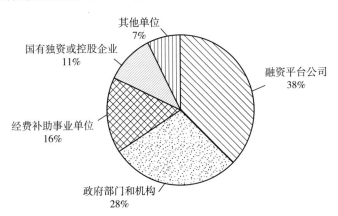

图4-2　2013年6月底全国地方政府负有偿还责任债务主要举借主体

资料来源：中华人民共和国审计署．2013年第32号公告：全国政府性债务审计结果［EB/OL］．［2013-12-30］．https://www.audit.gov.cn/n5/n25/c63642/content.html.

第三，从中国地方政府性债务指标来看（见表4-3），各省份公布的债务率均低于100%，仍处于相对安全的区间内。但总债务率超过90%的有北京、重庆、贵州、云南，已逼近国际警戒线。湖南、云南、内蒙古、河南等中西部地区的政府性债务逾期率较高。全国大多数省份都有依靠土地出让偿还债务的承诺。其中，在对土地偿债依赖程度较高的浙江、海南、福建、重庆等地方政府负有偿还责任的债务中，承诺以土地出让收入偿还的比重在 50% 以上，其中，浙江省最高，比重高达66.27%，偿债资金稳定性较弱。

第四，从债务资金来源看，截至 2013 年 6 月底，银行贷款占政府负有偿还责任债务来源的比重最高，银行贷款占比为 50.76%，与 2010年底的 79.01% 相比，虽有较大幅度下降，但银行贷款比重仍然较高。[①]虽然银行贷款在经济平稳时期具有成本低、风险小的优点，但是，一旦经济处于较大幅度波动甚至是经济增长率处于下行趋势的情况下，银行贷款企业的负债就有可能形成不良贷款，从而损及贷款单位和银行自身的健康运行。因此，地方政府债务风险仍然集中体现为银行贷款风险。

第五，从债务资金投向看，主要用于市政建设、交通运输和土地收储等基础设施建设和公益性项目的支出占已支出政府负有偿还责任债务的 86.77%，与 2010 年底的 89.69% 相比，略有降低。[②]虽然这些基础设施建设和公益性项目形成了相应资产并有相应经营性收入。但是，地方政府对基础设施等项目的投资普遍存在产能过剩和效率低下等问题。这不仅会带来大量的产能过剩、浪费、低效甚至腐败等问题，还会导致地方政府性债务较快扩张、财政金融风险不断加大等风险隐患。

三、《中华人民共和国预算法》实施前的地方政府债务风险分析

（一）《中华人民共和国预算法》实施前地方政府债务风险的度量与评估

1. 以国际通行标准衡量中国地方政府性债务风险

目前，国际上对政府债务风险的识别标准主要参考一些国家和国际组织制定的衡量标准，主要以债务负担率、债务率、新增债务率、偿债

---

①② 数据来源于审计署 2011 年第 35 号审计公告《全国地方政府性债务审计结果》和2013 年第 32 号公告《全国政府性债务审计结果》。

率、担保债务比重、利息支出率、债务依存度、资产负债率等政府性债务规模控制指标。①

根据审计署《全国政府性债务审计结果》（2013 年第 32 号公告）的数据统计，截至 2012 年底，全国政府性债务规模控制指标如表 4 - 4 所示。

表 4 - 4　　　　　　2012 年底全国政府性债务风险规模控制指标

指标名称	计算公式	国际通行标准	中国的统计数据
负债率（％）	年末政府债务余额/当年地方 GDP	60	36.74
政府外债与 GDP 的比率（％）	年末政府外债余额/GDP	20	0.91
债务率（％）	年末债务余额/当年政府财政收入	90 ~ 150（国际货币基金组织确定的参考值标准）	113.41
逾期债务率（％）	年末逾期债务余额/年末债务余额	—	8.96

资料来源：中华人民共和国审计署. 2013 年第 32 号公告：全国政府性债务审计结果 [EB/OL]. [2013 - 12 - 30]. http://www.gov.cn/gzdt/2013 - 12/30/content_2557187. htm.

从表 4 - 4 的统计数据中可以看出，截至 2012 年末，上述全国政府性债务风险规模控制指标除了债务率指标较为接近国际临界值标准外（仍处于安全范围内），其他各项指标都处于较低水平，未超出国际标准。总体来说，全国政府性债务仍未突破警戒线。

为了对地方政府性债务风险状况进行了解，笔者将选取负债率和债务率两个指标进行测算和评估。负债率是指政府债务余额占当年 GDP 的比重，是衡量宏观金融稳定性的指标。按照《马斯特里赫特条约》规定，通常将 60% 的参考值作为政府负债率风险控制标准。债务率是指政府债务余额占当年政府综合财力的比重，是衡量政府偿债负担

————————

① 财政部预算司. 国外地方政府债务规模控制与风险预警情况介绍 [EB/OL]. [2008 - 09 - 18]. http://www.mof.gov.cn/pub/yusuansi/zhengwuxinxi/guojijiejian/200809/t20080918 _ 76134. html.

的指标。按照国际货币基金组织的规定，将90% ~150% 的参考值作为政府债务率风险控制标准。如果在评价地方政府债务风险中运用《马斯特里赫特条约》的临界值标准，除了相应的"债务"是地方政府债务外，"国内生产总值"也应该是与地方政府相关的国内生产总值（刘蓉和黄洪，2012）。关于地方政府国内生产总值的计算，本书参考刘蓉、黄洪（2012）关于地方 GDP 和中央 GDP 的计算方法：地方 GDP = 全国 GDP ×（地方政府收入/全国政府收入），中央 GDP = 全国 GDP ×（中央政府收入/全国政府收入）。算出地方政府 GDP 以后，再分别使用政府负债率和政府债务率临界值标准对地方政府债务风险进行测算和评估。由于数据搜集的可得性，本部分分别选取2010 年、2012 年末和2014 年末的地方政府相关数据进行分析。为了计算方便，本书参照刁伟涛、傅巾益（2019）的方法，将公共预算收入和政府性基金收入作为衡量中央和地方综合财力的标准。表 4 - 5 列出了我国2010 年、2012 年、2014 年中央政府与地方政府的财政收入和 GDP 相关数据。

表 4 - 5　　　2010 年、2012 年、2014 年中央政府与地方政府的
财政收入和 GDP 相关数据

年份	财政收入			GDP		
	全国财政收入（亿元）	中央财政收入（亿元）	地方财政收入（亿元）	全国 GDP（亿元）	中央 GDP（亿元）	地方 GDP（亿元）
2010	153060.32	45764.22	107296.1	401513	120050.25	281462.75
2012	205149.13	63064.59	142084.54	635910	195484.15	440425.85
2014	252419.77	69590.96	182828.81	689052	189969.12	499085.34

注：全国财政收入 = 中央财政收入 + 地方财政收入。

资料来源：①中央财政收入和地方财政收入分别来源于财政部网站公布的《2010 年中央公共财政收入决算表》《2010 年中央政府性基金收入决算表》《2010 年地方公共财政收入决算表》《2010 年地方政府性基金收入决算表》；《2012 年中央公共财政收入决算表》《2012 年中央政府性基金收入决算表》《2012 年地方公共财政收入决算表》《2012 年地方政府性基金收入决算表》；《2014 年中央公共财政收入决算表》《2014 年中央政府性基金收入决算表》《2014 年地方公共财政收入决算表》《2014 年地方政府性基金收入决算表》。②全国 GDP 数据分别来源于国家统计局发布的《国家统计局关于 2010 年 GDP（国内生产总值）最终核实的公告》《国家统计局关于 2012 年 GDP（国内生产总值）最终核实的公告》《国家统计局关于 2014 年 GDP（国内生产总值）最终核实的公告》。

从表4-6可以看出，我国2010年、2012年和2014年的地方政府负债率均低于国际通用60%的临界值标准，但地方政府债务率均大于90%，虽然总体上仍处于90%~150%的政府债务率控制参考标准范围内，但是随着地方政府债务规模的快速增长，中国地方政府整体上存在潜在政府性债务风险。

表4-6　　2010年、2012年、2014年地方政府的负债率、债务率

年份	地方政府债务余额（亿元）	地方财政收入（亿元）	地方GDP（亿元）	地方政府负债率（%）	债务率（%）
2010	107174.91	107296.10	281462.75	38.08	99.89
2012	158858.32	142084.54	440425.85	36.07	111.81
2014	240000.00	182828.81	499085.34	48.09	131.27

注：地方财政收入数据和地方GDP数据来源于表4-5的测算。
资料来源：①中华人民共和国审计署.2011年第35号审计公告：全国地方政府性债务审计结果［EB/OL］.［2011-06-27］.https：www.gov.cn/zwgk/2011-06/27/content_1893782.htm.②中华人民共和国审计署.2013年第32号公告：全国政府性债务审计结果［EB/OL］.［2013-12-30］.http：//www.gov.cn/gzdt/2013-12/30/content_2557187.htm.③全国人大常委会预算工作委员会调研组.关于规范地方政府债务管理工作情况的调研报告［J］.中国人大，2016（05）：19-23.

从各省级地方政府公布的地方政府债务相关数据来看，由于各省级地方政府的债务年均增长率普遍高于当年的经济增长率，各省的地方政府性债务风险指标呈继续走高趋势。

2. 基于资产负债角度对中国地方政府债务风险的分析

资产负债表作为实施企业科学管理的基本工具，由企业在某一时点的负债和资产构成。其中，负债反映企业在某一时点的负债总额和结构，揭示企业在当前和今后某一时段的偿债数额、偿债压力和紧迫性。资产反映企业在某一时点的资产总额及其构成，包括企业在该时点所拥有的经济资源、分布情况及其盈利能力。通过将某一时段的资产与负债相结合，可以对企业财务的安全性及其偿债能力等反映其经营绩效的指标进行评估。

资产负债表在对政府债务风险进行评估的方面，由于其能比较准确

地反映一国政府债务的风险，并对其偿债能力进行有效评估，因此也获得了国际社会的青睐。2013 年 11 月 15 日，中国共产党第十八届三中全会在《关于全面深化改革若干重大问题的决定》中提出"加快建立国家统一的经济核算制度，编制全国和地方资产负债表"① 的任务，显示出国家对推动国家资产负债表编制工作的重视。为了研究中国政府资产负债情况，李杨等（2013）通过整理和估算的方法编制了 2007 ~ 2011 年中央政府和地方政府的资产负债表（见表 4 – 7），根据资产负债表的数据显示，中国地方政府的总负债规模增长较快，2007 ~ 2011 年的债务总规模增长了 2.08 倍，或有显性负债规模明显高于直接（含直接显性和直接隐性）负债。中国地方政府的总净资产从 2007 ~ 2011 年都是正值，而且总净资产值呈现逐年上升的趋势（见图 4 – 3）。因此，从净资产的角度来看，中国地方政府性债务风险较低，而且负债状况趋向于良性方向发展。

表 4 – 7　　　　中国地方政府负债资产简表（2007 ~ 2011 年）　　　单位：亿元

	2007 年	2008 年	2009 年	2010 年	2011 年
总资产	498735. 23	586179. 4	637972. 16	755269	899837. 01
1. 地方国有经营性资产	132688. 47	156721. 1	183431. 44	233896. 1	292156. 98
2. 地方国有非经营性资产	44531. 79	48581. 63	54961. 69	66250. 4	70758. 03
3. 地方政府所拥有的资源性资产	312720. 79	370983. 7	386071. 03	443371. 4	520022
4. 地方政府在中央银行的存款	8794	9893	13508	15751	16900
总负债	138932. 2	157734. 7	189351. 81	240953. 1	288592. 18
1. 直接显性负债	2367. 7	2167. 76	4342. 49	6972. 84	9591. 1
2. 直接隐性负债	18120. 53	20095. 72	20353. 79	22126. 48	24287. 95
3. 或有显性负债	27337. 31	41408. 12	123341. 03	151047. 7	157940
4. 或有隐性负债	91106. 66	94063. 09	41314. 5	60806. 16	96773. 13
净资产	359803. 03	428444. 7	448620. 35	514315. 8	611244. 83

资料来源：李杨，张晓晶. 中国国家资产负债表 2013——理论、方法与风险评估 [M]. 北京：中国社会科学出版社，2013：168.

---

① 陈东琪. "十三五" 时期经济社会发展总体思路研究 [M]. 北京：人民出版社，2017：299.

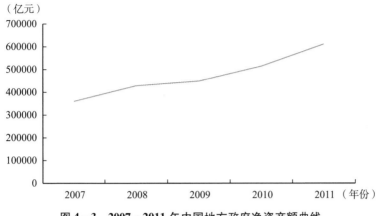

图 4 – 3　2007～2011 年中国地方政府净资产额曲线

（二）《中华人民共和国预算法》实施前地方政府债务风险分布

1. 地方政府债务风险的层级分布

根据审计署《全国政府性债务审计结果》（2013 年第 32 号公告），截至 2013 年 6 月底，省、市、县三级政府负有偿还责任的债务增长率分别为 14.41%、17.36% 和 26.59%，县级政府负有偿还责任的债务增长率最快。截至 2012 年底，有 3 个省级、99 个市级和 195 个县级负有偿还责任的债务率高于 100%；其中，有 2 个省级、31 个市级和 29 个县级负有偿还责任的借新还旧率超过 20%。

在我国地方政府债务风险分布的层级来看，由于省、市两级（尤其是省级）政府的财政回旋余地较大，因而发生债务风险的几率相对较小；而县级政府（尤其是广大中部、西部贫困地区的县级政府）由于经济发展水平较为薄弱，受制于工业化和城市化水平，土地财政效应相对有限，面临可支配财力不足、财政收入来源结构不合理以及财政收入质量不高等问题，但县级财政的支出范围却相对扩大。尤其是我国在实行"乡财县管"政策之后，由于农业税的取消，原来由乡政府负责支出责任的工商、卫生、公安等乡镇政府机构工作人员的工资及其相应办公经费和乡镇中小学教师工资等支出已经转给了县级财政，加上"社会主义新农村"建设等惠民政策的支出都主要由县级财政支出来负责。在我国普遍实行的"市管县"格局下，中央政府和省政府拨付的资金不但会被市级政府截留，而且市级政府还会通过各种方式对相对有限的县级政府财源进行盘剥，结果造成县级财政收支缺口进一步加大，容易引发债务风险的进一步扩大。图 4－4 为我国 2013 年 6 月底全国地方政府性债务余额的层级分布。

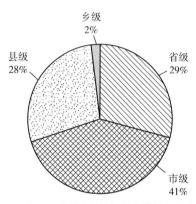

图 4－4　2013 年 6 月底全国地方政府性债务余额层级分布

资料来源：中华人民共和国审计署．2013 年第 32 号公告：全国政府性债务审计结果［EB/OL］．［2013－12－30］．https：//www.audit.gov.cn/n5/n25/c63642/content.html.

2. 地方政府债务风险的地区分布

从地区来看，虽然东部地区的政府债务规模要比中部、西部地区大，但是由于东部地区经济基础要比中部、西部地区好，因此政府财力较为充裕。无论是土地收益还是地方政府融资平台的资产质量都要优于中部、西部地区。而广大中部、西部地区由于经济基础薄弱，政府财力不足，土地收益和地方政府融资平台的资产质量从整体上看都要弱于经济较为发达的东部地区，尤其是经济更为落后的西部地区的地方政府债务风险更为集中，加上财政收入极为有限，还本付息能力与自身债务负担严重错位。因此，东部地区化解地方政府债务风险的能力从总体上看要明显强于中部、西部地区。图 4－5 为 2013 年 6 月底全国地方政府性债务余额的地区分布情况。

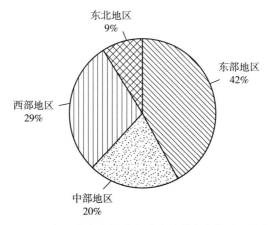

图 4 – 5 2013 年 6 月底全国地方政府性债务余额地区分布情况

资料来源：中华人民共和国审计署 . 2013 年第 32 号公告：全国政府性债务审计结果［EB/OL］.［2013 – 12 – 30］. https：//www. audit. gov. cn/n5/n25/c63642/content. html.

3. 地方政府债务风险的主要项目分布

从地方政府债务风险分布的主要项目来看，根据审计署 2013 年第 32 号公告《全国政府性债务审计结果》公布的数据，截至 2013 年 6 月底，地方政府债务资金主要用于市政建设、土地收储、交通运输和保障性住房等基础设施建设和公益性项目。用于这些项目的支出占已支出的政府负有偿还责任债务余额比重超过 80%。这些项目有一部分可以依靠自身稳定的经营收益来偿还债务本息，并形成了相应资产，这也就意味着中国政府有足够的主权净资产来覆盖其主权负债。但是，还有一部分收益性不强的项目则高度依赖政府收入予以开支。而且，并非所有地方政府进行的基础设施等项目投资都会形成真正的财富积累，其中还普遍存在着无效投资（产能过剩）和低效投资（资源环境的破坏）等问题。这些项目存在着产能过剩、低效和腐败等问题，由于缺乏项目收入来源隐藏着一定的风险隐患。此外，地方政府拥有净资产只是避免债务风险的必要条件，而非充分条件。换句话说，地方政府是否存在偿债风险关键不只取决于其所拥有的净资产是否为正，还取决于地方政府拥有资产的变现能力，尤其是地方政府还要面临资产价格泡沫破灭而引发的国有企业和政府债务增多风险。

4. 地方政府债务风险的偿债期限分布

从中国地方政府未来偿债年度看，根据审计署 2013 年第 32 号公告《全国政府性债务审计结果》，从 2015～2017 年，地方政府到期债务分别占债务总额的 17.06%、11.58% 和 7.79%，2018 年及以后到期的占 18.76%，债务期限较为集中。如果债务到期时因政府用于偿债的资金不足出现偿债困难，则将容易引发债务违约风险。尤其是基础设施建设和公益性项目等基建项目多半属于中长期项目，一般需要 5～10 年才能产生现金流和收益，而一般通过银行信贷的是 3～5 年的中短期贷款，这就容易导致债务期限与项目现金流分布的严重不匹配，造成地方政府债务偿还的"流动性风险"。

第二节 《中华人民共和国预算法》实施后地方政府债务规模及其风险分析

地方政府通过融资平台等方式举借的政府债务虽然在一定程度上弥补了建设资金的不足，促进了经济社会的发展，但由于地方政府没有获得规范的举债权限，对地方政府的变相举债行为缺乏全面有效的监督，导致地方政府举债缺乏明确渠道，多头举债问题突出，"借、用、还"脱节，使得债务资金使用效率低下，容易造成地方政府债务过快增长、区域风险增大等问题，不利于经济社会的持续健康发展。2014 年修正的《中华人民共和国预算法》赋予省级地方政府在国务院确定的限额内，通过发行地方政府债券的唯一合法方式举借债务的权限。《国务院关于加强地方政府性债务管理的意见》进一步将地方政府债券分为一般债券和专项债券，一般债券主要用于不具有收益的公益性事业融资，其偿债来源为一般公共预算收入，专项债券主要用于有一定收益性但不适合社会资本支持的公益性项目融资，其偿债来源为政府性基金或专项收入。将地方政府一般债务纳入公共预算管理，将专项债务纳入政府性基金预算管理，由此构建起了地方政府性债务管理的框架性文件。

一、《中华人民共和国预算法》实施后地方政府债券发行情况

中国地方政府债券发行始于 2009 年。为了落实 4 万亿投资计划的实施，增强地方政府按配套资金扩大投资的能力，财政部印发的《2009年地方政府债券预算管理办法》等文件将地方政府债券的发行纳入预算管理，债券的具体发行和还本付息由财政部代理完成，但偿债主体为省级地方政府，并于当年发行了 2000 亿元的债券。此后，地方政府可在全国人大批准的限额内发行地方政府债券。2011 年，国务院批准上海和深圳等 4 个城市作为自行发债的试点，意味着试点地方政府成为实质上的偿债主体，并承担自行发债的责任。2015 年增加了地方政府专项债券品种，用于地方政府有收益性项目的投资。

自 2017 年以来，中国面临着内外经济环境不断恶化所导致的经济下行压力持续增大，发行地方政府债券开始成为扩大投资和提升有效需求的重要手段。尤其是在新型冠状病毒肺炎疫情暴发的环境下，2020年，财政部开始提前新增地方政府债务额度，并不断增加地方政府债务额度，中国地方政府债券发行呈现规模增大的趋势。从发行规模看，自2015 年以来，中国地方政府债券发行规模从 2016 年的 60458 亿元下降到 2018 年的 41652 亿元后，自 2019 年开始呈增加的趋势（见图 4 - 6）。截至 2020 年 12 月底，全国发行地方政府债券 45525 亿元，其中，发行一般债券 9506 亿元，发行专项债券 36019 亿元。按发行债券的用途划分，发行新增债券 28291 亿元，发行再融资债券 9295 亿元。从债务资金流向看，中国地方政府债券主要投向市政建设、科教文卫、交通基础设施等公共行业领域（见表 4 - 8）。①

---

① 中国银行. 新冠疫情下商业银行资产质量变化趋势及其应对策略［EB/OL］.［2020 - 08 - 04］. https：//www. boc. cn/fimarkets/summarize/202008/t20200804_1822171. html.

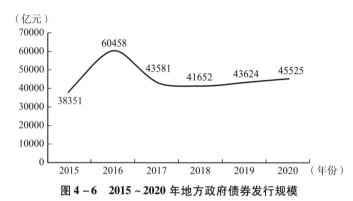

图4-6　2015~2020年地方政府债券发行规模

资料来源：根据财政部网站公布的数据整理。

表4-8　　　　2020年1~5月中国地方政府债券的主要投向

投向领域	规模（亿元）	占比（%）
市政建设和产业园区基础设施	355.82	29.61
科教文卫、社会保障	248.5	20.68
交通基础设施	246.61	20.52
脱贫攻坚、易地扶贫搬迁、农林水	170.46	14.18
生态建设、环境保护	126.85	10.56
自然灾害防治及其他	27.05	2.25
保障性住房、棚户区改造	19.34	1.61
粮油储备、物流及能源基础设施	7.11	0.59

资料来源：中国银行. 疫情背景下地方政府债务最新发展及建议［EB/OL］.［2020-06-29］. https：//www. bankofchina. com/fimarkets/summarize/202006/t20200629_18062716. html.

二、《中华人民共和国预算法》实施后地方政府债务余额情况

随着中国城镇化、工业化的快速发展，相应的基建规模在不断扩

大，地方政府规模也在不断膨胀。根据财政部关于地方政府债务余额的数据，自 2015 年以来，全国地方政府债务余额呈不断增长的趋势（见表 4 - 9），全国地方政府债务余额从 2015 年的 147568.37 亿元上升至 2019 年的 213072.00 亿元。其中，一般债务余额从 2015 年的 92619.04 亿元上升至 2019 年的 118694.00 亿元，占比从 2015 年的 62.76% 下降至 2019 年的 55.71%；专项债务余额从 2015 年的 54949.33 亿元增加至 2019 年的 94378.00 亿元，占比从 2015 年的 37.24% 上升至 2019 年的 44%。

表 4 - 9　　　　　　　　2015 ~ 2019 年我国地方政府债务整体情况

年份	地方政府债务余额（亿元）	一般债务余额		专项债务余额	
		规模（亿元）	占比（%）	规模（亿元）	占比（%）
2015	147568.37	92619.04	62.76	54949.33	37.24
2016	153557.59	98312.88	64.00	55244.71	36.00
2017	164706.00	103322.00	62.73	61384.00	37.27
2018	183862.00	109939.00	59.79	73923.00	40.21
2019	213072.00	118694.00	55.71	94378.00	44.00

资料来源：根据财政部网站公布的数据整理。

从各省份负债规模来看，根据各省（自治区、直辖市）公布的数据，从 2015 ~ 2019 年，江苏、山东、浙江、广东的债务规模一直排在全国前四位，与当地较为发达的经济水平基本相吻合。截至 2019 年 12 月底，江苏、山东、浙江、广东、四川、湖南的债务水平已超过 1 万亿，分别为 14878.38 亿元、13127.5 亿元、12309.82 亿元、11956.64 亿元、10577 亿元和 10174.5 亿元；债务水平在 9000 亿元 ~ 10000 亿元的省级地方政府为贵州（9673.38 亿元）；辽宁（8884.4 亿元）、河北（8753.88 亿元）、云南（8108 亿元）、湖北（8039.98 亿元）、安徽（7936.4 亿元）、河南（7909 亿元）、内蒙古（7305.89 亿元）和福建

（7031.96 亿元）的债务水平在 7000 亿元~8000 亿元；陕西（6532.5
亿元）、广西（6354.7 亿元）、上海（5722.1 亿元）、重庆（5603.7 亿
元）、江西（5351 亿元）、北京（4964.06 亿元）、天津（4959.3 亿
元）、黑龙江（4748.6 亿元）、新疆（4627.8 亿元）和吉林（4344.83
亿元）的债务水平在 4000 亿元~6000 亿元；山西（3550 亿元）、甘肃
（3109.8 亿元）、海南（2230.4 亿元）、青海（2102 亿元）、宁夏
（1654.9 亿元）和西藏（251.4 亿元）的债务水平小于 4000 亿元（见
图 4-7）。①

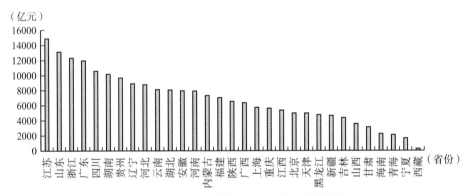

图 4-7　2019 年全国地方政府债务规模排名

资料来源：根据 2019 年各省级地方政府公布的预算执行和决算公开搜集整理。

从地方政府债务的分布区域来看，东部地区的政府债务余额占
比最高（41%），西部地区的政府债务余额占比为 31%，中部地区
的政府债务余额占比为 21%，东北地区的政府债务余额占比为 7%
（见图 4-8）。

---

　　① 根据 2019 年各省级地方政府公布的预算执行和决算公开搜集整理。

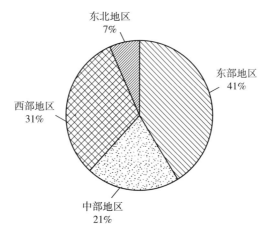

图 4 - 8　2019 年全国地方政府债务余额分布区域

资料来源：根据 2019 年各省级地方政府公布的预算执行和决算公开搜集整理。

三、《中华人民共和国预算法》实施后地方政府债务风险分析

（一）基于财力—债务基本面的地方政府债务风险测算

常见的衡量地方政府债务负债比率指标主要有负债率和债务率两种。本书将继续选取国际通用的负债率和债务率指标对 2015 年《中华人民共和国预算法》实施后中国地方政府债务风险进行测算和研判。在负债率指标中，关于地方政府有关的 GDP 测算方面将继续采用刘蓉、黄洪（2012）关于地方 GDP 的计算方法。算出地方政府 GDP 的值以后，再用《马斯特里赫特条约》的政府债务临界值标准对地方政府负债率风险进行研判。在债务率指标中关于地方政府财政综合实力的测算方面，根据国务院办公厅印发的《地方政府性债务风险应急处置预案》在关于偿还政府债务本息的分类中，将一般公共预算收入作为一般债务的偿债来源，将政府性基金收入作为专项债务的偿债来源。另外，继续将公共预算收入和政府性基金收入作为衡量地方政府综合财力的指标。

从负债率的角度看，2015～2019年，全国地方政府整体负债率低于60%的国际通用政府债务风险控制标准，地方政府负债率风险整体可控（见表4-10）。但有的省份的地方政府债务率风险偏高，存在较高风险。如图4-9所示，2019年负债率达到或超过40%的省级地方政府依次是：青海省（70.87%），较2018年上升9.37个百分点；贵州省（57.68%），较2018年下降2.02个百分点；宁夏（44.15%），较2018年上升6.68个百分点；内蒙古（42.45%），较2018年上升5.37个百分点；海南（42.01%），较2018年上升1.83个百分点；上海（15%）、江苏（14.93%）、北京（14.03%）、广东（11.10%）等地经济发达，负债率风险相对较低。

表4-10　　　　2015～2019年全国地方政府整体GDP与负债率

年份	地方政府债务余额（亿元）	地方GDP（亿元）	地方政府整体负债率（%）
2015	160074.30	487566.9383	32.83
2016	153164.01	532241.4750	28.78
2017	164706.00	596522.4519	27.61
2018	183862.00	669593.3684	27.46
2019	213072.00	726840.6293	29.31

资料来源：根据财政部官网公布的2015～2019年全国财政决算数据整理。

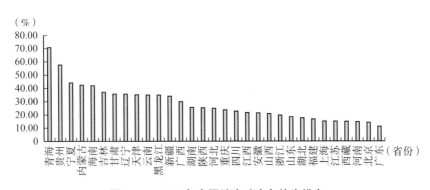

图4-9　2019年全国地方政府负债率排名

资料来源：根据2019年各省级地方政府公布的预算执行和决算公开搜集整理。

从债务率的角度看，根据表 4 - 11 关于地方政府债务率风险的测算结果，2015~2019 年，地方政府整体债务率低于 90% ~150% 的国际通用债务率控制参考标准，其中，专项债务率高于一般债务率地方政府债务率风险，整体可控，但局部省份债务率风险较高。2019 年有 14 个省份突破国际警戒线 150% 的政府债务率风险控制标准（见图 4 - 10）。其中，宁夏和青海的债务率超过 300%，分别是 305.33% 和 300%；黑龙江（289.46%）、贵州（278.11%）、内蒙古（270.88%）、吉 林（243.80%）、辽 宁（228.19%）、甘 肃（227.09%）、云 南（221.28%）、新疆（219.87%）等省份的债务率风险超过 200%。这些省份的新经济增长动力不足，偿债能力低下，债务率风险较高。江苏（82.42%）、浙江（69.72%）、广东（63.72%）、北京（61.79%）、上海（59.71%）的债务率低于 90% ~150% 的临界值标准，外加这些省份经济发达、经济转型较快，新经济增长动力强，债务率风险相对较低。

从地方政府债务风险的分布区域来看，东部地区政府债务余额占比虽然大，但东部地区经济发达，GDP 规模大，财政实力强，负债率和债务率均相对较低；中部地区债务余额与 GDP 占比整体处于安全可控水平；西部地区和东北地区经济发展水平较低，尚未完成经济转型，财政实力较弱，经济发展水平与地方政府规模不匹配，负债率和债务率均处于靠前位置，这意味着西部地区的举债空间不断缩小，相应的偿债能力也受到限制。

表 4 – 11　2015～2019 年我国地方政府整体债务率风险指标

年份	地方政府债务余额（亿元）	一般债务（亿元）	专项债务（亿元）	地方一般公共预算收入（亿元）	地方政府性基金收入（亿元）	整体债务率（%）	一般债务率（%）	专项债务率（%）
2015	147568.37	92619.04	54949.33	138099.55	39558.88	83.06	67.07	138.91
2016	153557.59	98312.88	55244.71	146640.05	43575.31	76.06	67.04	126.78
2017	164706.00	103322.00	61384.00	156521.19	58640.48	75.59	66.01	104.68
2018	183862.00	109939.00	73923.00	167584.04	72376.52	76.13	65.60	102.14
2019	213072.00	118694.00	94378.00	175440.47	81543.39	78.97	67.65	115.74

资料来源：根据财政部官网公布的 2015～2019 年全国财政决算数据整理。

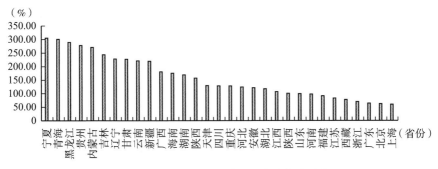

图 4 - 10　2019 年全国地方政府债务率排名

资料来源：根据 2019 年各省级地方政府公布的预算执行和决算公开搜集整理。

（二）基于地方政府债券利率和发行期限的风险测算

地方政府债券发行除了整体规模增大外，还呈现期限延长、利率降低和专项债券占比增加等特点。

首先，就地方政府债券发行期限而言，一般债券的主要发行期限除了常见的 1 年、3 年、5 年、7 年和 10 年外，又于 2018 年分别增加了 2 年、15 年和 20 年的期限。专项债券发行期限除了常见的 1 年、2 年、3 年、5 年、7 年和 10 年外，根据《关于做好 2018 年地方政府债券发行工作的意见》的规定，又增加了普通专项债券 15 年和 20 年的期限。其次，就债券利率方面，自 2020 年以来，中国地方政府债券平均发行利率呈下行态势，尤其是从 2020 年 1～5 月，地方政府债券平均发行利率呈现较大降幅（见图 4 - 11）。最后，从地方政府债券的发行结构看，我国自 2015 年开始发行专项债券至 2019 年，地方政府专项债券在地方政府债券中的比例呈现逐年上升的趋势（见图 4 - 12），地方政府专项债券占地方政府债券中的比例由 2015 年的 37.98% 上升至 2019 年的 44.29%，截至 2020 年 8 月，地方政府专项债券占地方政府债券中的比例已上升至 64.3%。地方政府债券发行期限增加和利率降低有利于地方政府偿债压力的缓解。由于地方政府专项债券具有发行主体和发行规模受到严格限制、收益较高和风险较低等特点，地方政府专项债券占地方政府债券比例的增加不仅会改变地方政府原有融资渠道所具有的融资成本高和期限短等缺点，还可以发挥专项债券投资所具有的反周期作用并拉动社会资金的乘数效应，有利于刺激区域经济发展和扩大税基（夏诗园，2020），进而降低地方政府债务危机爆发的概率。

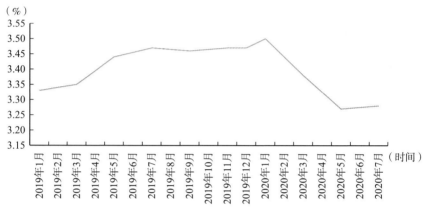

图 4 – 11　2019 年 1 月～2020 年 7 月地方政府平均发行债券利率

资料来源：根据财政部公开数据搜集整理。

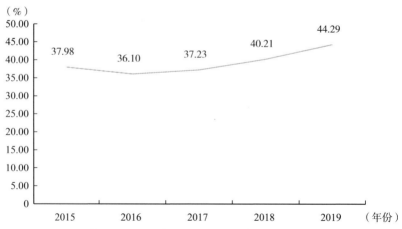

图 4 – 12　2019 年 1 月～2020 年 7 月地方政府专项债券占地方政府债券比例

资料来源：根据财政部公开数据搜集整理。

第三节 地方政府债务偿付能力分析

一、影响地方政府偿债能力的主要因素分析

影响地方政府债务偿付能力的因素主要包括地区经济发展水平、地区财政实力以及固定资产投资。

(一)地区经济发展水平

地方经济发展水平高意味着较快的经济增长速度，以及较快的财政收入增速，相应的财政收入水平也将呈增长态势，地方政府的债务偿付能力从而不断提升。GDP 是衡量地方经济发展水平的一个重要指标，GDP 总值规模越大，意味着地方政府的债务偿付能力更有保障，持续健康的 GDP 增长也就意味着相应的地方政府债务偿付能力也随之增长。我国地方经济发展水平的不均衡性决定了不同地区地方政府偿债能力有所不同。

(二)地区财政实力

作为地方政府偿债的关键来源，财政收入规模的大小能够很好地体现一个地方政府的债务偿付水平。较多的财政收入渠道和更大的财政收入规模意味着地方政府的债务偿付水平会得到提升。经常出现财政入不敷出的地方政府很容易出现不断增大的财政赤字，财政赤字规模过大则会阻碍经济发展水平的提升，相应地，地方政府的偿债负担又会随之加重。

(三)固定资产投资

投资、消费和出口是拉动经济增长的 3 个主要动力。在 2008 年金

融危机爆发后，消费的经济增长拉动作用并不强，出口由于国际需求减少导致拉动经济的效应减弱，而投资由于受政府和市场双重调节，因此便成为拉动经济发展的重要稳定因素。投资规模的扩大不仅会增加对原材料、生产设备、劳动力和投资相关行业产品的需求，还会通过乘数效应引致 GDP 规模的成倍增长，为经济持续发展注入强大动力。而且，作为国内投资重要领域的城市基础设施建设和房地产行业，能为地方政府带来与城市建设用地征用、开发和出让有关的土地收入，具体包括与土地有关的税费收入和土地出让金两大组成部分，同时为地方政府债务带来稳定的偿债来源，避免债务危机的爆发。

二、地方政府偿债能力分析

（一）各省份经济发展状况

2019 年以来，在全球经济增长持续放缓、中美两国贸易摩擦和国内供给侧改革推进等内外环境的冲击和影响下，我国经济运行继续面临下行压力，各省份的经济增速均未超过两位数，整体呈持续放缓态势。根据国家统计局官网①的数据，2019 年，全国国内生产总值为 990865亿元，较上年增长 6.1%，增速较 2018 年下降 0.5 个百分点。其中，第一产业增加值为 70467 亿元，增长 3.1%，增速较上一年下降 0.4 个百分点；第二产业增加值为 386165 亿元，增长 5.7%，增速较上一年下降0.1 个百分点；第三产业增加值为 534233 亿元，增长 6.9%，增速较上一年下降 0.7 个百分点。经济增速的放缓不仅使以制造业为主的企业所得税和企业增值税收减少，而且还会影响到与之相关的运输、外贸、房产、餐饮、零售和旅游等行业缴纳的营业税、城建税和教育附加税等，导致地方财政收入较大幅度缩水，并通过"经济增速递减——产业增速

---

① 国家统计局. 中华人民共和国 2019 年国民经济和社会发展统计公报［EB/OL］.［2020－02－28］. http：//www.stats.gov.cn/tjsj/zxfb/202002/t20200228_1728913.html.

下滑——税收减缓——地方政府偿债能力削弱"的传导机制加剧了地方政府债务风险的聚集。

从各省份的 GDP 总量看，2019 年 GDP 总量排名前十名的省份分别是广东、江苏、山东、浙江、河南、四川、湖北、福建、湖南和上海；排名后十名的省份分别为贵州、天津、黑龙江、新疆、吉林、甘肃、海南、宁夏、青海和西藏，各省份的 GDP 总量排名与 2018 年相比均无变化。从经济增速来看，由于供给侧改革、产业升级和风险管控等诸多因素的影响，2019 年，全国各省份 GDP 增长率呈下降趋势，其中，贵州、西藏和云南的经济增长率继续位居前三位，分别为8.3%、8.1%、8.1%。海南、山东、辽宁、内蒙古、天津、黑龙江、吉林的经济增长率不足 6%，低于全国平均水平。其中，天津、黑龙江和吉林的经济增长率垫底，低于 5%。经济增长率处于 7.0%~7.6% 的省份为湖南、福建、四川、湖北、安徽、湖南，其余 13 个省份的经济增长率为 6.0%~6.8%。

从区域经济发展质量看，东部发达地区经济质量和经济总量方面持续优于全国其他地区。2019 年，东部十省份的 GDP 总量占全部省份GDP 总量的 52%。GDP 总量排名的前十位中，东部省区占六席，分别为广东、江苏、山东、浙江、福建和上海，且广东、江苏、山东、浙江稳居前四位。中部地区六省区经济发展水平一般，GDP 总量占全部省份GDP 总量的 52%，GDP 总量排名全国前十位的省份有河南、湖北、河南。西部和东北地区经济发展水平较弱，其中，西部十二省份的 GDP总量占全部省份 GDP 总量的 21%，仅四川省的 GDP 总量排名进入全国前十位。东北三省的 GDP 总量占全部省份 GDP 总量的 5%。西部地区省份多为山地和丘陵地区，经济发展面临较多瓶颈，经济基础多以传统产业为主，多年来的整体经济发展水平处于全国落后水平。虽然近年来贵州等西部省份积极深耕布局大数据和大健康等新兴产业，外加西部地区凭借丰富的自然风光，旅游业发展较快，后发优势明显，但这些新兴产业要想发展成为推动当地经济社会发展的重要引擎尚需时日。

（二）各省份的财政实力分析

随着国内外经济环境不断恶化导致的经济增速放缓和降费减税政策的实施，地方政府财政收入增速均有所放缓。尤其是 2020 年以来，突如其来的新冠肺炎疫情和复杂严峻的国内外形势，导致了地方政府财政收支不平衡的加剧，地方政府的偿债压力进一步加大（见图 4 - 13）。

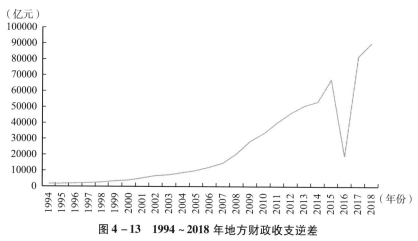

图 4 - 13　1994 ~ 2018 年地方财政收支逆差

资料来源：相关年份《中国统计年鉴》。

1. 各省份一般公共预算收入情况

根据各省份公布的一般公共预算收入数据[①]，近年来，全国地方税收收入和一般公共预算收入增速呈持续放缓趋势。2019 年，重庆、吉林、黑龙江、甘肃、青海和西藏的一般公共预算收入为负增长。从一般公共预算收入的增速看，天津和内蒙古排在前两位，增速均超过两位数，分别为 14.4% 和 10.9%。黑龙江、甘肃、西藏、重庆、吉林的一般公共预算收入增速为负增长，分别为 - 1.6%、- 2.4%、- 3.6%、- 5.8% 和 - 10%。

---

① 根据 2019 年各省份公布的财政预算执行情况数据整理。

从一般公共预算收入的质量看，东部地区由于经济较为发达，产业结构优化，财政收入质量明显高于中部、西部地区。[①] 2019 年，税收收入占一般公共预算收入的比例高于 80% 的省份有 6 个，分别是上海、浙江、江苏、北京、陕西和海南，只有陕西不属于东部地区。云南、安徽、湖南、贵州、甘肃、天津、新疆、广西、宁夏的税收收入占一般公共预算收入的比例低于 70%，税收质量一般。其他省份的税收收入占一般公共预算收入的比例在 70%～80%。从地方财政自给率看（见图 4－14），上海、北京、广东、浙江、江苏、天津、山东和福建的一般公共预算自给率超过 60%，均位于东部地区，其中，上海和北京的一般公共预算自给率超过 80%，分别为 88% 和 83%。山西的一般公共预算自给率为 50%，其他省份的该比率均在 50% 以下。贵州和新疆的该比例为 30%，宁夏、吉林、黑龙江、甘肃、青海和西藏的该比率低于 30%，排在最后六位，财政自给程度差。

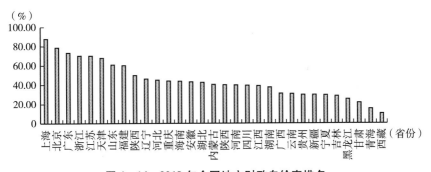

图 4－14　2019 年全国地方财政自给率排名

资料来源：根据《中国统计年鉴 2020》数据整理。

2020 年突如其来的新冠肺炎疫情给地方财政带来了前所未有的冲击和挑战，发达地区和欠发达地区的财政收入在新冠肺炎疫情的冲击

①　根据 2019 各省份公布的财政预算执行情况数据和相关年份《中国统计年鉴》数据整理。

之下均有不同程度的减少，地方财政普遍进入负增长时期。以北京为例，根据北京市 2020 年上半年预算执行情况的数据，受新冠肺炎疫情冲击和减税降费的叠加影响，2020 年上半年，北京市一般公共预算收入下降 11%，批发零售业、商务服务业和制造业的财政收入的降幅分别为 -20.7%、-18.5% 和 -18.1%，受疫情冲击较大。其中，湖北省作为此次新冠肺炎疫情的发源地，其财政收入遭受的冲击最大，财政收入降幅远高于其他地区。① 地方财政受疫情冲击使得税收收入大幅减少，这必然导致地方一般公共预算收入质量的普遍降低。

2. 各省份政府性基金预算收入情况

根据全国各省份公布的政府性基金预算收入数据②，2019 年，东部和中部地区的政府性基金预算收入占比最高（见图 4 - 15）。有 15 个省份的政府性基金预算收入超过 2000 亿元（见图 4 - 16），其中，东部地区有 7 个，分别是浙江、江苏、山东、广东、福建、上海和北京；中部地区有 5 个，分别是河南、湖北、安徽、湖南、江西；西部地区只有四川和重庆的政府性基金收入超过 2000 亿元。浙江、江苏、山东、广东的政府性基金预算收入遥遥领先全国其他地区，其中，浙江省的政府性基金预算收入超过 10000 亿元，江苏省超过 9000 亿元，广东省超过 6000 亿元，其他省份均低于 5000 亿元。西部地区的政府性基金预算收入规模整体偏小，其中，宁夏和西藏的政府性基金预算收入不足 200 亿元，全国排名垫底。东北地区的吉林和黑龙江的政府性基金预算收入不足 1000 亿元，分别只有 665.25 亿元和 377.9 亿元。

---

① 中国财政科学研究院课题组. 疫情冲击下的地方财政形势：现状、风险与应对 [J]. 地方财政研究，2020（7）：40.
② 根据 2019 年各省份公布的财政预算执行情况数据整理。

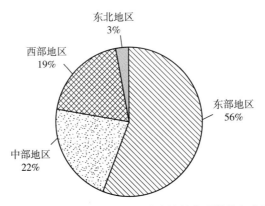

图 4 – 15　2019 年全国各地区政府性基金预算收入占比

资料来源：各省份公布的 2019 年预算执行情况和 2020 年预算报告。

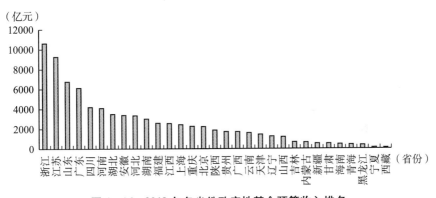

图 4 – 16　2019 年各省份政府性基金预算收入排名

资料来源：各省份公布的 2019 年预算执行情况和 2020 年预算报告。

　　在关于政府性基金预算收入的增速方面，由于近年来的政策调控，各省份的波动比较大。根据各省份公布的数据①，2019 年，福建、江西、重庆、西藏、宁夏和新疆的政府性基金预算收入为负增长，其他省份均为正增长。其中，青海省的增幅最大，高达 79.2%，排在最后两

---

①　根据 2019 年各省份公布的财政预算执行情况数据整理。

位依次是贵州和甘肃，增速分别为 36.9% 和 30%。西藏和新疆的降幅最大，分别下降了 15.4% 和 14.1%。2020 年 1 月新冠肺炎疫情突发以来，无论是中央政府性基金预算收入还是地方政府性基金预算收入都普遍呈负增长。由于国有土地出让是地方政府性基金预算收入的主要来源，因此国有土地使用权出让是地方政府性基金预算收入的主要影响因素。根据财政部公布的财政收支数据，公示的 2020 年 1~2 月，全国政府性基金预算收入同比下降 18.6%，中央政府性基金预算收入同比下降 18.7%，地方政府性基金预算收入同比下降 16.4%。其中，国有土地使用权出让收入同比下降 16.4%。①

从各省份债务规模看，除了部分东部经济发达省份的债务规模较大外，四川、湖南、贵州、辽宁和云南等省份的债务余额均在 8000 亿元以上；其中，四川和湖南的债务余额超过 10000 亿元，贵州省的债务余额超过 9000 亿元，这些欠发达省份的庞大政府债务规模可能引发的风险问题更值得关注。此外，一些西部欠发达省份的债务规模虽然不大，但由于债务率指标较高，处于全国前列，相应的风险也不容忽视。2019年末，宁夏、青海、黑龙江、贵州、内蒙古、吉林、辽宁、甘肃、云南和新疆的政府债务余额与当年财政收入的比率超过 2 倍，这些省份均位于经济欠发达的西部和东北地区，其中，宁夏和青海的该比率超过 3倍。山东、河南、福建、江苏、西藏、浙江、广东、北京、上海的政府债务余额与财政收入的比率小于 1，其中，广东和北京的该比率低于 0.7 倍，分别为 0.64 倍和 0.62 倍；上海的该比率最低，为 0.59 倍。②由此可以看出，东部地区由于经济较为发达，经济发展可持续性强，财政收入规模大，财政质量从总体来看也较好。由于财政收入对政府债务规模的覆盖程度较好，政府债务余额与财政收入的比率在全国降序排列中处于中后水平，由于较强的债务偿付能力，相应的债务风险也较低。

---

① 财政部. 2020 年 1-2 月财政收支情况 [EB/OL]. [2020-03-24]. http://gks. mof. gov. cn/tongjishuju/202003/t20200324_3487618. htm.

② 根据 2019 年各省份公布的财政预算执行情况数据整理。

而西部地区和东北地区由于经济欠发达，财政实力较弱，政府债务余额与财政收入的比率在全国降序排列靠前，债务风险最高。

第四节 对中国地方政府债务风险分析的反思

近年来，虽然学者们分别从不同角度对国内地方政府债务风险状况开展了大量的研究，对把握国内地方政府债务风险现状及未来发展趋势有着非常重要的意义，但现有关于地方政府债务风险测算和评估的研究仍存在不足之处。

一、尚未形成对地方政府或有（隐性）债务风险的评估分析

在中国，地方政府债务不仅包括地方政府在法律框架内通过合法途径所举借的显性直接债务，还包括地方政府在法定债务限额之外通过各种变相违法违规方式举借的债务。地方政府承担着发展地方经济、促进辖区 GDP 增长的重要职责。在现有的政治晋升考核模式下，激烈的政治竞争压力迫使地方官员除了发展表内融资竞争策略外，甚至还通过利用制度漏洞发展表外融资的竞争策略，由此导致地方政府债务长期在法律空白中以"隐性"方式积累。这些债务是地方政府依托政府信用，直接或间接承诺以财政偿还的债务，而且大部分隐性债务脱离于监管之外。尤其是 2015 年《中华人民共和国预算法》实施以后，地方政府不仅通过融资平台等主体进行违规变相举债，而且还通过国有企业、事业单位和金融机构等社会资本举借债务资金。关于中国地方政府变相违规举借的债务规模，只能通过相关研究机构的估算来获得，而且不同的研究机构由于不同的测算口径，测算出的债务规模也有所不同，但基本在 30 万亿~50 万亿元。例如，根据中国社科院的张晓晶测算，2018 年上半年，作为地方政府隐性债务最大组成部分的地方政府融资平台债务规模约为 30 万亿元，占 GDP 的比重约为 40%；而清华大学的白重恩团队

公布的调研结果显示，截至 2017 年 6 月，地方政府城投债余额约为 47 万亿元。① 裴武等（2019）分别从资产端和负债端测算的全国地方隐形债务规模中枢大约在 45 万亿元。根据石秀红（2019）提出的"隐性债务基本上是显性债务的两倍"的经验观察估计，截至 2019 年 12 月，全国地方政府的债务余额为 21.31 万亿元，而全国地方政府隐性债务的余额则为 42.62 万亿元。如果将隐性债务风险包含在内，真实的地方政府债务风险将会高很多。石秀红（2019）测算的地方政府债务率高达 184%，已超过 90% ~ 150% 的安全参考指标范围。国际方面，根据标普于 2018 年 10 月发布的全球评级报告数据，中国地方政府的表外债务余额为 30 万 ~ 40 万亿元。

此外，广义的地方政府债务还包括地方政府因承担公共服务职能，出于政府道义责任、迫于公众预期和对政府角色理解，或是由于体制转轨、下级政府执行上级政府的政策和任务所形成的隐性债务。中国地方政府作为公共服务主体，承担着提供公共产品和公共服务的巨额支出责任。1994 年的财政分权改革对中央和地方事权进行了重新划分，地方政府负责包括医疗卫生、教育、社会保障、养老保险和基础设施建设等公共事务，由于收入和支出的不匹配形成了庞大的资金缺口。尤其是过去较长时期出现的"重经济、轻环保""重资本、轻民生""重城市、轻农村"的发展倾向，由此形成了生态环境治理和社会民生方面的巨额负债。例如，1995 年正式确立并执行的"统账结合"社会保障制度，这种"现金收付"和"基金积累"相结合的运行模式在养老保险方面必然会导致在职并缴纳保险金的人员在积累自己个人账户养老金的同时又要担负上一代人的养老负担，致使个人账户积累的资金不断被社会统筹资金透支。随着中国人口结构正在发生根本性变化导致老年人口不断增加和劳动人口数目的绝对下降，加上社保基金缴纳存在着少缴、漏缴和欠缴等问题，其最终结果将导致

---

① 博瞻智库.［浅谈］地方政府隐性债务规模到底有多高？40 万亿应该是有的［EB/OL］.［2019 – 04 – 12］. https：//www.sohu.com/a/343507231_739521？_trans_ = 000019_wzwza.

社会养老保障资金缺口不断增大。若考虑目前已经广泛开展的城乡居民养老保险还会为政府带来 6.08 万亿元的隐性债务，这将使养老保险隐性债务规模进一步扩大到 2011 年 GDP 的 111%。到 2050 年，中国全社会养老金支出（包括职工和居民养老保险）占 GDP 的比例将达到 11.85%，而目前中国全社会养老保险金支出占 GDP 比例仅为不到 3%（李扬和张晓晶，2013）。

因此，对地方政府债务风险的分析应结合地方政府在中国经济社会发展过程中的历史逻辑和现实情况，不仅只考虑显性债务风险，还应包括各种形式的隐性债务风险；不仅只分析现实存在的风险，还要分析未来可能存在的潜在风险。若将地方政府变相违规举债或地方政府因承担医疗卫生、养老保险和生态环境治理等支出形成的隐性债务列入上述国际通行政府债务衡量标准，真实的中国地方政府债务风险将会进一步放大。

二、净资产不能简单地成为判断地方政府债务风险的主要标准

虽然有关中国地方政府资产负债表的净资产为正，但并不意味着地方政府的资产负债表就是健康的，也不能简单将地方政府的净资产作为判断地方政府债务风险的主要标准。

首先，地方政府的净资产为正并不意味着该政府就没有偿债风险。因为地方政府的偿债风险不仅取决于净资产是否为正，还应取决于该政府拥有净资产的可变现能力。如果地方政府无法有效变现其大量固定资产来偿还债务，地方政府也可能面临违约风险。或者，一旦出现地方集中抛售资产偿还债务的情况，也会由于资产大幅贬值进而导致地方政府面临违约的风险。通常情况下，一个国家急需变现自然资源偿还政府债务的时候通常为经济萧条乃至危机爆发的时候，而这正是政府资产最不值钱的时候（马骏，2013）。国际上，如果将俄罗斯、巴西、南非、苏丹和委内瑞拉等主要资源产地的国家的资源按当

前价格折算成政府"资产"的话，这些拥有巨额净资产的国家都曾经发生过债务违约。

其次，当期净资产为正时，难以得出地方政府未来没有债务风险的结论。当期地方政府净资产只是一个基础或起点，只能作为预测和判断未来地方政府偿债能力的诸多参考因素之一。如果地方政府负债规模在未来出现较大幅度上升，例如，未来养老金缺口增大、医疗卫生和教育支出费用上升、生态环境治理投入费用增加，以及偿付融资平台债务等，都会增加地方政府未来财政的支出压力，进而造成地方政府未来债务负担加重的问题。

最后，判断地方政府债务风险常用的负债率和债务率等指标包含的经济学含义是：健康可持续的经济发展，以及在此基础上创造的公共部门收入，才是增强地方政府债务偿付能力、降低债务风险的关键。

三、尚未嵌入中国制度与文化对地方政府债务风险进行分析

地方政府债务风险实质上是一个事后概念，因为对于一国或地方政府而言，在缺乏社会监督和制约的情况下，政府无论在制定预算或是在实际财政收支过程中都会面临软预算问题，由此会直接导致政府性债务风险产生。一旦地方政府债务风险发生以后，政府通常会通过各种形式的债务举借、提高税费收入、上调公共设施费用，甚至是超发货币等措施来化解政府债务风险。而这些措施的实施会在不同程度上损害社会各阶层民众利益，尤其是通过货币超发和提高税收收入等措施，会造成通货膨胀，或是由于直接增加纳税人负担，进而引发经济危机和社会危机，给本地乃至国家经济、社会稳定发展带来一定的损害。这种损害性的程度主要取决于该国政治制度、法治状况以及该国特有的传统民族心理、观念和文化制度等因素。

由此可以看出，引发地方政府债务风险的原因是多方面的，一方面，对地方政府债务风险的度量和评估不能只局限于量化指标，而应综合考察不同国家或地区的政治经济制度、法治以及民族文化性格等因

素，从而对地方政府债务风险进行更为科学、准确的判断；另一方面，每个国家或地区都会有化解政府债务风险的有利因素和不利因素，在积极采取有效措施解决不利因素的同时，因为任何有利因素都有界限，所以一旦超过界限，这些有利因素就会失去原有的效用，甚至转变成不利因素。

第五章

中国地方政府债务风险生成原因剖析

我国自改革开放以来，随着市场经济体制的建立和不断完善，已经形成了中央政府和地方各级政府及其相关部门、企业和个人为主的多元化利益主体，这些主体的利益边界也在日益清晰，由此形成了各个主体间以利益最大化为追逐目标的竞争局面。然而，这些利益主体的风险责任界定却是模糊的，尤其表现在中央政府与地方政府的财政产权关系不明晰、财政产权与金融产权关系模糊，以及地方政府、国有企业和金融机构产权关系不清晰等方面。风险界定模糊导致地方政府、国有企业和金融机构缺乏预算硬约束，在投资决策或经营活动过程中过于注重短期利益、忽视未来风险，进而造成这些利益主体的避险动机不足和避险能力不强，由此增大了财政的脆弱性，致使地方政府债务迅速膨胀，债务风险凸显。

第一节 中国地方政府债务风险形成的直接原因分析

关于中国地方政府债务风险的研究，国内许多专家和学者近年来从多方面进行了广泛研究和分析。关于地方政府性债务风险产生的原因，从现有研究文献来看，主要包括以下几方面。

一、政府间财权与事权不匹配

我国当前实行的是层级财政体制（刘尚希，2013）。在这种财政体制下，各级政府在财政上都以本级财政为中心而不重视辖区内其他各级财政状况。在我国当前的治理构架下，由于缺乏构建相应配套的财政问责机制而导致地方财政不能很好地履行相应的辖区责任。这种财政体制主要有3个特点：一是形成了各级政府都以本级财政为中心的财政资源分配格局。在这种财政体制下，各级政府通常主要对上级政府负责，无需对下级政府负责。上级地方政府利用本级政府政权构架优势截留中央财政下拨财政资源，并将下级政府的财力集中到本级政府手中。二是各层级政府往往通过划分税种的方式维护自身利益，政府在划分税种时会倾向于留住具有各方面优势的税种，而把处于相对劣势的税种留给下一层级政府，结果导致政府层级越低，面临的财政压力越大。三是各级地方政府会通过推动辖区经济快速增长来增加本级政府财源。在当前我国实行的"上级决策、下级执行"的委托代理体制下，上一层级政府拥有较大的财权而承担相对较小的责任，下一层级政府拥有较小的财权而承担了相对较大的责任，结果造成了地方政府财权与事权的严重不对称。政府层级越低，其相应的财权与事权不对称越是明显。

以1994年分税制改革为分水岭，在分税制改革之前的1978～1993年这段时期内，地方财政收入规模整体上大于财政支出规模（见图5－1），其中，地方政府财政收入占全国比重的平均水平为70.1%，地方政府财政支出占全国比重的平均水平为58%；而在1994年财政体制改革后，地方政府财政收入规模小于支出规模，地方政府财政支出比重呈整体上升趋势（见图5－2）。1994～2019年，中国地方政府财政支出占全国比重从69.7%上升至85.3%，而地方政府财政收入占全国比重则由44.3%上升至53.09%，地方政府财政支出比重远高于其收入所占比重。由图5－2可以看出，自分税制改革以来，中国地方政府的财政支出占全国的比重在经过短暂的下降之后，比重一直处于上升的趋势。

收入方面，从 1997 年开始，中国地方政府的财政收入占全国财政收入的比重长期处于下滑的态势，虽然中国地方政府财政收入占比在 2008 年以后开始有所上升，但是上升比例不明显，而且这一比例在 2017 年后又呈下降趋势。由此可见，地方政府财权与事权不匹配的现象依然存在。

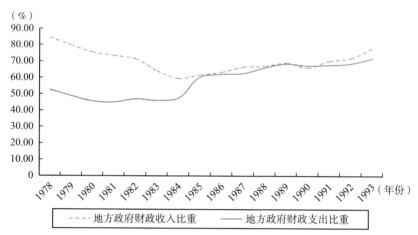

图 5 - 1　1978 ~ 1993 年中国地方政府财政收入和财政支出占比情况

资料来源：1979 ~ 1994 年《中国统计年鉴》。

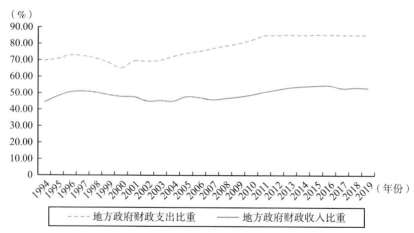

图 5 - 2　1994 ~ 2019 年中国地方政府财政收入和财政支出占比情况

资料来源：1995 ~ 2020 年《中国统计年鉴》。

地方政府财权与事权不匹配的现象在县级政府尤为突出。我国于2006年全面取消农业税之后，乡政府将包括公安、工商、卫生、国土以及中小学教师工资等教育开支等支出责任转移给县级政府，结果使得本已困难的县级财政雪上加霜（对于经济欠发达的中西部县级政府来说尤为明显）。1995年，全国2159个县级财政中除了132个县以外的大部分县级财政都能实现收支平衡；1999年，全国除了北京、天津、江苏、山东和广东5省、直辖市以外的所有省、自治区、直辖市的县级政府都存在着财政赤字；到了2002年，在我国当时的2030个县域单位中，财政赤字县（706个）和财政补贴县（914个）共计1620个，占总数的近80%，还有的县级政府虽然账面上没有显示财政赤字，却存在着巨大的隐形赤字。[①]

由于财权与事权倒挂，为了维持既定事权，地方政府除了通过实施土地财政以外，还要通过各种变相举债来获取收入。近年来中央政府的调控措施导致房地产市场需求疲软，地方政府的土地财政难以为继，促使中国地方政府的债务风险不断加深。

二、赶超体制下以经济增长为中心的政绩考核模式

中国在过去的40多年中，政府一直在介入并主导区域经济活动，具体表现在中国的政绩考核体系一直都是以经济增长和财政收入为主，由此导致地方政府和官员将经济建设作为全部工作的中心。虽然中央组织部在2013年12月6日印发的《关于改进地方党政领导班子和领导干部政绩考核工作的通知》中规定，不能简单把GDP总量和增速作为领导班子和干部政绩考核的唯一标准，并更加强调民生和社会安全在领导班子和干部考核中的重要地位，但是在长期以来形成的"以经济建设为中心"和"发展是硬道理"的思维模式的作用下，新的政绩考核标准仍不足以动摇GDP在整个政绩考评体系中的核心地位。

---

① 王绍光．中国基层财政之困［J］．南风窗，2006（3）：15.

地方政府对经济增长的强烈偏好尤其能够在国家"十二五"规划纲要和各地"十二五"规划中设定经济增长目标中体现出来：国家"十二五"规划纲要明确指出今后五年国内生产总值年均增长7%，以实现经济平稳较快增长。而各地的"十二五"规划纲要规定的经济增长指标均超过了7%。除了北京、上海、河北、浙江、山东、广东和河南等省份规定的预期增长率保持在个位数以外，其他省份的"十二五"规划预期经济增长指标均确定在10%以上（最高为山西省的13%），而且有11个省份提出力争在"十二五"规划期间实现GDP翻一番的目标。①由此可以看出，地方政府对GDP的偏好并未减弱。

为了做大本地GDP总量，在地方财政极为有限的情况下，通过大量举债进行以基础设施为主导的项目投资，人为制造产能过剩，而这些项目多半是商业性较差的项目，且建设周期长，不可能在较短产生收益并形成可靠的还款来源，所以只能依赖地方政府收入来偿还贷款，地方政府债务负担沉重，由此加剧了地方政府的债务风险。

三、地方政府在基础设施建设投资中的主导地位

长期以来，在中国投资驱动经济增长模式下，地方各级政府将大量资源投入到生产经营领域，中国地方政府在承担庞大经济建设功能的同时，但由于可支配的资金来源严重不足，为了实现其既定的投资计划，地方政府不得不通过贷款和发债等负债方式来筹集投资建设所需资金，由此形成了巨额的地方政府债务。从固定资产投资项目按隶属关系分类来看（见图5-3），地方项目的增长率要显著高于中央项目。根据审计署的数据，截至2013年6月底，地方政府性债务余额支出投向的前三位分别是与城市基础设施建设相关的市政建设、土地收储和交通运输设施建设，三项合计占比70%。尤其是随着工业化和城市化的快速推进，

---

① 李扬，张晓晶. 中国国家资产负债表2013——理论、方法与风险评估［M］. 北京：中国社会科学出版社，2013：58.

人们对城市基础设施以及交通、能源和住房需求的急剧增加，这些领域的巨额投资将成为当前以及未来中国经济增长的重要引擎，而地方政府则成为此类投资的主体，这也就意味着这些领域将成为中国地方政府债务风险形成的一个重要因素。

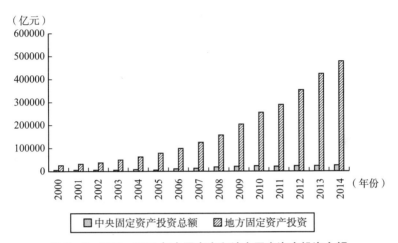

图 5 – 3　2000 ~ 2014 年中国中央和地方固定资产投资金额

资料来源：根据中国经济社会大数据研究平台的数据搜集整理。

从以上三方面的分析可知，地方政府的财权与事权倒挂、赶超体制下以经济增长为中心的政绩考核模式以及地方政府在经济建设中的主导作用等因素是地方政府债务风险形成的直接原因，也是过往研究主要集中的领域。这些研究为遏制和化解中国地方政府性债务风险提供了一定价值的参考思路和方向；但是，由于这种研究思路没有找到中国地方政府债务形成的深层次原因，因而不可能从根本上有效解决问题。

综上所述，以往研究并没有找到地方债务风险形成的根本原因，而按照上述思路寻求中国地方政府债务风险的解决之道可能会对债务风险的蔓延和膨胀起到一定的遏制作用，但不能从根本上解决问题。

第二节　中国地方政府债务风险
生成的产权视角分析

由于我国现行体制存在诸多漏洞和缺陷，在市场经济运行过程及各个环节中，个人、企业组织以及政府机构及其相关部门等市场主体在逐利过程中产生的风险会转嫁给社会，形成公共风险；由于风险在不断累积，地方政府的财政风险也会随之不断扩张。另外，由于政府等公共部门间风险责任界定不清，容易导致政府在对公共风险进行干预的过程中出现各种不恰当干预，并会产生新的风险。例如，国有企业和国有银行金融机构将因亏损或破产产生的债务清偿责任转移到各级地方政府身上，地方政府部门也会将其融资、担保和债务清偿责任转移到中央政府部门，最终由中央财政兜底。这种以责任界定模糊为特征的风险转移和风险快速集中而导致的财政风险不断累积和快速放大，是中国地方政府债务风险产生的根本原因。

我国经济体制运行的特征就是通过政府同时作为特定政治权力主体和产权主体来作用于国民经济运行和发展。我国的货币产权①、财政产权和国有企业产权都是由特定社会制度下的政治权力派生出来的。一方面，由于货币产权和财政产权是完全由政府垄断的，都是为了实现特定的政治目标和经济目标，因此政府货币产权与财政产权间关系是完全模糊的。在政府的政治权力与国有企业产权和国有商业银行产权的关系方面，虽然国有企业和国有商业银行都经历了股份制改革，但并没有改变政府对国有企业和国有商业银行控股的局面。这样一来，必然也存在着政府对国有企业和国有商业银行经营决策过程中的各种干预行为，因而

---

① 由于货币是由政府作为发行者和供应者并强制使用的价值符号，因此具有一定的购买力，这也就意味着其具有一定的财产支配权力。在我国，由于货币的发行和供应完全由政府垄断，政府也就相应掌握了一种支配财产的权力——货币产权。

产生了政府与国有企业和国有商业银行之间的产权关系模糊不清；由此导致了我国的政府与市场边界模糊，具体表现为我国的金融产权与财政产权关系模糊、中央政府与地方政府财政产权关系不明确、政府与国有企业、金融机构间产权关系不清晰等，从而使得我国地方政府债务风险不断积累和恶化。

一、金融与财政间产权关系模糊导致二者风险相互传感、不断放大

（一）财政与金融产权边界模糊是地方政府债务风险问题的根本原因

地方政府债务风险是财政与金融两大领域的风险交叉孕育的产物，从本质上来说，地方政府债务风险问题是因财政部门和金融部门的产权边界不清晰、相应的权责界定模糊而导致财政失序与金融异化的恶果。

我国财政部门与金融部门间产权关系模糊主要表现为财政部门与金融部门间产权关系不明确和不完善等方面。从产权明晰的角度来说，财政部门和金融部门都应该对各自的资本金和收入资金具有独立所有权和使用权，它们各自的权责界限应该是明确的，不存在财政部门和金融部门角色混同、功能异化的情况。然而，我国的实际情况确是相反的。在我国长期存在的财政金融"连裆裤"体制下（李安安，2018），财政扮演着"大管家"的角色，而金融则扮演着"提款机"的角色，成为财政的"钱袋子"。当财政部门资金由于履行特定职能出现紧缺时，可以通过发行置换债券、为国有企业上市融资提供便利等方式，或是行政协调方式来挤占中央银行的资金，甚至在中央银行没钱的情况下可以通过货币超发形式为财政印发钞票。尤其是对于财政分权改革后的地方政府而言，当地方政府出现财政困境时，更倾向于通过对其控制的金融资源进行"有恃无恐"的融资行为，从而导致地方政府债务风险问题潜滋暗长。同样，当金融部门出现风险时，政府则通过财政兜底（如向金融机构注资）的财政手段来解决问题。在这样的体制下，就意味着由地方政

府债务规模不断扩大引发的风险可以在财政系统和金融系统交互传导。

到目前为止，我国中央银行和财政部门还没完全建立起明确的产权机制关系，对各自资金也并未拥有独立的所有权和使用权。由于财政部门和中央银行同属一个共同的所有者——国家，二者同国家都是委托代理关系，不是独立利益的产权主体；因此，二者之间没有真正建立起有所有权约束的信用关系，在信贷供给关系方面主要依靠行政机制来进行调节。尤其是当政府财政出现赤字，或是履行其他政府职能的需要时，政府可以通过透支超过其在银行的存款，甚至通过由中央银行货币供给超发形式来实现，这样会导致对银行信用的过度依赖而形成金融风险。

改革开放以来，弥补财政赤字、偿还国债、化解银行不良资产等导致了我国货币的超发（徐云松，2013）。为了应对2008年全球金融危机带来的后续不良影响，中国实施了大规模的经济刺激方案。我国继2008~2009年出台4万亿投资大规模刺激方案后，又相继于2012年和2014年分别出台了两轮规模相对较小的经济投资刺激方案。大规模刺激方案一方面致使中国地方政府面临着较为严重的财政赤字，为了弥补赤字，只有通过以明显低于市场利率的官方贷款利率向银行申请贷款或通过发行债券获得债务融资，这导致地方政府债务和信贷投放行业有关的国有企业资产负债率大幅上升。另一方面，大规模刺激方案会导致货币超发并引发通货膨胀，助推劳动力、原材料和资金利率等要素成本不断增加。在国有商业银行贷款主要流向国有企业和房地产行业的情况下，占GDP比重最大和吸引劳动就业最多的广大民营中小企业在向银行贷款中处于劣势，所以只得向交易成本和信用风险高的银行表外融资，或是以"高利贷"等民间金融市场途径获得融资。由于成本增加引发民营中小企业生产经营收益增速明显下滑，以及地方政府税收收入下滑，导致了地方政府偿债能力的不断下降，加剧了地方政府债务风险的不断扩张。

（二）政策性银行和商业性银行间竞争加剧地方政府债务风险

我国金融产权与财政产权间模糊关系还表现在政策性银行与商业性

银行（包括国有商业银行和地方商业银行）的模糊经营权关系上。1994 年，我国设立了三大政策性银行——国家开发银行、中国农业发展银行、中国进出口银行，其设立初衷是对我国投融资体制进行重大改革，将银行业中的政策性业务和商业性业务剥离。政策性银行主要为政府指定的特定领域和特定项目进行融资，其业务范围的政策性较强。我国政策性银行成立的主要目的是弥补市场缺陷，其主要业务应该是一般市场主体不愿意涉足的投资周期长、回收周期长以及商业性差的领域，政策性银行不应该以盈利最大化为主要目的。从理论上讲，我国政策性银行与商业性银行的市场经营权边界是明确的；但从实践上看，我国银行业将政策性业务与商业性业务剥离的改革任务尚未完成。尤其是随着金融体制改革的不断深化，政策性银行与商业性银行在业务上存在"混搭"的现象。[①] 一方面，政策性银行在承担政策性业务的同时，开始向商业性银行业务渗透，并逐步加大商业性业务的比重。尤其是在所承担政策性项目缺乏足够资金支持的情况下，政策性银行开始使用高利率的商业性贷款。另一方面，商业性银行在利润的驱使下也开始将大量资金投放到地方政府融资平台等政策性较强的领域，为了逃避贷款业务的监管，又相继开展了大量的表外业务，助长了影子银行的过快发展，这不仅导致了社会融资成本增加，同时也为财政金融风险的爆发埋下了隐患。

　　政策性银行的资金来源主要是通过政府财政拨付或者国家信用，融资利率低于商业性银行，而且政策性金融负债属于财政负债，依靠国家财政兜底，政策性银行可以将商业性业务造成的亏损部分算成政策性业务亏损，最终由国家财政埋单，不受或者较少地受市场因素的约束。而商业性银行主要将存贷利差作为其主要收入来源，如果政策性银行与商业性银行进行业务交叉和相互竞争，商业性银行明显处于资金价格方面的竞争劣势，造成二者之间的不公平竞争。商业性银行为了在激烈竞争

[①]　人民网. 银行政策性与商业性业务别"混搭"［EB/OL］.［2015 - 06 - 23］. http：// finance. people. com. cn/stock/n/2015/0623/c67815 - 27190392. html.

中生存发展并获得竞争优势，必然会通过扩大信贷规模和信贷范围的方式同政策性银行争抢信贷资源，甚至会出现贷款审批把关不严和内部操作等违规行为的出现，由此会增加商业性银行资金的运营风险。在政策性银行方面，在其开展商业性业务、以利润为主要经营目标的过程中，在银行内部人员素质和业务能力不能有效满足商业化运作要求的情况下，也必然会加大资金的运营风险。最终，商业性银行和政策性银行相互之间的恶性竞争会增加金融系统的资金风险、化解银行风险的财政压力。

从我国以往的情况来看，同样存在中央财政和地方财政都参与处置银行不良资产的情况，尤其是地方财政在城市商业银行和农村信用社的改革过程中更是发挥了显著作用（贺虹，2011）。地方政府作为地方金融机构的主要出资者，当地方金融机构出现金融风险时，在证监会无法进行有效管理的情况下，为了确保金融安全和地方稳定，地方财政要承担风险处置的主要责任，对于已背负巨额债务负担的地方政府来说，更是祸不单行。

二、中央与地方间产权关系不明晰导致地方政府过度举债

根据公共选择理论的观点，政府机构及其官员并非完全意义上的利他者，他们与普通民众一样，都具有追求利益最大化的"经济人"特征。就我国而言，不同层级的政府机构除了代表广大民众的公共利益之外，也有自身的利益诉求。一方面，中央政府会将自己的利益强调到不恰当高度，导致产生损及地方政府利益的中央政府机会主义。另一方面，作为辖区选民和中央政府双重代理人的地方政府，也存在作为地方管理者的特殊利益诉求，而且存在使既有利益无限强化的冲动，这也会导致地方政府机会主义的产生。因此，在没有对中央政府和地方政府间产权关系明晰界定的情况下，无论是中央政府还是地方政府，都会凭借自身强大的资源和市场控制能力，通过使用政府强制力量的途径来实现自身利益诉求。政府因而也就成了"掠夺之手"，阻碍了经济社会的发

展。如果地方政府的财权与事权的不匹配是造成地方政府债务产生的原因，那么其背后包含的政府之间的利益关系以及相互之间的隐形博弈，由于政府间模糊产权关系界定引发的政府行为失衡，才应该是深入分析问题的根源所在。

当前，中央政府和地方政府间产权关系不明晰主要表现在中央政府和地方政府对财政资源、金融资源以及土地等公共资源的所有和使用权力的不规范方面。尤其是地方政府在享受上述产权收益带来的好处的同时，却不愿承担相应的责任和义务，导致中央与地方矛盾不断深化。

（一）　上下级政府间财政产权关系不明晰是地方政府举债的直接原因

财政产权关系涉及不同层级政府对有限财政资源关于占有、使用、支配和处置的权责关系。在财政分权的体制中，中央和地方政府关于财政收入权力和支出责任的关系可归结为不同层级政府间财政权益的明晰化过程。但由于缺乏明确的政府产权界定，地方政府在自身利益的驱使下，更倾向于利用自身的权力优势促使政府产权的泛化和过度扩张，导致不同层级政府间存在大量的越位、缺位和错位等问题，并伴随着大量地方政府债务的产生。

为了防止各级政府由于经济利益的驱动成为"掠夺之手"，需要明确界定中央政府和地方各级政府间各自的权、责、利关系。但是，在"中央决策、地方执行"的背景下，由于政府间产权关系缺乏必要的法治规则约束，中央政府和地方政府间财政关系面临着事权、财权和财力的不确定性状态。由于政府间财政产权关系的不明确，中央政府和地方各级政府间财政权力和义务划分仍处于模糊状态。一方面，处于权威地位的中央政府利用自己制定规则的优势，对财权、财力和事权分配进行有利于自身的单方面调整和修改。例如，在我国财政支出的纵向划分中，明确规定中央同地方政府共同分担科学、教育、文化和卫生等方面的责任支出。但由于中央政府和地方政府财政纵向责任界限划分不清，存在着一定的模糊地带，因而把上述相关支出责任推卸给下级政府，导致地方政府所承担的事权占比明显增加。如表5-1所示，地方政府一般公共预算支出比重从 2007 年的 77.00% 上升至 2012 年的 85.10%，到 2019 年，地方政府一般公共预算支出所占比重又进一步上升至 85.30%，因地方财政收支缺口不断增大，相应的地方政府债务风险也在不断增加。

对处于相对弱势的地方政府而言，面对中央制定下发并要求执行各种"事权"不断增加的文件，一方面，各级地方政府通过采取"曲解文件精神"和制定各种"补充文件"的方式来化解中央政策和文件的执行力度和执行压力，并利用中央政府财政制度软约束的缺陷，不惜通过"跑部钱进"等方式（张强，2017），向中央政府"哭穷"，以争取尽可能多的各种财政补助，由此滋生各种"寻租"和腐败行为。另一方面，在以 GDP 为中心的政绩考核模式下，地方各级政府为了筹集大规模投资建设所需的巨额资金，会绕开国家相关法律规定，通过组建地方融资平台等措施进行变相举债。地方政府在进行有关举债的决策时，更倾向于考虑政府自身的利益诉求。例如，地方政府在进行关于是否举债、举借债务的形式、举借债务期限等决策时，考虑到自己任期内的政绩考核、创造寻租机会、为利益集团谋利或是转嫁风险等因素，结果导致公共支出的大规模增加和公共风险的不断恶化。尤其在现行的"向上负责制"干部管理体制下，上、下级地方政府都面临着类似的制度环境和考核机制，存在举债激励机制上的同构性。上级地方官员也同样存在着短期政绩最大化动机，不仅通过超越本级预算举债建设大规模工程向其上级输送政绩信号，还鼓励下级政府也采取类似措施建设政绩工程，由此产生了强大而稳定的组织保护屏障，大大地削弱了组织设计上预期的自上而下制度约束机制，形成了举债激励中的"共振现象"（周雪光，2005）。在获得上级政府默许的情况下，下级政府通过相互效仿制度创新，形成了通过政府担保和土地抵押等方式的巨额地方政府性债务。这些巨额债务存量和流量的不断增加和积累，必然会导致地方政府性债务风险的不断累积和恶化，进而对宏观经济造成很大的影响。

表 5—1　2007～2019 年中央政府与地方政府一般公共预算主要支出项目

项目	2007 年			2012 年			2019 年		
	中央政府（亿元）	地方政府（亿元）	地方政府支出比重（%）	中央政府（亿元）	地方政府（亿元）	地方政府支出比重（%）	中央政府（亿元）	地方政府（亿元）	地方政府支出比重（%）
合计	11442.1	38339.3	77.00	18764.6	107188.3	85.10	35115.2	203743.2	85.30
一般公共服务	2160.2	6354.1	74.60	998.3	11702.1	92.10	1985.2	18359.5	90.20
公共安全	607.8	2878.3	82.60	1183.5	5928.1	83.40	1839.5	12062.5	86.80
教育	395.3	6727.1	94.50	1101.5	20140.6	94.80	1835.9	32961.1	94.70
社会保障和就业	342.6	5104.5	93.70	585.7	11999.9	95.30	1231.5	28147.6	95.80
卫生健康	34.2	1955.8	98.30	74.3	7170.8	99.00	247.7	16417.6	98.50
城乡社区服务	6.2	3238.5	99.80	18.2	9060.9	99.80	91.6	24803.6	99.60
交通运输	782.3	1133.1	59.20	863.6	7332.6	89.50	1422.3	10395.2	88.00
农林水	313.7	3091.0	90.80	502.5	11471.4	95.80	532.3	22330.5	97.70

资料来源：《中国统计年鉴 2008》《中国统计年鉴 2013》《中国统计年鉴 2020》。

（二）公共自然资源产权制度缺失助长了地方政府举债的冲动

自然资源要进入市场产生收益，首先要解决的是建立起包括明晰产权界定、产权交易规则等在内的自然资源产权制度。通过明确的产权界定，有效实现所有权的各项权能主体间权力、责任和义务关系的明确，对市场交易主体的违法行为进行有效约束；通过建立和完善产权的市场交易规则，有效保障自然资源市场收益的效率和公平。

我国 1994 年实施的分税制改革，只解决了中央政府与地方政府的财政"分税"问题，并未明确中央政府与地方政府对土地等自然资源的"分权"问题。由于包括自然资源产权主体的界定与产权交易规则在内的自然资源产权制度尚未建立，导致大量土地等自然资源因出让流转不规范使得大量出让收益流散于地方政府以及相关管理部门、企业和个人而无法形成国家的预算收入，不利于国家公共服务职能和地方政府债务风险化解的有效履行。

在我国现行的自然资源产权制度下，土地、矿藏、水流、森林、山林和草原等自然资源主要实行全民所有（国家所有）制和集体所有制。通常情况下，属于全民所有的自然资源产权主体主要由地方政府代为行使，地方政府既是自然资源的实际所有者，同时也是经营者，公共自然资源国家产权也就表现为实质上的地方政府产权。对属于集体所有的自然资源来说，由于作为集体所有制产权主体的主体（集体劳动者）并未拥有完整的所有权、经营权和处置权，其产权主体地位是残缺的，因此最终的产权控制者仍归属于地方政府。

根据《中华人民共和国宪法》和《中华人民共和国土地管理法》等法律规定，土地和矿产等自然资源属于公有制范畴，属于全民或集体所有。这些自然资源进入市场产生的收益也应通过初次分配环节和财政预算再分配环节实现全民共享。然而，由于当前我国自然资源产权制度尚未建立，土地和矿产等自然资源的所有权、占用权和收益权等关系未得到明确界定。尤其是在当前我国对土地等资源依然延续"国家所有，分级管理"的计划经济时期管理模式下，这种分级管理的模式实际上已演变成行业主管部门、地方政府代表国家占用资源，掌握了土地资源的实际支配权（刘尚希和吉富星，2014）。地方政府代表国家行使对土地等自然资源的所有权和实际支配权，意味着其通过土地等自然资源获取收益的能力增加。为了获得更高的土地收益，地方政府不惜损害国家和农民的利益以不断扩大土地增收范围，催生了地方政府的"土地财政"等乱象。为了把 GDP 规模做大，地方政府还以"土地财政"作为担保，大肆举借债务，不仅导致地方政府的债务负担远远超过了其偿债能力，还导致了严重的腐败、社会矛盾积累和生态环境破坏，造成了地方政府债务风险的产生和不断恶化。

（三）中央政府与地方政府间金融权力边界模糊加剧了地方政府债务风险

中国的分权化改革过程，也是包括金融资源配置权和管理权等金融权力从中央政府向地方政府下放的金融分权过程。在我国经济转型的背景下，随着分权化改革的不断推进和经济社会的不断发展，我国中央政府和地方政府间关于金融相关权力的划分和调整也随之不断演变。

我国中央政府和地方政府金融权力关系主要是围绕金融的配置权和管理权进行不断划分和调整的。总体而言，我国中央政府与地方政府间金融分权主要经历了 1978～1992 年的金融分权、1993～2001 年的金融重新集权，以及 2002 年至今的适度分权 3 个阶段。从这 3 个阶段中央政府与地方政府金融权力划分的演变过程来看，中央政府处于利益主导地位，中央政府在分权的政策制定过程中随意性较大、稳定性差，导致中央政府与地方政府的金融权力失衡，中央政府在金融资源的配置上处于主导地位。

由于中央政府与地方政府的相关金融权力关系调整的法律"空缺"问题，现有法律法规并未对中央政府与地方政府间金融权力边界进行明确界定，对地方政府金融监管机构职权责的定位也模糊不清，因此导致了中央政府与地方政府间金融权力关系的划分存在着随意性明显和稳定性较差的问题。就中央政府而言，由于金融资源主要集中在中央政府手中，中央政府便成为金融资源的主要掌控者，通过利用其在金融权力纵向配置以及在金融体制改革过程中的主导性，倾向于采取有效维护自身利益的金融资源配置政策，却将金融风险处置的职责推给地方政府。对于地方政府而言，虽然地方政府的金融决策行为受控于中央，在金融资源的分配过程中处于劣势，但其会利用现有制度环境下激励约束机制中存在的漏洞，采取对中央政府产生反作用的、对自己有利的机会主义行为，由此引发中央和地方政府在变迁金融领域内开展了利益结构的博弈。在金融资源有限的情况下，金融资源的过度滥用极有可能引发各种金融风险，并最终转化为地方政府性债务风险。

地方政府面临着财政分权和政治集权背景下的财力、财权与事权不匹配困境，所以积极探索财政资金以外的金融资源以促进地方经济发展，由此引发了地方政府与中央政府、地方政府与地方政府相互之间就地方金融资源配置权及其相应的管理权分别开展纵向和横向的竞争。由于中央政府成为实际金融资源的掌控者，在金融资源配置上偏重于政府的管理目标，导致金融对地方经济支持不足的矛盾凸显，进一步限制了地方政府获得地方经济发展所需金融资源的渠道。地方政府利用其实际掌握的大量行政性资源配置权力（包括土地、矿产以及税费和市场准入等对经济和金融活动有着重要影响力的多种要素），通过各种形式的金融创新和干预金融信贷等方式争取尽可能多的金融资源来扩张本地区经济规模。例如，地方政府主要通过积极培育包括区域性商业银行、村镇银行、担保公司以及小额贷款公司在内的地方金融体系，希望通过获得对地方金融体系的控制权，对其经营活动进行干预，进而为地方在建项目和企业提供重要的信贷支持。2010 年 5 月国务院发布的《关于鼓励和引导民间投资健康发展的若干意见》（简称"新 36 条"）明确规定"鼓励和引导民间资本进入金融服务领域"；随着一系列政策的相继出台，地方金融市场呈迅速发展的态势。地方政府通过其所能控制的区域性银行机构和非银行机构（影子银行）等隐性金融分权途径所获得的资金，将其投资于与地方政府发展目标密切相关的项目。

地方金融机构的无序、过度扩张在较低的内部管理水平下，极有可能会因盈利水平的下降导致坏账不断积累，引发区域性金融风险并传导至整个金融体系而积聚的大规模金融风险。在我国目前体制下，所形成的金融风险最终都会由财政兜底，而且这种财政兜底金融风险的行为还将继续下去，相应的财政风险也将不断积累。尤其是地方政府融资平台制度建设落后、公司治理结构不规范、融资决策不科学，使得地方融资平台存在着融资规模过大、融资结构单一和投资领域过于集中等问题，这些问题都会导致地方政府融资平台产生坏账风险。由于地方政府融资平台债务很大一部分来自政府担保贷款，地方财政实际上承担融资平台的间接还款压力，在经济增速下行的情况下，地价下挫将对地方财政收入产生极大的影响，这将使地方政府的间接还款压力不断增大，也极有可能产生地方政府债务风险。

三、政府产权和国有企业产权模糊不清导致政府承担国有企业债务风险

"预算软约束"这一概念是科内尔（1986）在其著作《短缺经济学》中分析社会主义经济时所提出的。他指出，在社会主义经济中普遍存在政府对陷入困境的国有企业施加财政补贴、税收优惠和贷款救助等措施的援助现象。通过这些援助措施，国有企业即便在陷入经营亏损的情况下也能够正常进行生产经营，由此导致了国有企业经营决策过程中的软预算约束现象，并会带来国有企业的高负债和低效率运行，进而导致大量银行不良贷款和财政风险等经济问题。

在我国计划经济体制时期，政府机构作为国有企业的所有者和经营者，要对国有企业的投资和经营承担亏损责任。自国企改革以来，虽然开始淡化了政府的国有企业所有者身份，但由于其将经营权和剩余索取权交给国有企业本身，因而不再对国有企业的投资和经营亏损承担偿债责任，实现了政府产权和国有企业产权事实上的分离。然而，由于国有资产的国有化，政府承担着国有资产保值增值的责任，因此政府依然维持着对国有企业的操控，并以行政权力迫使国有企业承担政府的部分发

展任务。尤其体现在地方通过对辖区内国有企业的操控来实现，这既有利于实现本地经济增长目标、促进就业、增加财政收入和维护辖区社会稳定，也有利于实现地方政府官员包括政治晋升在内的政治利益和经济利益目标。国有企业因承担了较多的地方政府发展战略意图、就业和养老等一般企业不应该也不愿意承担的政策性和社会性负担，所以无形之中增加了国有企业的经营成本。因此，地方政府对国有企业因经营亏损或因扩大投资规模产生的债务负有责无旁贷的偿还责任。为了让这些承担政策责任和社会责任的亏损国有企业继续运营下去，政府各种形式的补贴和保护就成为必然。然而，由于信息不对称等原因，因此政府无法弄清国有企业亏损是由承担政策性负担原因还是企业内部经理人员的道德风险原因造成的。政府在不能推脱救助责任的情况下只好把所有的亏损责任承担下来，并对亏损企业给予一定的税收补贴，由此导致了国有企业软预算关系的产生（林毅夫和李志赟，2004）。

国有企业作为政府的代理人，虽然拥有一定的经营权和收益权，但是其"对资源的使用与转让以及最后成果的分配都不具有充分的权利"（谭劲松等，2012），加上国有企业经理人不是从具有充分竞争的市场中选拔而来的，而是直接由上级主管部门行政任命或行政委派而来，而通过这种途径任命或选派的经理人不一定是最优的人才。这样一来，就不能通过市场竞争对经理人施加有效压力，经理人更为关注的是按照政府的意志开展经营活动进而决定与自己政治前途有关的利益。国有企业经理人由于拥有较大的行政权力，他会在任期内更加注重获取非法金钱收益等短期收益，不注重企业长期经营绩效，造成国有企业经营绩效的损失甚至出现严重亏损。而作为主管部门的政府机构，出于政绩考核以及与之密切相关的政治晋升等动机因素，必然会通过追加投资或增加贷款等途径对经营亏损的国有企业进行扶持和救助。如果经理人事前就预期到政府在国有企业生产经营亏损后会出面救助，那么经理人就会容易产生懈怠和渎职等行为，缺乏改善经营管理、提高效率的动机。对于国有企业而言，规模越大，意味着其对地方政府包括税收和就业保障在内的政绩考核标准的影响力越大，使得地方政府与其辖区内国有企业间利益息息相关。当国有企业在经营过程中出现亏损时，获得地方政府的财政税收和银行贷款担保等优惠待遇支持就越容易。

在贷款资金的使用方面，由于国有企业没有主要将从银行获得的贷款用以研发创新，这既不利于充分发挥对国有企业经理人的激励约束作用，从而提高国有企业的经营绩效或效率，也无益于国有企业自身的产业转型和升级及其产业竞争力的有效提高，最终会因经营效率低下和产能过剩形成无法偿还的巨额债务。以 2009 年实施的大规模财政和信贷刺激政策为例，国有商业银行大量的廉价贷款主要流向了包括地方政府融资平台公司和具有一定垄断地位的央企和省级国企。地方融资平台公司主要将银行贷款用于包括修建铁路、高速公路、机场以及城市道路在内的基础设施项目；而后者将这些银行贷款主要用于两个方面，一是与基础设施和房地产有关的钢铁、水泥、建材以及能源等产能扩建项目；二是用于收购国内外各类资源资产以及城市商住用地的炒作。而且，由于国有企业的软预算约束，无论是为了要把规模继续做大，还是借新债还旧债，只要有地方政府的隐性担保，因此其对资金的需求会一直处于饥渴状态。通过银行等途径融资的行为会继续扩张，这不但会从总体上推高社会的融资成本，让已经处于下行阶段的经济雪上加霜，同时也会增加国企自身的偿债风险。

国有企业盲目追求投资规模大和投资周期长的固定资产投资，而这些固定资产并没有带来相应的高额回报，伴随着房地产及其上游的能源和原材料等相关行业产能过剩的相继出现，国有企业的大规模坏账也会相应随之出现，而国有企业不断积累起来的巨额债务最终要纳入地方政府性债务中，并由政府来承担相关的偿还责任。由此陷入"国有企业亏损—政府扶持和救助—国有企业再亏损"的恶性循环。最终结果必然是：与国有企业相关的各种巨额债务不断积累和膨胀，形成相应的债务风险。

总之，我国在实施国企改革过程中，虽然政府赋予国有企业包括融资权、投资权和分配权在内的经营权力，但是没有对国有企业经营过程中产生的债务风险和投资失败风险明确分担界定，政府实际上承担着全部的风险，这种实质上通过政府承担国有企业经营风险来调动国有企业积极性的做法，造成了国有企业严重的路径依赖。这种激励与风险不对称的国有企业改革，导致国有企业在经营发展过程中的避险动机不足和避险能力不强，在投资决策时过于注重短期利益，致使国有企业经营效率低下，并造成严重的地方政府性债务风险。

第六章

中国地方政府债务风险生成机理探析

财政和金融有着非常紧密的关系。财政的主要职能是社会资源的优化配置，保证经济社会的健康持续稳定发展；而金融的主要职能是通过资金的融通支持实体经济的发展。因此，财政部门与银行部门间的职责应该是清晰的，各自关于资金的所有权和使用权应该是独立的，不可能存在财政部门挤占银行部门资金、银行部门挪用财政部门资金的情况；相应地，财政风险与金融风险也应该是相互隔离的。但是，我国计划经济体制下的政府习惯将财政部门和银行部门当作钱袋子（刘尚希，2006），由此导致两个部门都没有建立起独立的产权关系。尤其是地方政府成立为地方政府项目举债融资的融资平台公司，通过银行贷款和发行债券等渠道将财政和金融混在一起，导致财政、金融不分家。国有经济在我国国民经济中的主导作用使得以国有性质为主的银行金融机构涉及大量地方政府债务融资行为。在财政风险与金融风险之间的隔离机制没有有效建立的情况下，当一方遇到风险时，就依靠另一方来为其化解。虽然我国财政和金融领域的体制改革在转轨过程中取得了一定成效，但由于地方政府与市场边界尚处于模糊状态，金融部门和财政部门都没有明确各自职责的准确定位，发挥政府"钱袋子"功能的情形也就依然存在，而且已经形成了一种制度安排。因我国尚未建立起财政部门和金融部门间的有效产权关系机制，以及完善的财政风险与金融风险隔离机制，于是就出现了财政风险与金融风险相互向对方转移并因相互传感而不断放大的态势，直至相互之间不能为对方化解风险时，就转化为地方政府债务风险。

第一节　财政风险和金融风险的内涵

一、财政风险的内涵

（一）财政风险的概念

国外关于财政风险的研究，最早要追溯到20世纪70年代末拉丁美洲债务危机的爆发。关于这方面的早期研究主要是从公司财务的角度来研究财政，并没有注意到政府干预所导致的财政风险（Barro，1995）。直到1998年东南亚金融危机的爆发，各国政府和理论界才开始重视财政风险，并开展了相关研究。其中最具代表性的人物是汉纳（Hana，1998），从政府负债的视角对财政风险进行了深入研究，并提出了著名的财政风险矩阵（Fiscal Risk Matrix）模型。他认为，政府主要承担由直接显性负债、直接隐性负债、或有显性负债和或有隐性负债引发的财政风险，尤其是对于转轨国家和发展中国家而言，产权不清晰和信息披露不充分等原因使这些国家面临更大的财政风险。国内学界关于财政风险的研究始于20世纪80年代后期我国开始实行积极财政政策，并于20世纪90年代以后对其进行了大量研究。在我国开始实施积极财政政策以后，地方政府财政风险开始显现，由此引起了我国广大专家和学者的高度关注，并进行了深入研究。

关于财政风险的概念，汉纳（2000）主要从狭义角度来定义财政风险：财政风险指政府的负债风险，主要强调的是政府不能（或不能完全）履行支付义务和责任的可能性。在我国，"财政风险"概念最早出现于1996年的一份政策报告——《国家财政困难与风险问题及振兴财政的对策研究》。财政风险是指由于经济社会因素导致财政出现波动和混乱的可能性，其主要表现形式为政府债务危机和巨额财政赤字。这一论述侧重于将财政风险归因于政府债务危机和财政赤字，因此，防范财政危机的重点也主要集中于控制政府债务规模和财政赤字规模。刘尚希（2003）认为，财政风险是"未来出现政府支付危机的一种前奏反映"，它是政府拥有和能够动员的公共资源，不具备履行自身应承担的支出责任和义务的能力，并会给经济社会的稳定和发展带来损害的可能性（刘尚希，2003）。其表现形式主要有两种：一是由于社会和政治方面的压力原因，政府不能通过采用扩大财政赤字的方式来扩大支出，即财政赤字的不可持续性；二是由于来自资本市场的约束和社会对政府信誉的动摇等方面的原因，政府不可能通过继续借债的方式来维持或扩大支出，即债务的不可持续性。张春霖（2000）认为，财政风险是指国家财政出现资不抵债或是无力支付的风险，具体表现为债务的不可持续性。崔琳、王宇峰（2012）认为，财政风险是指政府由于财政原因不具备履行公共管理职责和提供公共服务能力的风险，具体表现形式有：政府不具备按时偿还债务的能力、政府不具备获取履行职能资源的能力、政府履职能力不足和缺位、政府机构的破产。吴俊培、张斌（2012）认为，财政风险包括政治、经济和道德在内的各种风险，是社会风险的主要体现。

从上述观点来看，财政风险主要包含以下几方面的内容：①财政赤字和政府债务风险；②政府资不抵债和无力支付的风险，包含政治、经济和道德等社会风险；③财政风险是一种面临财政危机的可能性。本书认为，财政风险是指在经济运行过程中，由于政治、经济、军事以及自然环境的变化等原因引起的巨额政府财政赤字和庞大的政府性债务，进而导致各种社会风险的爆发，给经济社会的稳定和发展带来严重损害的一种可能性。

（二）财政风险的分类

按财政风险产生的原因分类，可将财政风险分为外生性财政风险和内生性财政风险。外生性财政风险是指由于政治、经济以及自然等外部不确定性不利因素引发的，造成财政资源浪费或是财政资源效率下降的风险，往往由于外部因素的不确定性而不容易控制。内生性财政风险是指由于收入、支持、公共投资、预算赤字、财政制度以及官员的道德与职业能力等原因引发的财政风险。

按财政运行的层级分类，可分为中央财政风险和地方财政风险，而地方财政风险又可以进一步细分为省（自治区、直辖市）级财政风险、市级财政风险、县级财政风险和乡镇级财政风险。

按财政风险的显露程度分类，可分为显性财政风险和隐性财政风险两类。其中，显性财政风险是指已经显现出来的能够进行测算的损失或损害风险，最常见的财政风险主要包括财政赤字和财政欠账等。隐性财政风险主要指还处于隐蔽状态、尚未被察觉到的财政风险。

（三）财政风险特征

1. 财政风险具有一定的隐蔽性特征

由于财政风险通常以国家政权的信誉担保为依托，以及财政风险来源广、易于通过技术性手段或是通过账面处理手段隐藏风险等原因，导致了财政风险具有较强的潜伏性和不可预测性。只有当财政风险逐渐积累到超出一国经济社会的承受能力而没有得到有效控制和化解时，财政风险才会从隐形转变成显性。

2. 财政风险具有互动性、传染性特征

财政风险是与其他经济社会风险是相互传感和不断放大的，通常财政风险是由最初的企业财务风险和金融风险等经济或体制等其他因素引发的连锁反应而形成的，具有较强的传染性和转嫁性。在经济全球化的背景下，伴随着金融资本和物质资本在世界范围内的快速流动和跨国企业的快速发展，由一国或地区发生的风险或危机会迅速波及其他国家或地区，引起全球范围内更大的传染性和转嫁性，其杠杆效应更为明显。

3. 财政风险具有危害性大特征

财政风险的不断加剧和扩大如果得不到有效的控制和化解，则会引发财政危机，降低政府信用，导致经济衰退，引发严重的金融危机和社

会危机。纵观人类历史，由财政风险引发政府垮台或更迭、致使社会动荡不安的事例并不鲜见。因此，作为最严重的社会风险之一，财政风险具有危害性大的特征。

二、金融风险内涵

（一）金融风险定义

金融作为现代经济的核心，金融风险自然也就成为经济风险的集中体现。关于金融风险，人们从不同的角度对其进行了相应的认识和定义。张亦春、许文彬（2002）认为，金融风险在理论上表现为决策者由于信息不对称，无法知晓或确定当前和未来价格水平而导致获利损失的可能性。藏学英（2000）认为，金融风险是指在货币资金融通和经营过程中，由于各种不确定性因素的影响，使得资金实际经营收益偏离预期收益而蒙受损失或获得超额收益的可能性。曾康霖（2004）认为，金融风险是指金融活动过程中带来的收益或产生损失的不确定性。刘璐、裴平（2011）认为，金融风险是指由于市场环境和交易主体行为等因素的影响，致使投资者和金融机构在货币经营和信用交易等金融活动中的实际收益背离预期收益而造成资产损失的概率。何忠明、蓝翁伟（2014）认为，金融风险是指在特定条件和时期内，由于金融市场中各种不确定性因素导致行为主体遭受损失以及损失发生的可能性。

从上述观点来看，金融风险主要包含以下几方面的内容：①金融风险是由于不确定性因素导致金融活动过程中经济主体的资产及其收益遭受损失的可能性；②金融风险是由于经济或金融制度等因素导致各种金融矛盾的激化，破坏宏观金融体系的稳定性；③金融风险与信息不对称、人们的有限理性以及整个金融系统的复杂性密切相关。因此，我们可以这样认识金融风险：金融风险是指市场经济主体在从事各种金融活动的过程中，由于信息不完全或信息不对称、经济主体的有限理性以及金融系统的复杂性等因素造成的市场经济主体的资产及其收益遭受损失的不确定性。当金融风险积聚到一定程度而不能得到有效化解时，就会发生金融危机。

（二）金融风险的特征

1. 金融风险的不确定性

由于金融市场主体的有限理性、市场信息的不对称以及市场失灵等因素，导致金融市场上的交易者无法准确预知自身投资决策产生各种结果的概率。因此，金融市场上存在的各种不确定性是金融风险的本质特征。金融市场主体在掌握一定的信息后，可以通过利用相关分析工具和方法来进一步预测金融风险发生的概率，并对可能发生的金融风险进行有效管理。

2. 金融风险的隐蔽性和累积性

由于金融市场上存在着极大的信息不完全和信息不对称，金融市场的主体无法获取金融市场变化的完全信息，外加金融市场上的各种风险具有很强的隐蔽性，使得各种金融风险能够在较长时期内潜伏于金融体系内，并在同一时点相互交织、相互作用、相互影响，不断积累与放大，直至各种风险和矛盾凸显和激化。

3. 金融风险具有较强的扩张性与传染性

在经济全球化和通信技术高度发达的今天，各种金融机构、各类金融环节与金融资产之间形成了一个相互交织、密切联系的复杂体系，单个金融机构或金融环节产生的波动和风险会迅速在不同金融机构或金融环节间传递，进而波及整个金融体系，对整个社会经济造成严重冲击，因此，不同金融机构和金融环节间呈现出了共荣共损的特征。尤其是在各国金融联系日益密切的今天，一国发生的金融风险会迅速传导至另一国，呈现出金融风险跨国传染的特征。

4. 金融风险的可控性

一般而言，金融风险可以通过交易主体和监管机构的事先预测、防范、事后及时化解，结合完善金融制度和金融监管手段等措施得到有效转移和分散，使金融风险得到有效控制。

（三）金融风险分类

关于金融风险，从不同的研究目的和研究对象可以进行不同分类。

按行业划分可分为商业银行风险、信托风险和证券市场系统风险等。其中，商业银行风险主要包括流动性风险、信用风险和管理风险；信托风险主要是指投资者面临着信托投资结束后的本金能否如期归还的风险；证券市场系统风险是指股票市场上的股票价格因某种不确定性因素的变化和影响出现下跌，进而给股票持有人带来损失的可能性。

按风险的影响范围划分可分为区域性金融风险和整体性金融风险。区域性金融风险是指在特定经济区域内，由个别或部分金融机构风险的积累、传播、扩散而引起的关联性金融风险；整体性金融风险是指区域性金融风险通过传染的途径跨越区域边界，形成整体性金融动荡乃至形成金融危机的风险。

按层次划分可分为微观金融风险和宏观金融风险。其中，微观金融风险是指孤立性和个体性的金融风险，这种风险通常不会产生连带性的影响。宏观金融风险指的是整体性和关联性强的金融风险，这种风险通常会产生较强的连带性。

第二节　地方政府财政风险与银行金融风险相互传感的理论分析

一、地方政府财政风险和金融风险现状

（一）地方政府财政风险现状分析

财政风险一般表现为财政收入来源不稳定、收不抵支、政府履行职责能力下降、政府在公共服务和管理领域职能的缺位等。其中，财政风险的最直接表现就是政府性债务危机。当前，我国地方政府财政风险突

出表现为地方政府债务规模不断累积和快速膨胀，可能会对金融系统的稳定性产生负面影响。

当前，我国经济运行步入下行阶段，我国财政正面临财政增支减收、税基萎缩等方面的风险。因此，我国地方政府财政风险主要体现在以下几个方面。

首先，从地方政府财政收入比重方面来看，我国地方经济自改革开放以来，虽然一直保持高速增长，但是自分税制改革实施以来，地方政府财政占全国财政比重呈现出较大的下降幅度。根据《中国统计年鉴》数据统计显示，自 1978 年以来，中国地方政府财政收入占全国财政收入的比重呈较大下降比例，虽然后续有所回升，但比重上升不明显（见图 6 - 1）。与此同时，地方政府面临着稳固财源缺乏、税基不稳以及收入来源单一等问题。当前，我国有些地方政府财政收入主要依靠当地几个主要大企业和大公司的税收缴纳，甚至有的地方政府主要依靠其独特的自然条件或是特殊的地理位置所形成的单一税源结构。

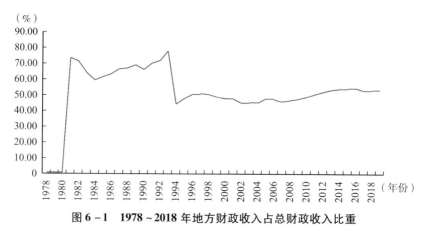

图 6 - 1　1978 ~ 2018 年地方财政收入占总财政收入比重

资料来源：根据相关年份《中国统计年鉴》数据整理所得。

其次，从地方政府财政收入的税源方面来看，受金融危机影响，经济增速也随之放缓，作为我国纳税主体的企业经营状况也都受到了不同程度的影响，企业效率下滑，与之相关的作为主要财政收入来源的税收收入也会相应随之下滑（见图 6 – 2）。2009 年，随着经济刺激计划和各项税费减免政策的实施，宏观经济形势有所好转，使地方政府财政收入增长得到了有效保障。经济刺激计划的实施只是带来了短暂的经济反弹，然后又很快回落，随着 2011 年以来的经济增速重新下滑，全国地方财政收入增速也呈现下滑的趋势。根据《2013 中国企业 500 强发展报告》显示，在 2013 年中国企业 500 强中，营业收入正增长的企业有416 家，比 2012 年减少了 62 家；营业收入负增长的企业有 84 家，比2012 年增加了 62 家，接近 2009 年的数量；净利润负增长的有 215 家企业。500 强企业的收入净利润率和资产净利润率均有所下降，尤其是500 强企业中的钢铁、有色、煤炭、船舶及航运等出现了严峻的产能过剩现象，"巨亏"现象较多。企业利润增速也相应呈现出不断下滑的趋势。根据 2015 年 1 月 30 日财政部发布《2014 年财政收支情况》的数据显示，2014 年，全国一般公共财政收入和地方一般财政收入的增速都已经进入了个位数区间，其中，全国一般财政收入为 140350 亿元，增速 8.6%，为 1991 年以来新低。地方一般财政收入（本级）为 75860亿元，增速 9.9%，是 2003 年以来首次进入个位数增长。由于地方财政土地出让收入和房地产收入高度相关，鉴于中国的房地产已出现结构性供大于求的情况和较高的库存水平，外加房地产市场的继续下行，将导致土地财政收入在 2015 年可能减少三分之一，为十年以来的最大降幅。① 而且，房地产行业的下行极有可能会带来与之相关的包括钢铁、水泥、有色、电力、建材乃至交通运输等在内的上游产业的大规模坏账。所有这些事实极有可能引发人们对中国经济增长前景的担忧。进入2020 年初，根据财政部的数据，由于全球新冠肺炎疫情的影响，截至2020 年第一季度，地方一般公共预算收入同比下降 12.3%，地方政府性基金预算收入同比下降 10.7%。② 若全球新冠肺炎疫情未能得到有效

---

① 凤凰网．土地出让大幅下滑 地方财政面临 34 年最严峻考验［EB/OL］．［2015 – 2 –9］．http：//finance. ifeng. com/a/20150209/13490387_0. shtml.

② 财政部．2020 年一季度财政收支情况［EB/OL］．［2020 – 04 – 20］．http：//gks. mof. gov. cn/tongjishuju/202004/t20200420_3501077. htm.

控制，地方财政收入增速将呈快速下滑趋势。

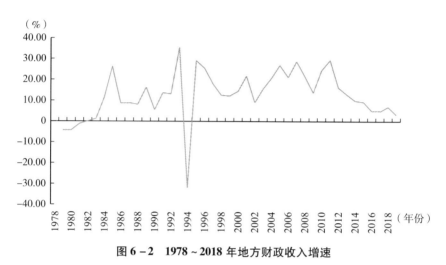

图 6-2　1978~2018 年地方财政收入增速

资料来源：根据国家统计局的数据搜集整理所得。

　　总之，对于地方政府而言，经济的波动致使地方政府财政出现较大不稳定性。尤其是进入 2020 年初，受新冠肺炎疫情的影响，作为地方财政收入主要来源的地方一般公共预算收入和政府性基金预算收入都呈现较大降幅，加上新冠肺炎疫情期间刺激经济的结构性税费减免政策的实施，导致地方政府财政收入增速呈较大降幅。

　　最后，从支出角度来看，地方财政风险表现为因地方政府刚性财政支出增加导致地方财政收不抵支，进而造成部分地方财政收支缺口增大所形成的风险。地方政府财政可支配财力有限，随着中央不断下放支出责任，地方财政支出事项不断增多。地方财政支出事项除了规定的社会公共支出和政府服务支出外，还须在国家制定和实施的相关政策措施上予以财力支持，尤其在重大投资和建设项目上提供相应配套资金支持。例如，中国政府在 2008~2014 年相继 3 次出台了大规模的以铁路、公路、机场、地铁和保障房建设等为主要内容的通过投资拉动经济增长的经济刺激方案。这些项目需要地方政府提供相应的配套资金，在自身财力有限的情况下，为了解决这些项目投资和建设的资金来源，地方政府只能通过组建各种形式的融资平台向银行金融机构贷款。由于这些项目多为公共投资，投资周期长、资金需求量大，而且多数项目收益低甚至没有收益，因此这些项目产生的贷款最终要通过地方政府财政来偿还，如果地方政府没有足够的偿债资金就会陷入长期潜伏的债务危机状态中。由于地方政府的债务负担远远超过了其偿债能力，因财力不足而导致地方政府将难以使用预算内收入应对债务偿还负担，致使其背上了沉重的债务包袱。

虽然近年来中央财政通过转移支付、政策倾斜等方式帮助解决经济落后地方政府不断扩大的财政赤字问题，但地方政府的赤字仍呈快速上升趋势，地方财政入不敷出的现象将长期存在，给地方政府带来的财政风险是不言而喻的。尤其是地方政府在今后较长时间内将面临社会保障和民生改善等方面的长期刚性支出，这会更加恶化地方政府的财政赤字状况。

事实上，中国地方政府本级收支缺口自1994年分税制改革以来就一直呈现出不断扩大的趋势（见图6－3）。

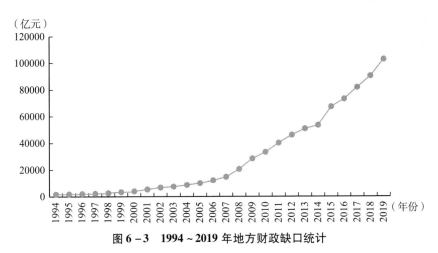

图 6 - 3　1994 ~ 2019 年地方财政缺口统计

资料来源：1995 ~ 2020 年《中国统计年鉴》。

总之，地方政府财政风险可能在未来较长时间内出现继续加重的趋势。地方政府财政风险的不断扩大使得地方政府不断地大规模发债，最终可能引发地方政府性债务危机。

（二）金融风险现状分析

现阶段，中国金融风险主要集中表现在银行体系风险和影子银行风险方面。

1. 银行体系风险

2008 年金融危机后，国家实施了大规模信贷刺激政策，大量银行信贷主要集中于地方政府融资平台和中央、省级等具有一定垄断地位的国有企业。地方政府融资平台主要将银行信贷资金投入包括公路、铁路、机场以及城市道路改造等在内的投资建设中。而国有企业除了将银行贷款集中于钢铁、水泥、光伏、船舶以及平板玻璃等行业外，还将银行贷款的相当部分用于城市的商住用地炒作。由于贷款过于集中，导致地方政府融资平台风险、房地产风险和相关行业的产能过剩风险凸显，并伴随着大规模银行不良贷款余额和不良贷款率的上升。中国商业银行的不良贷款余额在从 2008 年的 5635.4 亿元下降至 2011 年的 4278.7 亿元后，又从 2012 年的 4928.5 亿元持续上升至 2018 年的 20253.7 亿元；相应地，不良贷款率也从 2008 年的 2.40% 下降至 2011 年的 1.00%，又从 2014 年的 1.25% 上升至 2018 年的 1.80%（见图 6 – 4）。尤其是在商业银行房地产贷款占比不断增加的情况下，房地产市场的波动将会对银行资产质量产生较大的影响。

2. 影子银行风险

影子银行（The Shadow Banking），又称为平行银行系统（The Parallel Banking System），是由美国太平洋投资管理公司执行董事麦卡利于 2008 年在美联储年度会议上提出的。在美国，影子银行包括投资银行、对冲基金、货币基金市场、债券保险公司以及结构性投资公司等非银行金融机构。金融稳定理事会（Financial Stability Board，FSB）将影子银行定义为游离于银行监管体系之外的可能引发系统性风险和监管套利等

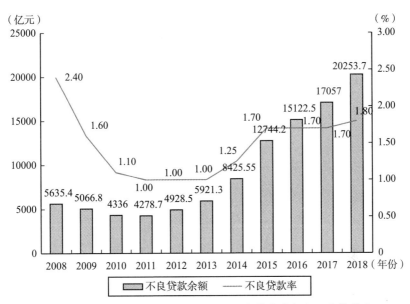

图 6 - 4 2008～2018 年中国商业银行不良贷款余额和不良贷款率

资料来源：根据中国人民银行、中国银行保险监督管理委员会官方公布的数据搜集整理所得。

问题的包括各类相关机构和业务活动在内的信用中介体系。在我国，关于影子银行的定义，东航金融·中国金融安全报告课题组（2012）认为，影子银行究其本质而言是指难以监管的具有较高信用风险的信贷暗流，其业务形式主要包括各种形式的银行表外融资业务和民间贷款。巴曙松（2013）认为，影子银行本质上是一种金融创新，是一种非传统融资市场和非银行信用中介的创新。沈伟（2014）认为，中国的影子银行主要包括银行金融机构的表外业务、商业票据、委托贷款、个人地下贷款、理财工具以及信托和券商等提供贷款而且脱离于银行监管体系之外的信用中介体系。笔者认为，影子银行本质上是一种在金融抑制和金融监管条件下，试图逃避金融监管或处于金融监管盲区的一种出于套利目的的资金信贷行为，因而具有一定的金融风险特征。

为了应对《国务院关于加强地方政府性债务管理的意见》等文件关于限制银行对地方政府融资平台新增贷款的规定，地方政府融资平台通过银信合作、银保合作和银基合作等理财业务实现影子银行途径举债，影子银行开始成为地方政府债务融资的重要来源，促使影子银行快速发展。由于监管不完善等原因，影子银行系统性风险凸显，主要表现在以下方面。

（1）银行金融机构表外业务持续增长，风险隐患凸显。2007年，中国的影子银行规模为8764亿元人民币，到2015年，这一数据快速上升至54.24万亿元人民币，不到10年的时间里，影子银行规模一路攀升为2007年的67倍；虽然金融监管部门2017年针对影子银行等金融乱象进行专门整治，但影子银行占银行业体量的比例仍高达20%～30%（马万里和张敏，2020）。截至2019年，中国银子银行规模接近60万亿元（王学凯和樊继达，2020），影子银行风险不容忽视。尤其是一些商业银行通过将表内资产转移到表外，并用于投资国家限制性行业和产业，或是将银行自身的不良资产转移至表外，使资本约束大为弱化，这不但增加了流动性危机和偿付性危机爆发的可能性，而且还会促使银行过度扩张、聚集并进一步放大金融风险（孙国峰，2018）。

（2）信托和理财业务的加速发展蕴藏着潜在的金融风险。理财业务风险主要表现在三个方面：一是理财业务的"刚性兑付"现象有可能引发资金不合理流动和配置；二是将理财产品投资于国家限制性行业领域不利于国家宏观调控政策的有效实施和金融监管；三是不同金融机构的同类理财产品没有制定统一的监管标准，容易造成监管套利现象的发生。

（3）小额贷款公司等非金融机构发展迅速引发金融环境的恶化。近年来，随着小额贷款公司、融资性担保机构、典当行、人人贷（P2P）以及各种形式的农村资金互助合作组织的快速发展和大量涌现，由于这些机构的内控机制不健全，加上国家对这些领域的监管薄弱或监管缺位，容易引发各种形式的非法集资、高利贷和诈骗等金融风险发生，并导致各种群体性事件发生。例如，2008年金融危机爆发以后，温州各种形式民间借贷的违规操作和国家监管的缺失等造成了各行业老板跑路现象频繁发生，这预示着民间金融风险开始凸显，并有进一步放大和爆发的趋势。

二、政府财政风险生成机制

（一）国有企业—地方政府—中央政府

长期以来，国有性质企业在国民经济和社会发展过程中发挥着非常重要的作用，国有企业承担过多的社会责任，效率低下。由于部分国有企业尤其是地方国有投融资公司的融资活动，实质上是为地方政府的投资建设进行融资，因此形成了巨额的债务。这种以国有企业形式背负的债务，债务的偿还最终要由地方政府来承担。因此，国有企业债务与地方政府存在密切联系。

当前，我国处于经济转轨的特殊时期，除了市场对经济资源的基础性配置作用之外，制度性因素也对影响企业投资决策起到了举足轻重的作用。地方政府与国有企业形成了政治晋升与地方经济发展相联系的政绩考核方式，为了实现自身政治晋升的需要，地方政府热衷于通过追加投资、财政补贴、税收优惠、银行贷款等途径干涉辖区内企业，尤其是被赋予过多政治目标的国有企业的生产经营和投资决策，进而导致国有企业由于过度投资而不利于自身长远发展。同时，由于国有企业与政府间存在的"父爱主义"关系，作为理性的国有企业经营者，深知地方政府无法承受国有企业破产带来的税收减少和工人失业带来的负面影响。因此，国有企业经营者预期即使国有企业投资失败也会获得政府为保障其继续运营而提供的包括财税优惠补贴和贷款融资在内的各方面支持。此外，过度投资会使国有企业经营者获得额外收益，而且额外收益与投资规模成正比，因而会在国有企业内部出现资金运用大于当期收益范围的现象。大多数国有企业的投资资金主要来源于国有商业银行和地方商业银行的贷款。由于投资规模巨大，工程各个阶段对资金的需求量也非常大，国有企业只有通过不断举债投资的方式维持自身运营，由此导致国有企业高负债经营现象较为突出。由于这些投资项目投资周期长，而且又属于过度投资，其产生的利润很低甚至是净利润为负值，这时的国有企业会因资金回笼困难问题而产生资金运行链断裂的风险。

对于国有商业银行和地方商业银行来说，由于现有产权结构使其摆脱不了对行政隶属关系的依赖，因此不具备独立的决策权。地方政府为了实现其最终目标，通过操纵利用银行等金融机构来拉动经济增长和实现其公共职能，尤其在地方政府财政脆弱的情况下尤为突出。由于地方政府的各种隐性担保，国有商业银行和地方商业银行也同国有企业一样存在着严重的风险责任不明晰、预算软约束和逆向选择等问题，尤其是国有企业贷款审批过程中存在着不严格和不规范现象。一旦国有企业投资不当或者经营不善，将不可避免地增大银行不良贷款的风险。因此，从这个意义上来说，我国商业银行存在的大量不良资产是国有企业风险的表现，这些风险都和地方政府债务有着密切联系，最终要由地方政府来承担化解债务风险的责任。从另外一个角度来说，政府作为银行产权主体，国有商业银行在履行地方政府政治和经济目标的同时，地方政府也有义务对有问题的国有性质商业银行给予救助。换句话说，政府作为国有商业银行产权的最终所有者，对于国有商业银行运行过程中所产生的风险，无论政府愿不愿意，都必须为国有商业银行不完全商业化信贷行为所产生的不良结果"埋单"。

地方政府在防范和化解金融风险过程中主要承担着出资偿付地方金融机构自然人的存款债务和对本地有支付危机金融机构予以税收减免等责任。尤其是国家相继出台了一系列政策文件明确规定地方政府在化解金融风险中应承担的责任。例如，2008 年 5 月，《关于小额贷款公司试点的指导意见》明确规定由省级政府主管部门承担小额贷款风险处置责任。《中华人民共和国国民经济和社会发展第十二个五年规划纲要》也明确提出要完善地方政府金融管理体制，强化地方政府对地方中小金融机构的风险处置责任。由此可以看出，地方政府财政在处置金融风险的责任压力呈现出不断增大的趋势。尤其是在法律调整空缺和民主机制匮乏的情况下，上级政府会将本应该由自身承担的金融风险处置责任推给下级政府，从而进一步加大了地方政府金融权责的不对等（董事坤，

2014），由此导致地方政府化解风险的支出责任不断加重。当地方政府因无力化解债务风险而引发债务危机以后，最终会将风险转移至中央政府，最终由中央财政兜底。一般而言，中央财政主要通过两种途径来化解金融风险：一是通过向中国人民银行透支的方式；二是通过发行债券的方式。但是，无论通过何种方式，都是变相增加货币来缓解中央财政困难，进而可能引发通货膨胀的风险。这不但没有有效化解风险，还有可能对整个社会的稳定发展产生巨大冲击。

（二）上级政府—下级政府—纳税人

当上级政府面临着包括大规模注资化解金融风险在内的庞大开支，或是在出现严重债务风险的情况下，上级政府会通过上下级政府间的行政隶属关系，将风险向下级政府转移。这时，上级政府会采取以下措施：一是通过采取"财权上移、事权下放"的方式，通过向下级政府索取财政等资源、实施隐性摊派等方式将债务风险"自上而下"地转移。例如，上级政府出一部分资金后要求下级政府匹配剩余资金完成计划的投资项目，或地方政府通过各种压力诱使辖区所属企业或其他单位组织向政府投资的某项工程出资。由此进一步强化了地方政府过度负债的冲动。二是会减少对包括教育、医疗、社会保障和环境等"民生"领域的支出，或将政府无力承担的公共产品推向市场。

首先，上级政府采取的"财权上移、事权下放"措施会直接增大地方政府的财权与事权不匹配程度。在各种政绩考核指标作用下，地方政府官员为了在任期做大辖区内 GDP 规模，政府会将有限财政资源投资于竞争性领域，并产生各种短期行为，结果造成各种形象工程和重复建设，并背负了巨额的地方政府债务。而事关民生的教育、医疗、卫生以及农田基础设施等领域的投入明显不足。这些庞大的形象工程和重复建设工程既不利于产业结构调整，也不利于地方政府财政收入的增加和居民收入分配的改善。相反，各种设租和寻租行为会引发各种严重的腐败行为，结果导致地方政府耗费了大量的纳税人钱财，受益的只是政府官员和相关行业的有限人群，而政府不负责行为产生的不良后果却要由纳税人来负担，与现代公共财政制度的宗旨背道而驰。

其次，由于地方政府财力有限而退出的这一部分公共产品，本来应该由地方政府负责和提供的，地方政府却由于推脱责任而将这部分公共产品推向市场，导致只有能够支付昂贵费用的较高收入人群才能享受，而把广大低收入人群排斥在这部分公共产品的消费领域之外。尤其是近年来在医疗卫生和高等教育等领域不断上涨的相关费用，导致"看病贵"和"上学贵"等民生问题并没有得到有效解决。

最后，一些财政赤字较为严重的地方政府，为了增加财政收入，除了举债措施外，还会通过各种方式向社会强行乱收费。例如，过去我国西部一些地区存在的大、中、小学校乱收费问题，正规途径的教育经费投入不足就是主要原因之一。

总之，地方政府债务风险的不断积累和迅速膨胀无论通过什么途径，最终受危害最大的是广大人民群众的利益；而民生问题的不断恶化又会进一步加剧和恶化各种政治、经济和社会风险，由此形成一个恶性循环。

（三）地方政府—同级政府

地方政府为了通过增加本级地方财政收入来化解地方政府债务风险，会竞相采取税收优惠政策吸引大量企业入住本地进行投资建设，由此形成了本级地方政府债务风险通过税收优惠方式向同级其他地方政府转嫁。另外，为了使本行政区域形成经济集聚效应，同级地方政府间会竞相对辖区内企业的技术创新等行为实行财政补贴或直接投入，以此影响资源在不同地区间的流动和配置。这种"以邻为壑"的风险转嫁做法，从长期来看，会不断降低地方政府的偿债能力，从而加剧地方政府债务风险下的财政风险与金融风险相互传感并放大风险的隐患。

三、金融风险生成机制

长期以来，我国地方政府高度依赖投资推动经济增长。尤其是在金融危机的冲击下，为了弥补财政缺口，中国政府实施了大规模财政信贷刺激政策。地方各级政府在信用能力释放条件下享受到大规模资本投资带来各种好处的同时，也导致了由于地方政府债务规模迅速扩张所引起的金融风险问题。

（一）大规模信贷刺激政策引发银行风险

第一，大规模信贷刺激政策有可能会引发银行信贷风险。为了通过投资拉动经济的增长，在当前中国地方各级政府和银行存在着特殊关系的情况下，就会产生信贷投放的"倒逼机制"：由于大规模投资项目所需的资金主要依赖于银行信贷，投资企业和地方政府会通过国有商业银行地方分支机构提出借款要求的途径向国有商业银行总部倒逼增信，而这种倒逼增信的压力最终会传导至中央银行，其结果就是出现广义货币供应量（M2）的大规模扩张。这种"倒逼机制"产生了两方面的不良后果：一方面，在消费品、能源和原材料相对有限的情况下，在高信贷投放和投资膨胀的作用下就会引发较为严重的通货膨胀并导致企业利润迅速下降。作为地方主要财政来源且与地方政府有密切联系的各类企业，因其软预算约束欠下了大量贷款而无法偿还，导致银行不良贷款增加，金融体系的脆弱性便更加凸显。另一方面，在制造业产能过剩的情况下，大规模信贷资金会流向房地产等资产领域，引发资产泡沫风险。2008 年金融危机爆发以后，在大规模信贷刺激政策的推动下，大量低利率贷款中的相当一部分被分配到与地方政府有密切联系的融资平台公司和具有一定垄断性质的国有企业中，而这些资金最终都主要被用于投资和改善各种开发区和新城区的基础设施、收购各类资源和资产、城市地产开发和炒作，结果导致房地产全面泡沫化。一旦房地产泡沫在某个区域或某个城市破裂，最终就有可能会蔓延至全国其他地区和城市，引起房地产泡沫的全面崩盘风险，导致银行不良贷款率迅速上升。此外，房地产泡沫的破裂还会严重影响与该行业密切相关的钢铁、水泥、建材、家电、电力乃至能源以及交通运输上游产业的发展。在这些产业中，国企乃至央企所占份额较大，经济刺激计划实施后，获得大量贷款的企业在进一步扩大规模和增加产能投资的同时，有的企业还开始进入房地产行业进行炒作，一旦房地产泡沫全面崩盘，产生大规模银行坏账的不仅只是房地产企业，与之相关的其他企业也会因此而产生大规模的坏账，这极有可能引发潜在的金融风险乃至金融危机的爆发。

第二，大规模信贷刺激政策引发信贷领域过于集中的风险。中国应对金融危机出台的一系列经济刺激计划导致地方政府对建设资金的需求不断增加。在自身财力相对有限和各项投资金额需求量激增的情况下，主要通过银行信贷的途径来解决建设资金问题。由于银行贷款比重依旧较高，银行信贷扩张中的信用风险主要是集中于政府主导的铁路、公路和城市基础设施等项目建设。因为这些项目多为建设周期长、资金需求量大以及收益性差的基础设施项目，而且这些项目后续都需要长期的投入资金支持，所以在这个过程中会面临着因经济增速放缓或经济政策调整导致资产价格下跌等不确定性因素致使银行后续信贷政策调整难度加大。而且，大多数地方政府贷款的获取和发放主要通过融资平台公司等途径实现，这也就意味着银行信贷还要面临着融资平台公司资金管理和经营过程中的管理不规范和风险控制能力不足等因素带来的风险。

（二）大规模信贷刺激政策引发影子银行风险

在我国，影子银行风险主要是在持续低利率、货币紧缩以及商业银行信贷行为受到存贷比和存款准备金等管控指标限制背景下产生的。一方面，对于存款者而言，持续的低利率和持续走高的通货膨胀率，促使其将银行存款从商业银行体系转移到包括各种理财产品在内的能带来更多收益的其他风险投资渠道；另一方面，对于资金需求方而言，由于中小企业的信贷资源长期受到国有企业、地方融资平台以及房地产企业的长期挤占而无法从商业银行获得贷款，因此只能通过包括民间贷款在内的影子银行体系途径进行高成本融资，而影子银行在满足中小企业融资需求并承担较高信用风险的同时，也获得了高于银行利率的投资收益。此外，由于与政府关系密切的国有企业和融资平台存在软预算约束，加上有政府隐形担保等因素，出于追求经济总量或借新还旧等原因，地方融资平台和国企等企业对资金的需求一直出于饥渴状态。尤其是在近年来政府加强对银行存贷比、信贷规模以及资本充足率等指标的监管的情况下，这就迫使地方融资平台、国企以及房地产等资金紧张企业进入以银信合作等形式出现的影子银行体系进行融资，这又会促使影子银行融资利率进一步提高，从而使得影子银行体系风险进一步增大。

与传统银行相比，影子银行具有金融脱媒性、业务表外性和资产证券化等特点，它是一个非常复杂的体系。中国影子银行是与传统银行业相联系的，其实就是银行系统的衍生。近年来，中国影子银行的快速发展及其相伴随的潜在风险与危机对传统金融系统的稳定发展构成了一定风险，具体主要表现在以下两方面。

一是以各种理财产品形式出现的影子银行风险。投资者通过投资由银行提供的高于存款基准利率的作为表外融资工具的理财产品，可以得到高于普通银行存款所产生的收益，而银行通过理财产品除了可以得到更多的资金外，还可以通过安排交易得到相应酬金形式的收益。由于银行金融机构与个人投资者之间存在较为严重的信息不对称，个人投资者对理财产品的运作模式、投资方向及其相关收益情况的信息很难把握。由于银行金融机构较高的回报允诺，众多缺乏专业知识和投资经验的个人投资者在不了解具体信息的情况下纷纷出手购买这些虚拟程度和风险性高的理财产品。如果这些理财产品主要投资于地方政府支持的基础设施和房地产等能提供两位数收益率的项目，由于这些项目风险性较高，存在很大的违约和破产风险，那么这种融资方式的风险将不断扩大。由房地产市场等领域发生资产泡沫导致某个环节资金断链，进而发展成某一商业银行理财产品引发的危机将有可能造成中国式的"次贷危机"。

二是以民间金融形式出现的影子银行风险。中国依靠投资推动经济的增长模式主要是通过地方融资平台和大型国有企业等国有部门来实现的，而这些国有部门的资金主要来源于国有银行的低廉贷款。事实上，由于这些国有部门有政府部门各种形式的隐性担保，银行业一直将它们视为优质客户，大量银行贷款主要流向了这些国有部门。而创造了我国60%的 GDP 、超过80%的社会就业以及我国税收50%的，专利申请数和发明专利拥有数的比例也达到 50% 的广大中小企业，由于能提供的抵押物有限和财务体系不健全等原因，只享受了银行贷款 30% 的份额（李子彬，2013）。这些在银行贷款中处于劣势的中小企业只能通过成本高以及资金链更长的民间借贷等形式的影子银行途径融资。民间金融贷款利率一般都比较高，甚至某些用途紧急、融资期限较短的资金月借贷利率更是高达 50% ~ 60%（沈伟，2014）。在以广大中小企业为主的民营企业资本回报率一般低于 10% 的情况下，中小企业是很难承受的。为了偿还高利率的借款，它们可能会通过借新还旧的方式，而这种方式又导致了滚雪球式增长的债务负担。尤其是国家通过出台政策对商业银行贷款的有效控制导致地方融资平台和房地产企业推向影子银行，更加强劲的资金需求进一步推高了中小企业的融资难度，最终导致中小企业破产不断蔓延，引起民间金融资金链的断裂并最终因债务问题影响社会稳定。

此外，在影子银行市场上，存在着大型国有企业均涉足影子银行业务的情况，这些资金充裕的国有企业占据了 90% 的影子银行贷款业务，并为其带来了远高于从银行存款中获取的利息收入（沈伟，2014）。一旦影子银行风险破裂，威胁到的不仅是这些国有企业自身，与国有企业有密切关系的国有银行各级政府也会受到牵连，由此带来的风险乃至危机更为严重。

由此可以看出，我国影子银行快速扩张，很大程度上由于我国的财政扩张和信贷收缩政策的实行，外加地方政府预算软约束所导致的财政资金困难等原因造成的。一方面，由于影子银行的监管环节薄弱，过高的杠杆率导致风险过度积累；另一方面，由于影子银行在出现流动性困难时缺乏最后贷款人的保障机制，使其成为整个金融体系中最薄弱的环节。影子银行引发的金融风险，将使得包括个人储蓄和私人投资领域在内的私营金融体系受到严重打击，不断恶化的经济形势将使得整个债务风险不断升级和恶化，并极有可能陷入混乱，对整个社会稳定造成极大的威胁。

（三）大规模信贷刺激政策引发债券风险

2012 年以前，地方政府融资平台一直通过国有商业银行和政策性银行贷款融资来获取主要资金来源。由于地方政府融资平台数量以及贷款规模过快增长所产生的风险引起了相关管理部门的高度重视，《中国银监会关于加强 2012 年地方政府融资平台贷款风险监管的指导意见》等文件开始对地方政府融资平台的新增贷款进行严格控制，商业银行也随之收紧对地方政府的融资平台贷款。紧接着，政府也随之出台《中华人民共和国国民经济和社会发展第十二个五年规划纲要》和《金融业发展和改革"十二五"规划》等政策放松对地方政府发行城投债的控制，鼓励积极发展债券等直接融资市场，提高直接融资的比重。国家政策的出台以及相关主管部门政策的调整，为地方政府融资平台通过发行城投债的直接融资创造了较为宽松的政策环境。另外，由于城投债具有地方政府信用的隐性担保，其收益率和安全性均高于国债和股票等投资产品，也为城投债发行量的快速增长创造了重要的资金条件。

城投债的发行有效缓解了地方政府的财政压力，为满足地方基础设施建设和城镇化建设等方面的融资需求发挥了非常重要的作用。但由于我国的行政体制和信息不对称等原因，加上越来越多低资质的地方融资平台进入了城投债市场，造成城投债发行良莠不齐的状况，城投债的整体信用状况不断下滑，导致我国城投债在发展中出现信用事件频发等问题（郭柯，2014）。因此，城投债等直接融资工具并未消除地方政府融资过程中隐藏的潜在风险。

从风险分散的市场结构角度来看，城投债只是将风险从银行分散到证券公司和基金公司等其他机构投资和投资者中去，而且大多数城投债与商业银行有着密切联系，商业银行无法摆脱相关风险。此外，一旦出现地方政府的债务违约事件，由于信息不对称原因，投资者会由于对违约事件过度反应而给债券市场造成较大冲击，投资机构以及个人投资者因此产生巨大损失的同时也会对金融市场的稳定产生重大影响。

从债券市场长期发展角度看，地方政府对直接融资的过度依赖，会导致直接融资过快膨胀，一旦超过地方政府的承受范围，就会产生严重违约风险。地方政府在直接融资市场的过度膨胀，会导致相关金融产品的过度创新和膨胀，并形成相应的直接融资产品"泡沫"风险。

（四）银行储户和资本市场投资者成为金融风险最终投资者

由于包括地方融资平台在内的国有企业同政府之间因模糊的产权关系而存在着特殊"父爱"关系，相应的激励—约束机制没有真正建立，国有企业软约束问题也就没有真正解决，由此产生的金融风险将最终通过银行和资本市场途径由银行储户和资本市场投资者最终承担。

第一，由国有企业产生的呆账坏账风险通过国有商业银行转移给银行储户。在国家公共财政体制尚未建立的情况下，由于社会保障制度不健全和金融投资渠道缺乏，广大处于中低收入的人群只能通过将钱存入商业银行以应对住房、医疗、教育和社会保障等支出。在利率管制的情况下，储蓄者还要承受储蓄资产贬值的风险。这种高储蓄和低利率（甚至负利率）的直接后果就是使得银行将钱源源不断地贷给国有企业，而低效率的国有企业把其产生的呆坏账风险不断地转移给国有商业银行。这样一来，储蓄者在低利率（甚至负利率）的情况下，储蓄资产贬值使得其财富不断地通过银行流向效率低下的国有企业，尤其是当银行金融风险积累到不可持续的情况下，最终的风险承担者只能是储蓄者。

第二，国有企业风险通过资本市场转嫁给投资者。我国的资本市场就是为国有企业融资和解困而建立和发展起来的。因此，我国资本市场很大程度上就是为了扶持在开放竞争市场中自身能力较弱、政策性负担较多的国有企业的一种制度安排，是一种对国有企业予以政策保护和补贴的机制（李光荣，2010）。当国有商业银行因不良贷款不断增加等原因导致国有企业不能从银行获得满足其需要的资金时，处于资金饥渴状态的国有企业就会通过资本市场进行融资。这样一来，效率低下的国有企业就会将其风险转移到资本市场上，也使得资本市场上的各种风险不断积累，造成资本市场价格扭曲和长期动荡，而资本市场的投资者最终将承担国有企业政策性负担产生的金融风险。

第三节　地方债务风险与银行金融风险
同步放大形成机理分析

地方政府在经济建设中所需要的大规模资金快速增长，单纯依靠地方财政收入和中央的转移性支付已难以满足地方庞大的资金需求。为了获取地方经济发展所需要的资金，由信贷和土地抵押相结合的融资模式逐步发展成以土地、财政和金融相互捆绑的融资模式创新，导致地方政府的融资能力不断膨胀，使得地方政府的债务规模不断积累，相应的债务风险也在不断增加。一旦不断积累的地方政府债务风险长期得不到有效化解，债务风险就会不断由财政领域向金融领域扩散和蔓延，并在外部因素的作用下相互传感，最终由财政危机诱发金融危机。

一、土地抵押模式下的地方财政风险转化为银行金融风险

土地出让收入一直在地方财政中占有重要位置，2015～2019年土地出让收入呈快速增长趋势（见图6-5）。分税制改革实施以来，中央政府分走了大部分的税收收入，留给地方政府的只有当时税额不大的服务业营业税及其他更小的税种。在营业税和商、住用地出让金完全归地方政府所有的情况下，地方政府欠下的巨额债务主要通过由地方政府垄断限供的、由本地制造业和服务业推动起来的高额的商、住用地出让金来偿还。同时，持续上涨的与房地产相关行业所产生的税费收入也是地方政府财政的主要收入来源之一。房地产市场持续繁荣会不断提升土地的价值，不仅能为地方政府带来更多的房地产行业相关税费收入和土地出让金收入，还可以利用不断升值的土地作为抵押以使地方政府获得更

多的银行贷款。如表6-1所示，从2010~2015年，地方政府利用土地融资的金额呈快速上升趋势，在短短的6年时间里，地方政府利用土地融资的金额扩大了3.2倍。因此，地方政府首先会从政策等途径推动土地市场和房地产市场的持续非理性繁荣。房地产行业需要大量资金，需要通过银行途径进行融资。对于银行而言，由于银行对房地产行业持续繁荣所产生的各项贷款有较高预期收入，因此愿意提供相关贷款。对于地方政府而言，地方政府土地财政收入增加形成的财政存款可以进一步增大银行存款规模，从而为今后银行信贷规模的进一步放大奠定基础。这样一来，地方政府、房地产行业以及银行三者的利益交织网络促使房地产价格和土地交易价格持续快速上升。

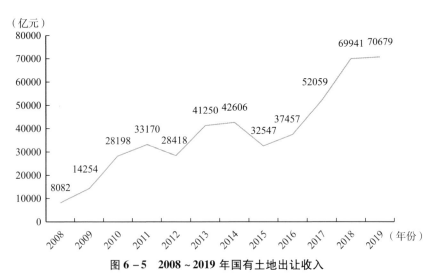

图6-5　2008~2019年国有土地出让收入

资料来源：根据财政部官网公布数据整理所得。

表6-1　　　　　　　2010~2015年地方政府土地抵押融资统计

年份	土地抵押面积（万公顷）	抵押贷款（万亿元）
2010	25.82	3.53
2011	30.08	4.80

续表

年份	土地抵押面积（万公顷）	抵押贷款（万亿元）
2012	34.87	5.95
2013	40.39	7.76
2014	45.10	9.51
2015	49.08	11.33

资料来源：马万里，张敏.地方政府隐性举债对系统性金融风险的影响机理与传导机制[J].中央财经大学学报，2020（3）：14.

　　坚持房地产市场"住房不炒""稳房价"和"稳杠杆"的大环境必然导致市场对商品房和土地需求量的较大减少，尤其是在住房供过于求的情况下，将会引起土地价格较大幅度回落，出现土地抵押价值较大幅度缩水；资产价格大幅下降，地方政府会出现偿付危机，甚至导致债务危机的爆发。

　　2017年10月党的十九大将"住房不炒"的定位作为我国长期住房制度安排的政策导向。2019年12月的中央经济工作会议再次强调房子"不是用来炒的"。随着房地产调控主线逐渐明朗，中国房地产市场朝着下行发展的趋势凸显，房地产市场各项指标回落幅度较大。当前，中国房地产无论从住房空置率还是从商品房销售面积来看，都存在着不同程度的过剩状态，尤其是部分三、四线城市更为明显。根据西南财经大学中国家庭金融调查与研究中心的《2017中国城镇住房空置分析》，中国城镇住房空置率从2011年的18.4%上升至2017年的21.4%，其中，二线城市和三线城市分别以22.2%和21.8%的住房空置率远高于一线城市16.8%的住房空置率，商品房空置率高达26.6%。[①] 按照国际上的通行惯例，商品房空置率在5%～10%为合理区、在10%～20%为危险区、20%以上为严重积压区，中国二线城市和三线城市的商品房处于明显过剩状态。商品房销售面积方面，中国商品房销售面积增速也呈下滑

---

　　① 中国家庭金融调查与研究中心.2017中国城镇住房空置分析［EB/OL］.［2018－12－21］.http：//max.book118.com/html/2019/0712/7025132131002040.shtm.

趋势（见图6-6）。2016~2019年，中国的商品房销售面积增速从22.46%快速下滑至0.50%，商品房平均销售价格增速也由2018年的10.57%下滑至2019年的6.69%（见图6-7）。尤其是对于部分三、四线城市而言，在坚持"住房不炒"的大环境下使市场回归理性，外加人口不断流向一、二线城市，导致这些城市缺乏足够数量的人口支撑，不少房屋处于空置状态，房屋供大于求现象更为明显。

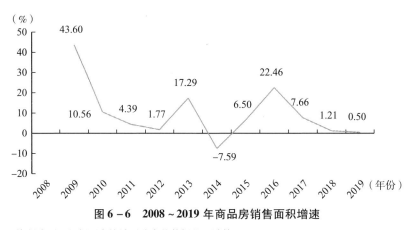

图6-6　2008~2019年商品房销售面积增速

资料来源：根据国家统计局公布的数据整理计算。

图6-7　2008~2019年商品房平均销售价格增速

资料来源：根据国家统计局公布的数据整理计算。

由此可见，未来中国房地产市场下行趋势在所难免。房地产市场下滑将导致地方与房地产税收和土地财政有关的收入较大幅度减少，会影响到地方政府的偿债能力，甚至会大规模出现违约迹象。作为地方政府债务资金的主要提供者，大型国有性质的商业银行的分支机构网络遍布全国，如果某个区域地方债务出现违约风险，首先会通过银行体系风险引发各种连锁反应，最后导致银行危机甚至金融危机爆发。

二、银行金融风险加剧地方财政风险

为了应对金融危机而出台的大规模经济刺激计划，虽然在短期内延缓经济急剧下滑发挥了巨大的作用，但由于经济刺激计划的实施，扭曲了各种要素的价格，并形成了大量的低效、过度投资和相关行业产能的过剩，使中国错失了进行经济结构调整的最佳时期，导致生产率水平和整体竞争力水平迅速下降；由于这些项目不能产生充足的收益来偿还银行贷款的本息，结果造成了通货膨胀和巨额的地方政府债务，由此导致我国商业银行的不良贷款状况开始有所恶化（王滢，2014）。

当银行不良债务不断积累导致银行流动性危机后，通常情况下，任何国家都有可能通过向金融机构注入流动性的方式来防止危机进一步恶化，中央财政则成为银行金融风险的最后"埋单人"。在我国，也必然要通过政府途径来化解金融风险。由于金融产权国有的性质，地方政府和国有商业银行间的特殊产权关系会导致地方政府对国有商业银行的隐形担保，甚至是出于社会稳定等目的而对国有银行不计成本的救助，其直接的后果就是产生巨大的"资金黑洞"，给国民经济和社会发展带来更深的危害。

当银行流动性危机发生后，中央政府主要通过以下两种方式来化解危机：向银行注入财政资金和向中央银行申请再贷款方式。向银行注入财政资金的方式会增大政府支出压力乃至财政赤字缺口。为了缓减支出压力和填补缺口，政府必然采取增加税费收入的手段，这样做会直接加重纳税人的纳税负担，抑制投资和减少消费。通过向中央银行申请再贷款措施产生货币供应规模增加的"倒逼机制"，会直接导致通货膨胀，同样会起到减少投资和抑制消费的负面作用。两种方式最终都将不利于社会实际总产出水平的增加，建立在社会实际总产出水平基础之上的税收也会相应减少，最终将有可能导致地方政府财政缺口不断扩大，政府债务负担不断加深。此外，由于国有商业银行与政府间预算软约束关系而产生的国家"父爱主义"的存在，政府财政对银行金融机构的救助预期会在客观上进一步强化银行金融机构的预算软约束行为，使其在日常经营管理活动中尤其是对地方政府贷款审批的过程中更加不谨慎，从而进一步诱发和加重地方政府债务风险。

三、地方政府债务风险通过影子银行转化为中国版次贷危机

在地方政府债务的各种乱象中，金融机构在很大程度上扮演着"共谋"或"从犯"的角色，[①] 金融机构通过极其复杂的包装参与地方政府不规范举债的各种类型和各个环节。地方政府通过融资平台，利用影子银行在多种金融机构和多个市场间交叉运行的特点积极开展主动融资。由于影子银行主要依附于传统商业银行，由地方政府融资需求引起的影子银行体系迅速扩张，极易引发系统性金融风险，并转化为中国式"次贷危机"。

国家出于对金融风险的担忧，通过信贷规模和资本充足率等指标对商业银行信贷行为实施较为严厉的监管，导致地方政府难以通过融资平台从商业银行获得大规模融资。地方政府为了继续把 GDP 做大或为了借新债还旧债，以商业银行资金为依托，利用非银行机构与商业银行间的相互合作来进行债务融资。在 2010 年银信合作受限之前，商业银行主要以信托为中介，将其发行理财产品的资金注入融资平台。在 2010 年银信合作受限之后，商业银行将其发行理财产品的资金转移到表外，

---

① 青尺. 财政政策为谁积极？ 如何积极？ ［EB/OL］. ［2018－07－16］. https：//www. sohu. com/a/241561969_742508.

通过银信和银证等各种方式实现对融资平台的信贷支持。这种通过将政府融资转变成理财产品的影子银行途径的融资，极有可能会产生更高的金融风险：第一，影子银行风险主要表现为由抵押品贬值所引致的信用违约风险，而目前我国的主要抵押品是房地产，在经济乏力的情况下很可能面临贬值风险。在影子银行资金使用方面，主要投放于房地产和与政府大规模刺激计划有关的基础设施建设等资金需求量大和投资周期长的领域，而且这些与政府有关的项目带有很强的公益性质，收益率较低甚至没有收益，这也就意味着影子银行面临着资金期限错配隐藏着的流动性风险。尤其是在我国面临经济增速下滑、经济运行乏力的情况下，资金流动性紧张会有所放大。第二，影子银行是通过银行理财产品的"高息揽储"方式，以表外途径贷给资金需求企业，而理财产品的投资者由于信息不对称，通常认为理财产品有政府和银行信用保证，因而缺乏必要的风险甄别和评估能力，对自己的风险责任也认识不清，无形之中隐藏着极大的信用风险。一旦某个环节的资金链断裂，将极有可能引发中国版本的次贷危机。一连串理财产品违约事件的出现已无疑暴露影子银行风险的严重性。

当上述三种机制同时发挥作用时，将形成一个总的恶性循环系统的不断积累过程，而且越到后期，财政风险越高，银行体系风险越是难以遏制，必然会导致金融危机爆发。

第七章

国外地方政府债务化解经验借鉴及启示

当前，政府举债已成为一种普遍现象。马金华等（2010），截至2010年，在世界53个主要国家中，有37个国家允许地方政府举债。一般来说，各国地方政府债务主要通过发行政府债券和向银行金融机构贷款两种方式举借债务。因此，如何有效管控和化解地方政府债务风险已经成为一个焦点问题。目前世界上的一些国家已经建立了较为完善和科学的地方政府债务管理体制机制以及相应的债务风险控制体系，本章通过借鉴这些国家在地方政府债务管理方面的特点和方式、经验和教训，为构建我国地方政府性债务风险的管控和化解提供经验借鉴。

第一节 发达国家地方政府债务管理经验

一、单一制国家地方政府债务管理经验

日本、法国和英国作为世界上主要发达国家，在结构形式上同我国一样，也都属于中央高度集权的单一制国家，它们已经积累起了关于地方债务发行和管理等方面的丰富经验。对仍处于市场经济体制尚未健

全，尤其是对地方政府债务的管控仍处于探索阶段的中国来说，规范地方政府债务风险的管控对促进我国经济社会可持续发展有着重要的经验借鉴意义。

（一）日本的地方债务管理

日本地方政府主要包括都府县和市町村两级地方政府，通过发行债券和其他方式举借债务。中央政府集中了对地方政府的包括审批权、监督权等权限在内的债务管理权限，并通过严格的"地方政府债务计划"和"起债协议制度"等方式对地方政府举债行为进行直接的精细化管理。

首先，对地方政府举债实施严格计划管理和协议审批制度。作为中央政府的大藏省和自治省每年都要编制包括地方政府债务发行总额、用途以及各种发债方式的数额在内的地方政府发债计划，并通过严格的协议审批制度来控制地方政府的举债规模。根据日本的《地方自治法》等法律规定，包括日本地方政府债务发行方式、债务发行利率以及债务偿还方式等内容都必须得到自治大臣或都道府县知事的许可。具体程序如下：需要发行债券的地方政府事先要将包括所需要发债的建设项目、资金来源和发债额度在内的发债计划向总务省进行申报，总务省以每年中央政府编制的"地方政府债务计划"为依据，在将各地发债计划进行审查并汇总后，经与财务省、受托银行等机构召开会议协商后，联合决定各个地区的债务发行额度。同时，根据地方政府债务本金偿还情况、债务依存度、地方税的征税率以及地方政府的财政赤字等指标对不准发债和限制发债的地方政府名单进行确认，对地方政府的债务规模和债务风险进行有效控制。

其次，对地方政府债务实行严格的审计监督。日本的审计机构通过对公债资金的来源和使用过程进行严格监督，以确保政府公债资金得到合理有效的利用。日本审计机构包括国家会计检察院和地方监察委员会两个机构。其中，会计检察院属于国家行政机构，但不受政府的干预，是日本最高审计机关，其主要职责是对中央收支决算以及相关法律规定会计事项进行审计和监督；地方监察委员会的主要职责是对地方政府财政收支等相关行为进行审计和监督，根据审计的结果出具相应的审计报告，并直接提交给国会等部门。

再次，日本不断推行加强地方政府债务管理方面的改革。在日本进行 1999 年财政融资计划改革和 2006 年邮政民营化改革之前，中央政府资金一直是地方政府债务资金的主要来源，尤其是在 1999 年之前，中央政府资金占地方政府债务资金来源的比例高达 65% 左右（杨华，2011）。这实质上意味着地方政府债务因中央政府的隐性担保而不存在违约风险，因而银行等金融机构很乐意为日本地方政府进行融资贷款，进而导致日本地方政府债务规模迅速扩大，外加在当时存在的日本地方债务主体不明确以及地方政府债务管理过程中普遍存在的体制性问题，进一步加速了地方政府债务扩张速度，由此导致了当时日本的一些地方政府因自身债务过多（尤其是隐性债务过多）无力偿还而宣布破产的情况发生。2006 年 6 月，日本北海道夕张市政府因背负巨额的债务规模无法依靠自身财力偿还贷款而宣布破产，由此引发了当时人们对地方财政的安全性以及地方政府债务风险的广泛关注。

针对日本地方债务发展过程中出现的问题，日本主要从两个方面通过改革加强债务管理。一是通过财政融资改革和邮政民营化改革措施降低中央政府资金在地方政府债务中的比重，促使地方政府债务资金来源由公共资金为主向以民间资金为主和地方政府债务融资多元化的方向转变，并通过各种措施延长债券的期限来降低中央政府对地方债务的各种隐性担保。二是通过引入政府权责发生制和政府会计制度进一步强化地方政府债务监管，使地方政府财务状况更能反映其总资产和债务等状况，从而实现地方政府的公开透明化。此外，日本政府还制定了一套全国统一的指标体系来反映地方政府债务状况。

最后，关于日本地方政府债务危机化解方面，2006 年，日本北海道的夕张市由于财政规章制度不健全、超额投资规模以及财政弄虚作假等因素，导致该市财政状况恶化而引发债务危机。夕张市向总务省提交了一份财政重建计划申请，根据计划，日本中央政府夺取了该市的自治权，并直接控制了该市的财政重组，计划用18年时间通过大幅度缩减政府部门公职人员、关闭公共场所以及提高公共支出使用效率等措施完成该市的财政重组计划。

（二）法国的地方债务管理

第一，关于地方政府举债权限。法国作为西欧的一个中央集权单一制国家，地方政府由大区、省和市镇三级政府组成。在地方政府债务资金的来源方面，1982年政治体制改革以前的主要形式是通过银行借款形式，同时，地方政府在中央政府特许的情况可以通过发行政府债券的形式筹集资金。1982年之后，法国的省级地方政府由地方政府和议会自主决策发行地方政府债务，无需中央政府的批准。法国地方政府举债一般都需要以相应的政府资产作为抵押或担保。通常情况下，法国地方政府以市镇政府财产作为质押向银行借款，借款期限一般为10～15年，以地方政府财政做担保发行地方债券。在借款利率方面，通过银行途径借款的利率水平与市场利率相同，通过发行债券途径的利率水平通常要高于国债利率，低于企业债券利率。

第二，关于地方政府债务的用途和偿债来源。在债务资金的用途方面，无论法国各级地方政府是通过何种方式筹集的债务资金，一般都只能用于地方公共工程的投资或建设。在地方政府的偿债来源方面，法国地方政府债券一般都以地方税收、中央对地方政府各类转移支付和借新还旧等资金来源自行偿债，中央政府不承担任何偿还责任。

第三，关于地方政府举债风险的防范。为了防止地方政府不能偿还到期债务，法国通过建立地方政府偿债准备金制度，既可以有效缓解地方政府债务风险带来的各种冲击，也可以对地方政府债务的过度扩张进行有效约束。

第四，关于对地方政府债务的监督管理。法国将地方政府债务纳入公共预算管理，规定了关于地方政府负债形成、偿还及变更等必须遵守的程序和原则。中央政府通过议会的监控、审计法院严格的司法监督、财政部门的严格监控和管理和银行金融机构的间接监控等方式对地方政府负债情况进行有效监控。

第五，关于地方政府债务危机的化解。当法国的地方政府不能偿还到期债务时，由总统代表各省省长直接执政，并宣告解散原有的地方政府或地方议会。在新的地方政府或议会选举成立之前，先由中央政府代还其债务。一旦新的地方政府或议会成立，地方政府主要通过新的增税计划措施逐步偿还原有债务。

（三）英国的地方债务管理

英国是一个历史悠久、具有中央政府高度集权特征的单一制国家。地方政府主要由苏格兰、威尔士、英格兰和北爱尔兰4个地区及其下辖郡、区构成。在英国，只有拥有征税权的政府才有举借债务的权力。具有征税权的政府除了中央政府之外，只有经过中央政府批准的地方政府才享有征收地方税的权力，同时也具有举借债务的权力。在英国，除了北爱尔兰政府外，苏格兰、威尔士和英格兰等拥有征税权的地方政府拥有举借债务的权力，而且地方政府举借的债务不能用于经常性支出。

1. 英国地方政府债务资金来源

英国于1817年成立的公共工程贷款委员会，提供比市场更优惠的贷款利率，且借款程序简化，贷款成本要低于其他方式的贷款。因此，公共工程委员会贷款是英国地方政府长期贷款的主要资金来源，其次是银行长期贷款。以2006年末英国地方政府债务资金来源结构为例，公共工程委员会贷款占比高达78%，银行长期贷款占比14%，其他长期贷款占比6%，临时贷款占比2%。[①]

2. 英国地方政府举债的制度框架

2004年4月，英国开始构建了包括谨慎性准则、谨慎性指标及其具体执行措施等在内的地方政府举债融资谨慎性监管框架。根据英国地方政府债务融资的谨慎规则，中央政府明确要求地方政府举借的所有债务都必须谨慎可靠。为了确保地方政府贷款的安全性，举债规模必须控

---

① 张志华，周娅. 英国地方政府债务管理［J］. 经济研究参考，2008（62）：19.

制在地方政府收入允许的范围内，而且规定地方政府不得使用其资产作为债务抵押。根据谨慎性制度规则，地方政府举借债务无须通过中央政府的批准，地方政府可以在不超出其承债能力的前提下自行举债用于投资。但中央政府对地方政府的违法或过度举债行为保留干预的权力。

同时，为了缓解地方政府的偿债压力，英国中央政府通过设立偿债准备金制度以避免地方政府因一次性偿债而导致资金不足问题的发生。根据偿债准备金制度的要求，英国地方政府在制定年度预算时，必须安排政府收入的一定比例用于偿还债务。

3. 设置专职中央层次的债务管理机构

英国财政部于1994年正式成立了独立债务管理办公室，并于2004年4月正式授权英格兰银行全面执行英国政府债务和现金管理的职能，包括向地方政府提供贷款、对某些公共部门基金的管理、每年政府借款计划的发布以及政府债券拍卖计划的公布等。

4. 地方债务风险控制策略

首先，为了有效实现对地方政府的财务和债务状况进行实时关注，英国中央政府通过建立较为完善的地方政府债务风险防范体系，对地方债务的承债能力、债务的发展趋势及其风险状况进行及时、有效的掌握。其次，为了实现良好的财政秩序保障目标和保证公共部门较低债务水平的可持续发展目标，英国中央政府致力于将地方政府借款规模控制在限额之内。最后，通过实行以权责发生制为基础的政府会计制度来编制政府预算和财务报告，以此实现英国地方政府债务透明度的不断提高。

二、联邦制国家地方政府管理经验

美国和澳大利亚都是实行包括联邦财政、州财政和地方财政在内的三级财政体制的联邦制国家，各级财政都有相对独立的财税制度，并拥有编制、审批和执行本级财政预算的权力。两个国家地方政府都具有通过发行债券筹集部分财政资金的权力，而且两个国家都有较长的地方政府债务举借历史，并在地方政府债务管理方面积累起了丰富的经验。

（一）美国地方政府债务资金管理模式

美国地方政府举借债务资金由来已久，其历史可追溯到1817年纽约州首次通过发行债券方式筹集资金开凿运河，并仅用5年的较短时间实现完工。此后，美国各州、地方政府相继效仿。

1. 美国地方政府债务资金的来源

美国认为，通过发行债券途径融资的成本要低于银行途径融资的成本，因而美国地方政府债务资金几乎都是通过发行政府债券的方式而来。美国地方政府债券通常分为责任债和收益债两类。其中，责任债通常由政府财政偿还，但是通过责任债方式募集债务资金通常要经过严格的预算审批程序。收益债主要以机场、水利及道路等拟建项目的经营收入来偿还。此外，地方政府债券的突出特点就是能够享受免税待遇，使得地方政府债券的税后收益要比联邦政府债券的收益高。由于收益债券的风险不会转嫁到政府，对收益债券发行的审批较为宽松，美国地方政府更偏重于通过发行收益债的方式举债。但是，相比较责任债而言，收益债的风险大于责任债，利率也相对较高。由于收益债通常不计入美国的地方债务规模，因此不利于地方政府债务规模风险的控制。

2. 美国地方政府债券的发行程序

在美国，地方政府发行债券一般要经过本级政府的严格程序。例如，首先要经过市长和市长议会的初始核准；其次要经过金融专家的审查和监督，在金融专家的审查通过后，债券发行政府还要按照相关规定和协议编写债券发行方案摘要；再次在经过市长和市长议会通过之后才可出售债券；最后由市政府进行关于举债的年度披露。

3. 美国对地方政府债务风险的控制

在地方政府债务风险控制方面，美国逐步形成了以严格的债务规模控制、完善的信用评级制度、严格的信息披露制度和完善的债券保险制度为主要内容并接受监管机构监督的风险控制框架。

为了对地方政府债务规模进行严格的控制，美国的州宪法和其他法令通过负债率、债务率、资产负债率和偿债率等债务控制指标对地方政府责任债券的限额做了规定。针对地方政府债券中可能存在的信用风险，美国通过建立市政债券保险制度对地方政府债券的发行进行担保，在债券发行政府未能支付债券本息的情况下，由保险公司负责相应的偿债义务。为了让地方政府债券投资者对所购买债券的信誉状况有较为充分的了解，美国已经建立起了完善的信用评级制度。穆迪、标准普尔、惠誉等国际知名信用评级机构为投资者进行市政债券投资决策提供了重要的参考依据。在地方政府债务信息披露方面，美国要求地方政府严格遵循政府债务基本准则，对地方政府债务状况进行记录和报告，并及时披露财政和法律方面发生的重大变化。

4. 关于地方政府危机的化解

美国通过建立以硬预算约束为核心的财政纪律对地方政府举债行为进行有效约束。1840 年以前，联邦政府通常会完全接管地方政府债务危机所产生的全部债务，由此导致各州债务像滚雪球一样多，在债务到期无力偿还之后再向联邦政府提出财政援助请求；1840 年以后，联邦政府不再对地方政府偿债提供完全保障，逐步演变为由地方政府自行解决，此后，美国地方政府债务拖欠现象逐渐减少（李萍，2009）。纵观美国地方政府几次重大债务危机爆发的历史，除了联邦政府对 1997 年华盛顿特区债务危机进行救助以及 2000 年新泽西州对卡姆登市债务危机的援助外，对于自 19 世纪 40 年代第一次发生大规模地方政府债务危机以来的一系列危机，联邦政府和州政府都未采取任何援助措施。尤其是针对 2013 年 7 月 18 日美国"汽车之都"底特律提出的破产保护申请，"美国联邦政府表现得不感兴趣"。[①] 因为，他们认为"上级政府的紧急援助必将使下级政府将来滋生更多的财政问题""会带来更多的赤字，最终导致低效运行的政府"。[②] 最终，这些地方政府都是通过采取

---

① 新华网. 底特律闹破产 美国政府在一旁"旁观"［EB/OL］.［2013 – 7 – 22］. http：// news. xinhuanet. com/world/2013 – 07/22/c_125041952. htm.

② 财政部预算司课题组. 美国地方政府债务危机处理［J］. 经济参考研究，2009（22）：22.

节省工资支出、压缩投资和削减公共服务项目以及债务延期等付出极大代价的措施来摆脱债务困境的。

针对地方政府由于财政管理严重不善而导致的无法偿还债务情况，美国于1937年开始启动联邦城市政府重组破产的保护程序，并由联邦法院明确破产标准。

（二）澳大利亚地方政府风险管理经验

澳大利亚作为一个联邦制国家，其政府机构由联邦政府、州政府和领地以及州以下的地方政府组成。澳大利亚自1901年成立联邦政府以来，已经积累了不少关于地方政府债务管理方面的经验教训，并形成了较为完善的地方政府债务管理体系。

1. 澳大利亚地方政府债务管理的历史沿革

从地方政府债务管理力度和经验来看，澳大利亚地方政府债务的发展大致经历了以下5个阶段。

（1）建邦之初的自由竞争阶段（1901～1927年）。在这一阶段，关于地方政府债务的相关制度尚未建立，各州政府在债市上进行债务融资的过程中，由于相互之间的恶性竞争，引发了债务借贷成本不断提高等问题，对澳大利亚经济社会发展造成了不利影响。为加强对地方政府债务的有效管理，1927年，澳大利亚借款委员会正式成立，由委员会负责各州政府债务的统一借贷，并对州政府债务举借数量、期限、条件和时间等做了规定。

（2）严格管制阶段（1927～1951年）。为了整顿地方政府借债秩序、规范其借债行为、增加政府信用，借款委员会对各州政府在资本市场上借款融资数量、利率、时间以及种类等实行严格管制。为了防止地方政府的债务违约，借款委员会规定，特定情况下通过强制没收州财政收入以应对其发生的债务违约。

（3）放松管制阶段（1951～1983年）。前一阶段对地方政府举债过于严格的管制措施对各州经济发展和繁荣带来了明显的负面影响。尤其是各州和地方政府在第二次世界大战后对基础设施项目建设的资金需求旺盛，而市场上资本供应却显得相对不足，联邦政府不得不放松对地方政府举债的管制，并不断制定和完善地方政府债务管理规定以防止各州政府利用现有规章制度和管理存在的漏洞自行借款融资。

（4）总量控制阶段（1983～1992年）。前一阶段对地方政府举债的管制放松在存在制度缺陷的情况下，又导致了各州借款融资数量的急剧增长，各州独立举债现象再次出现。针对这种情况，借款委员会于1984～1985年开始控制地方政府债务规模的总量，并对州政府的新增债务水平进行限制。

（5）市场运作阶段（1992年至今）。针对地方政府债务进行总量控制的管理方法本身存在的局限性，联邦政府决定不再代表各州政府对外借款融资，而是要求各州政府以自身名义对外举债融资并有效管理各自的债务，对地方政府借款及其使用情况时的监督主要通过金融资本市场来实施。由于这一阶段地方政府债务的管理方法取代了过去的总量管理方法，澳大利亚地方政府部门的借款数量开始恢复增长。

经过对于地方政府债务管理经验的多年探索，澳大利亚逐步形成了较为完善的地方政府债务管理体系，在"非负债经营"理财理念的指引下，澳大利亚地方政府债务规模相对较小，地方财政运行状况良好。

2. 澳大利亚地方政府债务管理的现状

（1）关于澳大利亚地方政府的举债权限方面，除了《联邦宪法》以外，澳大利亚的《诚信预算宪章》《新财政管理法》《完善政府预算法》等法律体系对地方政府举债及相关管理都做了详细规定。根据规定：地方政府在经财政部部长批准之后可以通过透支、贷款等方式举借债务，债务资金一般只能用于基础设施等项目。同时，地方议会需提供相应的担保以保证地方政府按时偿还其举借的债务。

（2）关于澳大利亚地方政府债务的风险控制方面。澳大利亚通过形成以预算管理、规模控制、信用评级、透明度要求以及债务化解为主要内容的风险管理基本框架以应对地方政府债务风险的发生。

（3）关于澳大利亚地方政府债务的预算管理方面。借款委员会根据各州政府上报的下一年度的融资计划，在对地方财政状况、基础设施建设需求合理性等进行分析的基础上，对各州政府债务预算进行调整和分配。

（4）关于澳大利亚地方政府债务的规模控制方面。借款委员会通过设立地方政府债务规模控制线方式以防止澳大利亚地方政府债务规模过大。同时，澳大利亚还规定，在地方政府向借款委员会呈报的借款计划中必须提供相关风险信息。

（5）关于澳大利亚地方政府债务的信用评级制度。当前，澳大利亚通过借助标准普尔等国际知名信用评级机构所提供的较为客观公正的信用评级服务来对地方政府债务融资进行监督管理，并在此基础之上确定地方各级政府的借款利率水平。此外，澳大利亚联邦政府还通过支持与协调的方式来解决那些财政状况不佳的地方政府在纯粹市场规则下面临的融资成本较高问题。

（6）关于澳大利亚地方政府债务状况透明度要求方面。澳大利亚已经建立了较为完善的地方政府债务报告制度。根据规定，澳大利亚地方政府必须根据澳大利亚会计标准体系和政府财务标准体系共同框架确定的原则，编写借款委员会批准的借款分配及其调整情况、地方政府的直接债务和或有负债等真实信息、完整的地方政府预算报告。此外，各州还要按照借款委员会的统一要求进行借款融资及其使用情况的季度报告和年度报告。

（7）关于地方政府债务风险的化解方面。澳大利亚的一些地方政府采取了各具特色的债务化解措施。例如，墨尔本市将其主要金融资产——城市电力公司进行出售，然后将资产出售所获得的收入分配到主要的资本项目中去，此种方式在给市政府带来巨额商业利润的同时，也有效消除了市政府的负债。代阿比提市面对大量基础设施带来的巨额债务利息偿还财政负担，通过采取增加税收措施替代贷款融资途径来满足基础设施建设对资金的需求，使该市提前 4 个月实现了零负债目标（张志华等，2008）。凯恩斯市通过改进管理体制和建立税收救济法庭等措施有效清理了税收和公共事业服务费用拖欠的问题，在提高政府行政能力的同时，也有效降低了政府债务规模。汤司维尔市在通过加强基础设施建设和服务建设、保持经济健康发展的同时，严格实行低负债策略，最终使得该市走上了财政和经济良性循环的发展道路。昆士兰州在对国有企业债务管理的过程中引入信用评级制度和报告制度，结合对与国有企业相关的法律法规的严格履行，通过规范国有企业的举债行为、严格控制国有企业借款规模等措施，实现了对国有企业债务的有效管理。这为实现良好债务管理目标提供了强有力的保障。

第二节　发展中国家地方政府债务管理经验

一、巴西地方政府债务管理经验

巴西为发展中国家，自 20 世纪 80 年代末～20 世纪 90 年代中期，巴西各州通过银行、国外金融机构、联邦金融机构以及国内外资本市场等途径进行举债。由于地方政府债务管理不善，外加中央政府频繁的救助造成了各州财政的软预算约束，导致债务规模过大。在这段时期内，巴西经历了三次大规模地方政府债务危机，对该国经济社会的发展进程产生了严重的负面影响。第一次债务危机是 20 世纪 80 年代后期国际债务危机的爆发，由于利率急剧攀升加剧了偿还债务本息的压力，致使巴西地方政府停止偿还因实施工业化战略而在国际金融市场上举借的巨额债务，最后通过将债务转移给作为最后担保人的中央政府，地方政府资金困难局面才得到一定好转。第二次债务危机是 1993 年各州政府无力偿还金融机构贷款而产生的违约行为，最后由财政部代为偿还部分地方政府的拖欠债务。第三次债务危机是 20 世纪后期因紧缩货币政策致使实际利率大幅提高，使得各州政府无力偿还债务而引发的债券偿还危机，也是三次危机中最为严重的一次。危机发生后，作为最后担保人的中央政府通过承担各州大部分债务的方式来提供援助。

鉴于三次地方政府债务危机带来的严重后果，时任总统也清醒地认识到，单靠中央政府提供救助无法化解地方政府债务危机。因此，巴西政府采取了通过立法治理强化财政纪律的途径来加强对地方政府债务的管理，2000 年通过的《财政责任法》，重新构建了包括中央、州和市在内的三级政府的一般财政管理框架，制定了规范地方政府举债行为的量化指标。一是从需求和供给两方面进行地方政府债务规模的有效控制。债务需求控制方面，主要从举借新债规模限制、举债时间限制和债务偿还限制进行有效控制；供给控制方面，主要通过限制各银行机构向政府等公共部门贷款的措施进行债务供给控制，例如，不允许国有或地方政府所属银行向政府贷款，禁止中央银行购买各州的证券等规定。二是要求各州政府必须在规定时间向联邦政府进行财政账户收支情况汇报并发布政府债务报告，以提高地方政府债务的透明度。三是明确了各地方政府违反《财政责任法》应承担的责任后果，对于不履行政府债务偿还的责任人进行人事处分、革职乃至判刑等惩罚措施。

通过上述措施的实施，巴西地方政府债务规模的过度膨胀问题得到了有效控制，地方政府债务占国内生产总值的比重有所下降，财政盈余数额及其所占国内生产总值的比重都有所增加。

二、阿根廷地方政府债务管理经验

（一）阿根廷地方政府债务发展概况

阿根廷作为一个高度分权的国家，自 20 世纪 80 年代起，由于各省没有严格的预算约束，这些省可以通过从各自省的银行等途径借款，然后贷款银行又将地方政府贷款向中央贴现，最终导致了严重的通货膨胀，阿根廷地方政府债务管理处于失控状态。尤其是 1994 年墨西哥金融危机爆发给对外资流入过分依赖的阿根廷经济带来了严重的负面冲击。经济严重衰退（1995 年阿根廷的 GDP 下降了 4.4%）使得政府财政收入显著下降，于是阿根廷就以地方政府收入作为抵押向银行贷款，致使地方政府债务快速积累，阿根廷地方政府债务从 1991 年的 500 万美元快速增加到 1996 年的 170 亿美元。[①] 由于事前财政硬约束的缺失，导致许多地方政府过度借贷举债，并付出沉重的代价。

阿根廷地方政府举债的方式主要是通过联邦政府贷款、省级银行贷款、财政系统其他机构贷款以及发行地方政府债券等方式进行。关于债务资金用途方面，阿根廷规定，地方政府债务资金不能用于融通经常性开支和财政赤字，一般只能用于投资项目和结构调整。

(二) 阿根廷地方政府债务管理及风险控制

地方政府债务管理方面，阿根廷地方政府债务管理主要以行政控制为主，具体表现在：地方政府举债必须得到上级政府授权，省政府发行债券要受到联邦政府的控制，而且必须接受商务部的检查和登记。在地方政府举借外债时，省政府举借外债必须获得国会批准，市政府举借外债必须获得市协商委员会批准，并报省立法机关批准。地方政府举债限额规定方面，地方政府举借债务的规模必须与其当年的财政收入相关，例如，阿根廷的拉潘帕等地规定其举债限额不高于其财政收入的 25%。

地方政府债务风险的控制方面，阿根廷主要通过硬预算约束、规模控制和共享收入担保 3 种形式来实施对地方政府债务风险的有效控制。在硬预算约束方面，一方面通过引入兑换计划解除商务部可以使货币贬值的权力；另一方面通过禁止中央银行为商业银行存款提供担保等措施，限制中央银行对地方政府银行贷款进行再贴现，限制了中央银行最后贷款人的作用，硬化了地方政府预算约束。此外，联邦政府在 1995～1996 年的金融危机中，坚决拒绝除地方政府工资支付等应急需要以外的任何援助。在规模控制方面，阿根廷国会于 1999 年 9 月通过的财政责任法案对地方各级政府财政赤字和债务总额进行限制。在共享收入担保方面，阿根廷要求省政府将联邦政府与政府之间的共享收入作

---

① 李萍. 地方政府债务管理：国际比较与借鉴 [M]. 北京：中国财政经济出版社，2009：289.

为债务担保，对举债信誉不好的省份，在向其分配共享税之前应先扣除应还的债务利息。

阿根廷通过采取上述措施，使地方政府债务得到了一定的控制，尤其是在1995～1996年的金融危机中，由于联邦政府拒绝对地方政府提供财政援助产生的硬约束效应，大多数省份通过实施收支调整等措施，赤字水平开始逐渐降低。然而，由于债务风险控制方面的法案没有在经济规模占该国经济总量近一半的主要省份通过，即使通过该法案的省份也只有少数省份遵守实施，使得该法案的影响大打折扣。

三、保加利亚地方政府债务管理经验

（一）保加利亚地方政府债务发展概况

保加利亚是欧洲东南部的一个单一制国家。高额的外债、高额的经济社会转轨成本、巨额的基础设施和能源投资需求以及庞大的养老和医疗支出等方面原因，使保加利亚背负了沉重的债务负担，并面临着较为严重的财政风险。

由于保加利亚金融系统的脆弱性、高利率水平等原因，其地方政府借款来源主要是中央政府，来自银行的借款非常少，甚至有的地方政府完全不向银行贷款。债务资金的使用方面，根据保加利亚地方政府遵循的"黄金原则"：地方政府债务资金不得用于经常性支出，只能用于投资性支出。

（二）保加利亚地方政府债务管理及风险控制

在地方政府债务管理方面，保加利亚政府主要通过制度安排对地方政府的举债行为进行约束，并实行按短期与中期确定风险防范重点的风险管理导向。其中，短期风险防范措施的重点主要集中于持续的谨慎借款策略、严格的政府债务担保和储备金的建立、政府债务风险的分析与定期报告等；长期风险防范措施的重点主要集中于监控政府债务法律漏洞的弥补和完善、政府债务风险责任的明确以及管理风险能力的增强等方面。

在地方政府债务风险控制方面，保加利亚主要通过规模控制、金融控制和政府债务担保管理3种途径对地方政府债务风险进行控制。规模控制方面，保加利亚规定市政府借款规模不得高于其年收入的10%。金融控制方面，为了增强财政稳定性，保加利亚于1997年起通过成立货币协调委员会强化借贷担保控制并谨慎控制来自欧元区债券市场的贷款。政府债务担保管理方面，保加利亚政府通过集中性担保审批权限和对担保总量进行限制的政府担保制度来对政府债务担保可能产生的风险进行有效控制。

第三节　国外地方政府债务风险管理经验与启示

一、国外地方政府债务风险管理的经验

由前面分析可知，凡是允许地方政府举借债务的国家，大多数都已经建立起相应的地方政府债务管理制度和债务风险控制，尤其是经济发达国家在这方面相对更加成熟和完善。因此，在分析和总结不同经济发展水平和不同政府结构形式国家在地方政府债务风险管理和控制方面的经验，对完善我国地方政府债务风险管理体系的构建具有重要借鉴意义。

通过对上述国家地方政府债务管理经验的分析，并结合对学术界已有研究成果的搜集和整理，本部分将从地方政府债务风险的事前规则控制、事中监督管理、事后危机处理3个方面对世界上主要国家地方政府债务风险管理的经验进行梳理汇总，为我国地方政府债务风险管理提供借鉴和参考。

（一）地方政府债务风险管理的事前规则控制

地方政府债务风险的事前控制规则主要指通过建立和完善一系列规则，对地方政府的债务举借行为进行事前控制，对地方政府的财政状况进行监督。地方政府债务风险管理的事前控制规则主要包括以下几方面的内容。

首先，要明确地方政府债务的举债主体和举债范围。虽然由于各国的政治体制和财政体制的差别，地方政府债务管理也有所不同，但是这些国家都对地方政府的举债权限作了明确的规定，对关于债务资金的用途也作了明确的规定。例如，很多国家明确规定地方政府举借的债务资金不能用于经常性支出，只能用于基础设施建设和公益性建设支出。

其次，要将地方政府债务纳入预算管理。将地方债务作为地方政府收入的主要来源之一，应将其纳入预算统一管理之中，较为完整地了解方政府债务变化的动态情况，更好地了解地方政府的资产负债情况和债务风险状况，进而对规范地方政府债务管理的决策和风险防范有着极其重要的作用。

最后，对地方政府债务规模进行有效控制。各国普遍将债务规模的有效控制作为地方政府债务风险管理和控制最重要的方法之一。从地方政府债务规模控制方式来看，主要分为需求控制模式和供给控制模式，有的国家（如巴西）采取需求控制和供给控制相结合的模式。对地方政府债务规模的有效控制有利于防止由于举债规模过大而带来的风险威胁到地方政府财政、经济的稳定发展。

通常，地方政府债务规模进行有效控制的国家都会通过设立包括负债率、债务率、偿债率、新增债务率以及债务依存度等指标在内的债务限额指标以检查地方政府的负债情况和债务偿还能力，并以此作为对地方政府债务实施严格管理的依据。

（二）地方政府债务风险管理的事中监督管理

地方政府债务风险的事中监督管理是指在事前规则控制的基础之

上，通过行政司法监控、债务风险预警体系建立、地方政府债务担保管理以及地方政府偿债担保机制等途径对地方政府的举债行为进行有效监管，从而提高地方政府债务信息的透明度，并通过对地方政府各种违规举债行为采取严格的惩罚和纠正措施来防止由地方政府债务增长过快产生的各种风险。行政司法监控作为地方政府债务风险管理的常用措施，主要是通过司法和行政监管等手段来对地方政府债务的发行、使用和偿还情况进行有效监督和约束。建立债务风险预警体系主要是根据风险管理的相关理论与地方政府债务风险状况，设定不同程度的风险警示指标。在对影响地方政府债务风险的各种因素进行识别、分析和研判的基础上，提出对地方政府债务风险的警示，有利于达到对地方政府债务风险进行有效监控的目的。地方政府债务担保管理主要是指通过制定包括地方政府为自身及其下属的机构和企业的债务担保、中央政府对地方政府的债务担保等在内的担保条件进行详细规定，防止地方政府债务风险不断积累并向中央政府转移。地方政府偿债担保机制主要是指为了有效限制地方政府债务的过度扩张以及由此引发的违约风险。通过对地方政府偿债基金的设立、偿债保障金来源以及偿债抵押提供等方面的内容进行明确规定，有助于构建地方政府偿债保障机制，防止地方政府违约。

（三）地方政府债务风险管理的事后危机处理

当一国地方政府债务危机发生以后，在中央政府及相关机构进行确认后，应根据该国关于政府债务危机处理相关规定，在对地方政府债务危机成因、特点及其未来发展势态进行分析的基础上，通过采取恰当的危机处理应对措施来化解地方政府债务危机。

从理论上讲，当地方政府发生债务危机以后，在没有中央政府"兜底"的情况下，地方政府主要通过地方政府自行处理、中央政府接管和地方政府破产机制的启动等方式来进行化解。首先，当地方政府债危机发生以后，如果发生的只是暂时的或技术性的危机，地方政府只需同债权人直接协商即可。其次，当地方政府债务危机是长期的不断积累扩张引发的，并需要经过较长时间来化解时，地方政府可通过减少支出、增加税种、提高税收等方式筹措资金来解决。在中央政府介入的情况下，可以通过两种方式解决：①中央政府通过发行中央债券、利率调整，或是对地方政府债务进行重组等方式来帮助地方政府化解债务危机。②当地方政府因无法偿还到期债务而导致地方政府濒临破产时，原有的地方政府宣告解散，由中央政府直接接管地方政府并代为偿还其债务，待新政府成立后通过增税计划等措施偿还原有债务并由中央政府代为偿还债务资金，如法国等。最后，处于债务危机中的地方政府，在试图通过各种努力仍无法偿还到期债务时，可借助法律或行政途径启动地方政府债务重组破产机制。启动地方政府破产机制的主要目的在于，在最大限度保护债权人利益的同时，更侧重于对作为债务人的地方政府的重生和再建，并保证政府基本公共服务职能的维持。

二、国外经验对我国地方政府债务管理改革的启示

（一）强化硬预算是有效化解地方政府务风险的基本前提

从化解地方政府债务风险的国际经验来看，中央政府与地方政府间存在的软约束关系是造成地方政府债务风险不断积累的主要原因。在软预算约束的情况下，当地方政府出现财政危机时，不是通过启动地方政府破产机制，而是由中央政府对地方政府债务实施财政援助等软预算约束机制来化解危机。1840年以前的美国、20世纪90年代的加拿大、阿根廷等国家由于软预算约束的存在导致了地方政府债务规模的迅速膨胀。在吸取了由软约束导致的地方政府债务危机教训以后，通过法律形式明确了各级政府间的财政责任和偿债义务，硬化了中央政府与地方政府间的硬约束关系，有效遏制了地方政府债务的快速增长。中国存在的中央政府与地方政府间、地方政府与国有银行间以及地方政府与国有企业间的软约束关系，是导致我国地方政府债务规模迅速膨胀的主要原因。因此，通过法律途径明确中央政府与地方政府、地方政府与国有银行之间以及地方政府与国有企业之间的产权关系，并建立起三者之间的

硬约束关系，明晰各级的财权与事权，明确各级政府的债务资金担保范围，确定中央政府对地方政府债务风险的救助条件和救助范围，减少道德风险，是有效遏制地方政府债务快速增长的有效前提。

（二）及时修订和完善相关法律制度，建立和完善相应的配套制度

法律规章的核心不仅在于制定，更在于如何有效实施，否则再完善的法律规章制度，因不能有效贯彻落实，最终只是一纸空文。例如，为了完善对地方政府的管理，我国分别于2014年和2018年两次对1995年开始实施的《中华人民共和国预算法实施条例》进行修改和完善，不仅赋予了省级地方政府举债融资的权力，而且在地方政府财政预算收支、严格债务管理和促进预算公开等方面做了更明确和更严格的规定。但由于与之相适应的配套制度尚未建立和完善，导致规范地方政府举债行为法律制度的权威性和强制性不足，这些法律制度在实际执行过程中的效果会不同程度地大打折扣。例如，《中华人民共和国预算法》颁布和实施后，虽然地方政府显性债务规模得到了有效控制，但地方政府绕开《中华人民共和国预算法》规定，利用各类市场主体、金融工具进行变相违规举债，导致地方政府隐性债务规模不断增大，相应的地方政府隐性债务风险在不断积累和增加。因此，不仅要对法律规章制度进行进一步的修改和完善，及时清理与《中华人民共和国预算法》内容不相适应的内容，并进行同步调整和完善，而且还要建立和完善相应的配套制度。例如，加强宣传与培训不仅能够促进政府相关部门工作人员思想观念的转变，还能实现对《中华人民共和国预算法》和其他新条例精神实质的精准理解和精准实施；同时还要将《中华人民共和国预算法》及其相关新条例的内容及其法律精神向社会公众进行大力宣传，提升社会公众对地方政府债务管理精神的认识，进而不断提升社会公众对地方政府举债行为的监督能力。这样才能有效防止地方政府通过各种或明或暗的途径举借债务资金的行为，防止地方政府债务风险管理漏洞的存在。

（三）注重发挥市场机制在地方政府债务风险防控中的作用

建立完善、成熟的资本市场体系，通过发挥市场机制的监督作用，结合行政和司法监管，充分发挥地方政府债务有效监管对稳定地方财政、促进地方经济乃至国民经济稳定发展的重要作用。具体措施主要包括：①建立信息披露制度，要求地方政府定期如实地披露地方政府的财务和债务资金的使用情况，以提高地方政府债务的信息透明度。②信用评级机构根据地方政府财务状况等有关信息进行信用评级，作为广大投资者是否将钱借给地方政府的主要依据，并以此促进地方政府加强债务资金的管理，努力改善地方政府财务状况，提高本级地方政府的信用评级。③建立地方政府债券保险制度，当作为债券发行人的地方政府未能支付债券本息时，由专门的政府债券保险公司承担相应的偿还义务，从而有效分散地方政府债务引起的违约风险。

（四）选择科学合理的规模控制指标建立地方政府债务风险预警机制

通过借鉴美国等国家对地方政府债务规模的控制指标，建立适合中国国情的地方政府债务风险预警机制，对中国地方政府的债务规模进行有效控制，防止因地方政府债务风险超过本国承受能力而引发债务危机。目前，我国只是按照负债率、债务率和逾期债务率等指标对地方政府债务风险进行评估。由于缺乏对这些指标进行披露的具体措施，对地方政府债务风险的几个指标没有明确的判断标准，因此仅通过这些指标对地方政府债务规模实施管控显得较为粗糙。我国应借鉴发达国家和新兴经济体国家在构建地方政府债务风险预警指标体系方面的成熟经验，结合具体国情构建科学的地方政府债务风险预警指标体系，明确各债务风险指标的阈值，并及时向社会公开，形成整个社会对地方政府债务风险的共同关注并实施有效监督，这样才能更好地防控地方政府债务风险。

第八章

化解地方债务风险的对策建议

针对当前不断积累的地方政府债务风险，积极采取有效措施对其进行化解是一项重大而紧迫的任务，否则它将会对中国政治、经济和社会各个方面产生严重的威胁。为了有效遏制、缓解或者消除这个潜在的威胁，避免经济社会遭受其危害，必须采取有效措施防范和化解不断积累的地方政府债务风险，防止该风险在长期内死灰复燃并进一步累积和放大，所以我们在解决存量问题的同时，务必采取措施防止地方政府债务风险进一步恶化。

然而，地方政府债务风险的有效化解很难一蹴而就，在较短时期内，应坚持短时见效的遏制和缓和地方政府债务风险的原则；在长时期内，应坚持标本兼治原则，这样才能从根本上消除地方政府债务风险对经济社会可持续发展造成的威胁。具体而言，在较短时期内可以通过借鉴世界上其他国家关于地方政府债务管理的经验，构建符合我国实际情况的地方政府债务风险体系和模型；从长远来看，坚持和完善我国的政治制度、规范地方政府行为、调整和优化经济产业结构，为实现经济可持续增长创造良好的环境，保证地方政府未来具有充裕的收入流量，才是有效化解我国地方政府债务风险的根本途径。

第一节　处理好地方政府与各利益主体间的产权关系

产权及其引发的相关权力的存在，是引发地方政府经济行为的诱因，因而也可以作为分析地方政府债务风险的出发点。我国地方政府债务规模的不断积累和扩大，与我国的产权制度存在缺陷有密切关系。化解地方政府债务危机必须规范政府行为，厘清地方政府产权边界及其权限，处理好地方政府与市场的产权边界、中央政府与地方政府间的产权关系、地方政府与银行金融机构和国有企业产权的关系，建立健全规范的对地方政府的激励机制、对地方政府行为的约束机制以及各级政府利益的协调机制。

一、厘清地方政府与市场、企业和社会间的产权关系

地方政府不仅拥有国有企业和财政收入方面的产权，还拥有土地资源等自然资源的产权，由此容易导致地方政府在参与经济活动的过程中，利用行政权力加强对土地和矿藏等具有高价值自然资源的垄断，进而导致地方政府财产权力的人为泛化和扩张，并脱离全社会的监督和约束，从而为地方政府职能部门及其官员带来巨大利益。由此容易促使地方政府与中央政府、市场企业和社会的产权关系边界处于模糊不清的状态。因此，要防止地方政府过度和无序举债，必须处理好地方政府与市场、中央政府与地方政府、地方政府与银行金融机构、地方政府与国有企业之间的产权关系。

（一）处理好政府与市场的产权边界问题

政府与市场边界模糊、地方政府权力不受有效约束的情况会导致地方政府在实施宏观经济调控职能时，并未发挥好"援助之手"，通过提供良好公共服务、制定产业政策和营造良好营商环境来帮助本地企业提

高市场竞争力，进而促进本地经济健康持续发展，而是进行政企之间的狭隘利益交换。以政绩为导向的政企狭隘利益交换虽然在短期内能推动经济较快增长，但也造成了环境污染、公共服务缺失和地方政府债务规模不断扩大等问题。由于地方政府超越市场职能，以侵占市场空间为主，因此地方政府与国有银行金融机构、地方政府与国有企业间的产权关系就很难理顺，银行金融机构和国有企业的市场主体地位也就很难得到真正体现，必然就会产生各种形式的地方保护主义、扭曲的价格机制和各种资源的错配与不合理流动。这样一来，不仅不会形成规范有序的市场经济，连已有的市场秩序也会遭到破坏，给整个市场的正常运行添堵。因此，为了防止政府对市场的过度干预，应通过以下两方面途径明确政府与市场的产权边界。

第一，要明确界定地方政府投资边界。一般而言，地方政府在市场经济条件下的主要职责是弥补市场失灵。地方政府的投资领域应该是具有公共产品性质的非竞争性和非排他性以及商业性差的公共基础设施领域。因为这些领域的投资规模大、周期长、收益性差、风险大，私人资本不愿意投资，所以应由政府投资来弥补私人投资的不足。因此，地方政府投资行为应遵循以下原则：①地方政府投资活动不能破坏甚至取代市场对资源配置的基础性作用。②地方政府投资领域应该着眼于促进整个经济社会效益的提升和宏观经济环境的改善。③地方政府投资活动不能与民争利。

第二，要通过完善的法律法规途径明确界定地方政府和其他市场主体间的权力义务边界。具体而言，地方政府的权力和义务边界体现在：①建立完善的法律基础，提供良好的基础设施和社会服务。②明确界定市场所有权的各项权能及其派生的权力和义务，防止"公地悲剧"的出现。③完善各种市场资源产权出让和流转的价格形成机制，通过发挥市场机制的基础作用，将有限资源在不同市场主体间进行合理配置，形成市场主体间资源收益分配和共享的合理机制。④为市场经济各主体的经济活动提供规范合理、公平竞争的市场规则和稳定的宏观环境，监督各市场主体在国家法律法规允许范围内开展经营活动，地方政府不能干预合法正常的微观经济活动。各市场主体的权力义务边界体现在：运用从政府获得相关行业的市场经营权，在国家法律法规允许的范围内开展经营活动，并拥有法律允许的资产处置权力和市场收益权，通过生产经营管理模式的不断创新和完善，为社会提供各种优质高效的产品和服务。

（二）明晰中央政府与地方政府间的权责边界

在中央政府和地方政府产权关系不完备的情况下，不仅存在中央政府和地方政府间财权与事权划分不匹配、公共自然资源产权制度缺失，以及中央政府和地方政府间金融产权配置模糊的问题，还存在"上级请客、下级买单"等问题，这必然会增加地方财政支出压力。例如，地方政府面临医疗卫生、教育和社会保障等公共服务，以及环境治理等领域的庞大支出责任，在中央转移支付有限的情况下，依然主要靠地方政府通过各种途径开展融资来解决，这更进一步强化了地方政府通过发展经济来增加财政收入的必要性。由此表明，在中央和地方"财权"和"事权"没有明确划分的情况下，即使淡化了 GDP 政绩考核模式，地方政府通过举债融资推动经济快速发展在短期内也难以改变。

1. 明晰中央政府与地方政府间的"财权"与"事权"关系

我国作为中央集权的单一制国家，上下级政府间是一种委托代理关系。这就决定了我国中央政府与地方政府在事权划分方面显示出"中央决策，地方执行"的总体特征，大多数事权项目主要是由地方政府投资完成的。上级政府通过各部门文件的制定，要求下级政府贯彻执行，而执行文件所需财力则主要由下级政府解决。各级地方政府因经济发展水平差异而决定的财力也有所不同，因而很难落实财权与事权相匹配。尤其是政府层级越低，其财政愈发困难，财权与事权不匹配的状况越凸显。因此，明确中央与地方之间的"财权"与"事权"划分非常重要。

第一，关于中央政府与地方政府间分权关系的法律制定方面，应通过规范化、法制化措施明确界定和细化中央政府与地方各级政府间各自的支出责任。针对当前中央政府与地方政府间支出责任的划分因频繁变动导致的地方各级政府间事权与财权不匹配的现状，应尽快通过立法的形式为中央政府与地方政府之间、地方各级政府之间各自的支出责任划分确定明确的规则。在中央政府与地方政府支出责任划分的法律规定方面，应明确规定中央政府与地方政府各自在政策执行过程中具体执行的财力分配、财力来源以及执行监管等方面的责任。同时，为了减少地方政府在支出责任调整过程中由于行政命令带来的各种不确定性，应明确规定中央政府和地方政府在进行支出责任划分调整过程中必需的权限和相应的程序。在地方各级政府财政支出责任的划分方面，为了防止上级地方政府只关心本级财政利益而出现的事权下移和财权上移，进而导致越是基层地方政府，其财力与事权越不匹配的问题，应通过立法途径使地方各级政府的财权与事权相匹配得到保障。

第二，关于中央政府与地方政府间财权与事权划分的切入点方面，应从明确各级政府间支出责任为切入点，并在此基础之上明确相应的财权划分。尤其是在依靠投资驱动经济增长的背景下，为了防止地方政府过度投资而背负巨额债务，应合理确定中央政府及地方政府的投资边界：一般而言，中央政府和地方政府的投资边界应按所投资公共产品的受益范围来划分。中央政府应该把以全民为受益对象、遍及全国、分布较均匀的公共产品作为投资对象，如全国性的交通运输、邮电通信、能源以及科教文卫等投资领域。地方政府投资范围应该限定在辖区领域内的公共设施、市政工程、交通运输以及地方性的文化教育、医疗等基础设施建设项目。

在财权划分方面，按照事权与财权相匹配的原则，地方政府的财权划分应该以上述事权为基础，具体在地方政府财权的分配方式上，除了通过地方政府的税费收入方式外，还应通过不断完善和优化中央政府对地方政府的转移支付等途径来实现。

2. 明晰中央与地方间公共自然资源的产权关系

针对当前由地方政府和行业主管部门代表国家掌握资源的支配权和收益权、进而造成产权收益分配不合理和资源利用效率低下的问题。应进行公共自然资源产权改革，明晰自然资源产权行使主体（尤其是中央政府和地方政府之间）的权、责、利关系，其核心是对土地等自然资源产权各项权能的边界进行明晰界定，合理制定中央政府与地方政府间公共资源的收益分配机制。

（1）通过法律途径完善公共资源的出让程序。为了防止我国的土地等公共资源产权的流转限制无规则和效率低下，应通过法律途径对自然资源的有偿使用进行"确权"，并尽量减少行政控制和干预。在资源出让过程中，应从法律上明确中央政府和地方政府与相关行业主管部门间各自的权、责、利关系，建立健全与资源出让有关的评估、公示制度和社会监督机制。

（2）建立健全公共资源的市场产权规制。通过经济、法律和行政手段优化和完善自然资源的市场产权规制。主要包括：①通过价格限制、产品质量进入限制和技术规则进入限制等措施对自然资源市场进行有效管理；②通过建立和完善税费和产权制度，引入代理人竞争机制等措施规范自然资源的市场出让制度。

（3）科学确权，集中与分级产权管理相结合。加强对土地等公共资源的统一确权登记，在明确国家行使自然资源所有权的基础上确立资源收益的多极化分配制度，明确地方各级政府对自然资源行使的产权权能，规定地方政府必须上交财政部门的产权收益比例，形成归属清晰、权责明确、监管有效的自然资源产权制度，最终通过合理分权来形成一套中央与地方合作的产权制度。

3. 明晰中央政府与地方政府金融配置权和管理权的分配关系

要从根本上解决中央政府和地方政府间金融权力配置失衡的问题，必须通过法制化途径来有效实现。

（1）实现中央政府与地方政府间金融利益均衡配置的法制化。随着我国分权化改革的实施和社会主义市场经济的完善和发展，地方各级政府独立经济利益的存在已经是不争的事实。因此，除了在《中华人民共和国宪法》和相关金融法律法规中对中央与地方间相关金融职权进行合理划分外，还应肯定地方政府合理金融权力的存在，并授予地方政府一定的利益分配发言权，由此实现规范的地方政府金融利益表达机制，防止地方政府通过非正当途径扭曲资源配置方式。在法律框架内合理配置中央与地方的金融权力，实现二者利益共存、共容、良性互动。

（2）实现中央政府与地方政府金融权力均衡配置的法制化。要实现在中央政府和地方政府间均衡配置金融权力，应结合我国当前金融发展的实际情况，通过《中华人民共和国宪法》和相关金融法律法规途径不断完善地方政府适度的金融管理权限。

首先，既要发挥金融资源配置对促进地方经济社会发展和税收有效增加的作用，又要防止地方政府对有限金融资源的干预和滥用，造成金融领域的"公地悲剧"。因此，相关法律法规对中央政府与地方政府间金融权力配置的规定应坚持"金融安全"与"金融效率"并重的原则，尤其要以金融安全为核心理念。中央政府与地方政府间任何形式的金融分权都应以不损害金融安全为底线，以有效防范和化解金融风险为金融分权的追求目标。地方政府任何形式的金融创新也应该坚持这一底线和价值目标。这是关于金融分权法律规定应坚持的基本准则。

其次，关于中央政府与地方政府金融管理权限划分的法律规定方面。在坚持国家金融安全和经济安全的基本前提下，应根据不同地方的条件差异适度调整微观层面的金融分权。例如，考虑到我国不同地区由于经济发展水平的不同，决定了相应的金融市场发育情况差距较大，赋予地方相应的金融立法权则成为中央金融法律体系的有效补充。关于中央政府与地方政府金融机构风险监管职权划分方面，应坚持中央政府承担风险大的金融机构监管职权、将风险小的金融机构监管职权划归地方政府的原则，并通过构建中央政府与地方政府间金融监管的协调配合机制及时发现与有效解决任何形式的潜在金融风险。

最后，坚守法律途径分权的制度。法律依据的缺失是中央政府与地方政府金融管理权力关系反复变动的根本原因。要扭转集权与分权失衡的局面，必须在法治轨道上实现中央政府与地方政府金融权力义务的配置。即分权方式由以行政为基础的行政性放权转向以宪法和法律为基础的法律性分权。这样可以保证金融管理权力配置的合法性，保持中央与地方金融关系的相对稳定性，有效规避中央对地方收权放权的盲目性和随意性，加强对中央政府的权力制衡，强化对地方政府的制度约束，有效制止中央政府与地方政府的双向"机会主义"。

（3）深化财政体制改革，完善财政立法。完善的财政体制立法是中央政府和地方政府金融权力均衡分配不可或缺的组成部分。第一，要通过法律途径明确划分中央政府与地方政府财权与事权划分的原则和划分方式，实现中央政府和地方政府的事权与财权相统一，地方政府财力、财权和事权相匹配，减少地方政府为了减少财政赤字而对金融资源配置进行不必要的干预。第二，修改和完善现有关于地方政府举债融资的法律规定，进一步拓宽和完善地方政府的融资渠道，除了通过银行渠道进行间接渠道外，应考虑拓宽直接融资渠道来弥补地方政府的资金缺口，并有效分散与地方政府债务有关的金融风险，尤其要采取有效措施规范地方政府融资平台的运营模式和融资行为，减少由融资平台引发的金融风险。

（三）明确地方政府与国有企业和国有银行金融机构间的产权关系

国有企业和国有银行金融机构在我国整个社会经济发展中有着非常重要的战略地位和作用，是我国进行宏观调控、传达和贯彻中央政府经济政策目标的重要手段。因此，国有企业和国有银行金融机构的不断发展壮大对我国十分重要。由于国有企业和国有银行金融机构的所有权仍属于国家，它们本质上都是国家的不同代理人，无论是国有银行金融机构还是国有企业，花的钱都是国家的钱，都享受政府的隐性担保；因此，国有银行在对国有企业贷款的过程中面临双重软预算约束。一方面，由于国有企业同政府的特殊关系，国有银行会在地方政府施加的压力下向国有企业和商业性差的不良项目贷款；另一方面，由于国有银行最终都是国家的银行，无论是银行部门本身还是银行部门负责人，出于谋求自身利益的动机，都愿意向国有企业和不良项目贷款。最终的结果是，国有银行形成的巨额不良贷款都是由政府来"埋单"，同时也不利于国有企业和国有商业银行的发展壮大。因此，应通过法律途径对国有企业进行规范、约束、保护和调节的方式来取代频繁的行政指令的方式，强化政府对国有企业和国有银行的硬约束关系，为它们的发展壮大提供宽松和良好的发展环境。

1. 明确政府与国有企业间的产权关系

一般而言，建立现代企业制度是我国国有企业改革的实现目标，而这一目标实现的必要条件是政企分开，也就是要求政府完全从国有企业中退出。从法律角度看，这意味着国家放弃对国有企业的所有权。从我国目前的情况来看，这是一个不能完全实现的目标。因此，政企分开应该指明界定政府和国有企业各自的权、责、利关系，并非政府对国有企业完全放弃和不管，而是要处理好地方政府与国有企业的边界，重新定义和明晰地方政府与国有企业各自的职能范围、社会责任及其相应的权力分配。这一切的关键在于将地方政府自身理应承担的促进就业和社会稳定等责任与义务从国有企业中分离出来，减轻国有企业的负担，并将国有企业应该享有的独立经营权和收益权等还给国有企业，为国有企业的改革和发展创造良好的宏观环境。因此，应从以下几方面处理好政府与国有企业间的产权边界关系。其一，要改变地方政府过去对国有企业的纵向约束，从过去通过控制国有企业来控制市场和产业的直接做法，转变为以宏观调控为重点，以市场的激励和约束机制为引导手段，实现市场体系的不断成熟和完善，为国有企业的发展壮大创造良好的宏观环境。其二，以转换政府职能为契机重新明确和界定地方政府与国有企业的边界，促进国有企业现代产权制度的建立和完善，最终实现建立现代企业制度的国有企业改革目标。其三，全面优化和完善社会保障体系，对在国有企业深化改革过程中的利益受损群体实施有效补偿和保障，减轻国有企业的社会负担，有效推动国有企业改革和发展的深化。其四，继续深化国有企业职业经理人选聘制度，实现国有企业经营者聘用的市场化和职业化，并以此有效推动国有企业的管理创新和制度创新。

2. 明确地方政府与国有银行金融机构间的产权关系

我国目前的国有产权制度安排使得银行自身摆脱不了中央政府和地方政府行政系统的双重约束，国有银行由于没有独立的决策权和充分的收益权而缺乏相应的监督和激励机制，最终导致银行不良资产不断增加的问题。因此，应进一步深化银行产权改革，明确银行作为独立的产权主体，改变过去银行对政府的行政隶属和上级领导关系的"纵向依赖"关系，使银行具备独立的决策权和相应的剩余索取权并承担相应的责任和义务。政府应该从以下几个方面处理好自身与银行的发展关系。其一，政府应通过适时、完善的法律体系的规范和约束作用，为银行金融机构发展所需的良好发展环境提供法律保障，为推动经济快速发展提供基本保证。其二，在坚持金融产权国有的前提下，政府应给予银行金融机构一定独立的自主经营权，具体表现在政府对银行金融机构的管理和控制方面，应通过立法形式对银行金融机构进行规范、约束、调节和保护，取代频繁变动的行政命令干预银行机构经营决策活动的方式，使银行金融机构的经营活动富有活力和弹性。

3. 明确国有银行金融机构与国有企业间的产权关系

主要通过以下几个方面处理好国有银行和国有企业间的产权关系：其一，通过进一步改革使得国有银行和国有企业各自成为具有独立利益的产权主体，改变二者在"共同产权主体"的委托代理关系下，由于存在虚拟债权债务信用关系而产生的"逆向选择"和"道德风险"。其二，国有企业作为国有银行最主要的资金运用和各项收入来源主体，应积极抓住新一轮国有企业改革创造的新机遇，在经营过程中有针对性地采取金融创新和变革自身等手段以适应国企改革，通过自身的转型和发展来有效化解金融风险。

二、建立健全地方政府行为规范

（一）完善对地方政府的激励机制

我国长期以来形成的以 GDP 增长为中心的地方政府政绩考核指标，为了实现 GDP 的快速增长，某些地方官员不计成本地进行大规模盲目投资，在财力资源不足的情况下，只能通过举借债务等手段获取大规模建设投资所需资金；由于这些巨额投资项目的收益性差，甚至没有收益，导致地方政府债务风险不断积累，因此要改变我国长期以来形成的对地方政府不合理的激励机制。从长期来看，除了把经济社会发展、环境保护、民生问题、GDP 增长等指标作为地方政绩考核标准外，还应该把地方政府债务资金举借、债务资金偿还以及债务资金使用情况等方面的指标纳入地方政府政绩考核指标体系中，从而有效克服地方政府及其官员各种急功近利的短期行为。

（二）建立健全规范的地方政府行为约束机制

为了有效控制地方政府举债行为，除了建立健全地方政府激励机制外，还必须建立相应的地方政府举债约束监督机制，通过完善法律体系加强对地方政府举债行为的法律约束。一方面，应通过加强财政监督、审计监督和统计监督等技术手段来有效约束地方政府的过度举债；另一方面，必须通过制定经济、法律、社会以及业务等指标来对地方政府经济活动的合理性、合法性和有效性进行全方位的考评，有效强化地方政府举债约束监督机制，从而有效约束地方政府的举债行为。

（三）建立健全各级政府利益协调机制

政府间关系的实质就是商品货币利益关系的表现，包括中央政府与地方各级政府间的纵向利益关系以及地方政府与地方政府间的横向利益关系。其中，财政产权的分配机制是中央政府与地方各级政府间利益关系的直接表现，而地方政府与地方政府间的利益关系主要表现为同一层级地方政府间为实现经济增长必需生产要素的产权交易。从这个意义上说，政府间关系就表现为政府间产权交易关系，即政府间通过相互的法定合同约定来实现各种形式的（有形和无形）资源产权交易。这个交易过程需要兼顾上下级政府和同一层级不同地方政府间的基本利益诉求。因此，各级政府的利益协调机制应该坚持公平合理原则。具体而言，在中央政府与地方政府间财政税收利益分配方面，应该通过进一步完善和深化财税体制改革，赋予地方政府一定的税收立法权和税收管理权限，稳定地方政府财政的长期收益性，不断弱化和减少地方政府债务风险。在地方各级政府间的利益分配协调方面，一方面，完善地方各级政府间的利益分配机制和利益补偿机制，中央政府应该通过产业政策和区域政策以及其他宏观调控政策，建立一种基于互利、平等和相互协作的新型地区利益关系，以实现各地区间的均衡发展。另一方面，在利益补偿机制方面，中央政府应通过继续完善规范财政转移制度来实现各地区（尤其是经济落后地区和经济发达地区间）间利益的公平合理分配。通过政府间利益协调机制，防止因某些地方政府过度举债产生的风险蔓延至其他地区，进而引起全国大范围地方政府债务风险的集中爆发。

第二节　不断完善市场运营机制

一、着力解决公共产权领域的产权主体虚置问题

我国在经济转型过程中，作为委托人的中央政府因无法获取各地区的具体情况与详细信息并具体执行相应职能，所以只有通过作为代理人的地方政府来实施，并以此来推动制度创新。中央政府在赋予地方政府一定创新余地的同时，在客观上也留下了以"产权虚置"（"产权模糊"）和"软预算约束"为主要内容的不规范制度环境，为地方政府大肆攫取各种"公共"资源成为可能和必要（李光荣，2010）。具体表现在两方面：第一，无论是国有企业还是国有商业银行，都尚未真正建立起产权清晰、权责明确、政企分开、自主经营和自负盈亏的现代企业制度，它们都不是具有独立利益的产权主体，两者之间也没有形成一种所有权约束的信用关系。国有商业银行贷款在政府的干预下主要流向国有企业，一旦国有企业经营不善或是破产而无法偿还银行贷款本息，就会形成大量银行不良贷款，导致商业银行金融风险不断积累和放大。第二，对于作为集体所有的土地等公共自然资源而言，由于我国农村土地

制度改革过程中同样存在着土地产权主体虚置、产权主体不明确和产权关系界定不清晰等问题，作为国家最底层代理人的基层政府和村委会实际上成为了土地所有权主体，因此农村土地的处置权和开发收益权也就掌握在地方政府和少数村干部手中（成德宁和侯伟丽，2013）。地方政府以国家名义"合法"地垄断了农村土地的商业性开发，获取了绝大部分开发收益权，并以此作为地方政府贷款融资的抵押对象；而作为农村土地经营主体的农民只获得了极少收益权，农民利益遭到了事实上的极大破坏。这也就形成了我国地方政府债务风险问题的主要根源之一。总之，由于产权虚置、产权模糊、软预算约束等问题的存在，迫于财政压力，在经济利益和政治利益的驱动下，地方政府利用中国经济体制改革过程中存在的公共领域产权界定模糊和软预算约束等缺陷，大肆攫取公共资源（辖区内的土地资源和金融资源），是我国地方政府债务风险产生的主要根源。

针对我国由于产权改革的不到位产生的产权虚置、产权模糊和软预算约束等问题，应继续推进经济体制改革，解决国有产权主体"虚置"的问题。

应进一步推进以扩大国有企业和国有商业银行的自主经营权为目标的市场化改革。针对国有企业和国有商业银行由于与政府的行政隶属和依赖关系而不具备独立的自主经营决策权，因此新一轮国有企业和国有商业银行改革应更加强调市场在资源配置中的基础性作用，赋予它们更多的生产经营自主决策权。其一，应不断探索国有企业和国有商业银行的法人治理结构，进一步明确国有企业和国有商业银行各部门的职责权限，并让国有企业和国有商业银行拥有根据自身生产经营的实际情况，自主决定本部门有关人员的选聘、考核和薪酬等方面制度的职权。其二，地方政府应该取消对国有企业和国有商业银行的各种隐性担保，也不应该干涉它们各自合法的生产经营活动，让它们的生产经营活动进入市场经济的优胜劣汰机制，在激烈的市场竞争中通过不断创新实现自身发展壮大。

二、建立健全国有企业市场退出机制

我国在经济体制转轨的过程中，受传统计划经济体制影响，国有企业和银行金融机构的市场化改革明显滞后于总体改革。鉴于二者在我国经济发展中的重要影响，出于维护经济安全和社会稳定的需要，其退出成本较高，在退出市场的制度安排上受到行政手段干预的影响较大。但是，通过行政干预手段会加剧政府财政负担，从长期看会助长国有企业的道德风险。尤其是社会存在的大而不能倒的僵尸型国有企业占据了大量社会金融资源，不利于产业升级和经济结构优化，而且由于企业负债累累，不仅减少了地方政府财政收入，而且还加剧了银行不良贷款快速飙升，引发金融风险。因此，应从以下几个方面探索市场经济条件下国有企业和国有银行金融机构的市场退出机制。

（一）要采取有效措施扫清淘汰落后国有企业退出市场的各种障碍

第一，应通过制定并严格执行相关行业的生产工艺水平、生产经营效率、管理水平以及能耗和和排污等产能落后标准，将企业的能耗环保标准与企业税费征收相结合，并根据企业能耗、环保标准实行差别化水电价格和差别化信贷政策。同时，改进地方政府官员政绩考核方式，将地方政府辖区内企业的淘汰落后产能等指标纳入政绩考核体系当中去，从而减少地方淘汰落后产能的阻力。

第二，建立和完善各项社会保障机制。通常情况下，为了防止产能过剩企业退出市场引发的一系列社会问题等严重后果，应建立和完善失业人员的赔偿、创业和再就业的指导和培训以及必要的医疗和养老等社会救助和保障工作。实现淘汰落后产业的"软着陆"，避免社会动荡。在补偿基金来源方面，可以通过两种途径实现，一是通过中央财政和地方财政共同出资的方式来承担企业退市后的社会责任；二是参照日本的经验，由行业内所有企业共同出资，通过设立"企业退出补偿基金"的方式对退出企业进行补偿。

（二）建立和完善淘汰落后国有企业市场退出机制

对于淘汰落后国有企业的市场退出，主要通过完善财政税收体制和官员晋升考核制度等措施有效弱化地方行政的干预。实践证明，地方行政干预企业的市场退出通常是与地方财政税收和官员晋升紧密联系的，因此，只有通过完善财政税收制度和官员晋升制度才能建立和完善国有企业的市场退出制度。在税收分配方面，应向促进地方增收倾斜，其有利于地方政府的财权与事权相匹配；在官员晋升的政绩考核评价制度安排方面，评价指标的制定应强化民生、环保和创新等方面的导向力度，并确保公众对官员政绩考核的参与和监督。

（三）建立和完善淘汰落后国有企业退市法律制度

相关法律制度的建立和完善对于企业的有序退出至关重要。第一，为了实现淘汰落后国有企业有序退出，应借鉴国际经验制定并严格执行涉及公民健康和经济损失等向环境污染和破坏的企业追索赔偿的相关法律法规；在关于企业破产的相关法律中，明确政府行为对企业破产干预的职责和界限，强调司法机关在企业破产过程中的主导作用。第二，应加快社会保障方面的法律制度建设，既能使相关法律规定和条文不断适应市场经济发展的新形势，同时也能确保我国社会保障制度有效运行、有法可依。

三、建立健全问题银行金融机构退出机制

从欧美等市场经济发达国家的经验来看，问题银行金融机构的市场退出是市场经济发展的必然要求。由于政府干预过多等原因，我国的问题银行金融机构市场退出机制存在非常明显的制度缺陷，主要表现在以下几个方面：首先是存在着较为浓重的行政干预色彩。由于产权国有和"大而不倒""多而不倒"等原因，当银行金融机构经营出现问题时，我国并未通过启动问题银行破产的市场退出机制，而是由政府牵头对其

进行停业整顿，结果不仅会加重政府的财政负担和银行本身的经营负担，还会助长银行金融机构的道德风险，使政府整顿的初衷和最终结果严重偏离。其次是处置手段单一，与发达国家对问题银行金融机构多种处置方式相比，我国目前对国有问题银行的处置方式仍显单一。最后是缺乏完善的相关法律框架，可操作性差。目前我国尚未形成统一的关于银行存款保险制度的规范、问题银行退市规定的法律体系，由此导致我国在启动问题银行破产程序时，由于"暗箱操作"，经营者几乎不承担责任和损失，加剧了银行的道德风险和示范效应（刘瑞文和曹利莎，2014）。

鉴于我国现有银行金融机构市场退出制度存在的缺陷，在借鉴欧美等发达国家经验的基础上，必须探索出符合我国国情的问题银行金融机构退出制度。第一，在完善关于问题银行金融机构市场退出的法律法规方面，应尽可能建立统一、全面、细化的法律体系，并具备可操作性，尤其要明确规定银行破产程序启动过程中行政监管与司法权力的关系，包括政府干预的原则、方式以及干涉的范围等。第二，要明确问题银行金融机构的危机处置主体。明确的处置主体是完善问题银行市场退出机制的前提。我国目前的问题银行危机处置主体包括中国人民银行、财政部和地方各级政府等，如果问题银行金融机构处置主体不明确则会导致处置效率不高。第三，明确银行危机的救助原则。长期以来，由于我国缺乏明晰的问题银行救助原则，在实施问题银行救助过程中，过于依靠资金注入，缺乏对资金注入效率的关注。我国应在借鉴发达国家经验的基础上，结合国际金融危机的教训、问题银行救助的国际新趋势以及我国国情，明确我国问题银行危机救助原则。

第三节　强化人大机关对地方政府债务风险的监管

我国作为社会主义国家，民主政治除了具备一般意义上的含义外，还必须体现出我国特殊政治体制环境下的内涵，即"社会主义民主政治"内涵。《中华人民共和国宪法》规定："中华人民共和国的一切权力属于人民。人民行使国家权力的机关是全国人民代表大会和地方各级人民代表大会。"我国的社会主义民主政治应该包括以下三个方面的内容：第一，建立在公有制基础之上的生产资料及其增值产生的收益应归全民占有；第二，人民的基本公民权利能够切实得到有效保护；第三，人民能够真正有效地掌控国家权力。因此，应通过发挥人民的主人翁地位，对地方政府的各种举债行为进行全面监督管理，这也是我国社会主义民主政治的经济基础。然而在现实中，要实现这一目标还有较大差距。

在我国现行的人民代表大会制度框架下，人大有权对政府机构的"钱袋子"尤其是举债融资行为进行监督。但是在很多情况下，地方政府的财政收支活动不受外部权力的监督，人大机构尤其是地方人大机构对同级地方政府各种举债行为的监督不尽人意，地方人大机构对同级政府的监督处于悬空状态。从中国政治权力结构特点来看，行政执行机构的权力处于突出位置。在这种行政主导下的政治权力配置中，地方人大难以对同级政府"钱袋子"进行实质性监督，这是地方人大机构难以有效对同级地方政府举债行为发挥监督作用的政治难题。地方政府在财政收入的支出方面，由于地方政府与市场边界不明确，各种大规模投资和"面子工程"等问题突出，导致了地方政府官员盲目冲动的举债行为。由地方政府债务规模不断膨胀引发的地方政府债务风险也在不断积累。而广大人民群众不但没有真正享受到经济发展带来的更多好处，反而成为地方政府债务风险的实际承担者。

为了改变地方政府债务风险监管过程中终极委托人缺位的情况，应不断推进民主政治建设，加强和完善广大人民群众对地方政府举债行为的监督。真正落实国家的一切权力来源于人民、归属于人民，人民拥有最高权力，人民有权对国家的权力行为进行监督和约束。在委托代理框架下，人民作为终极委托人，作为代理人的执政党和政府及其工作人员应严格在宪法和法律规定的职权范围内开展活动。其中，保证人民政治参与权与决定权是维系民主政治的根本，也是执政党和政府的最基本义务。

一、强化人大财政预算和预算执行经济监督权

根据《中华人民共和国宪法》的规定，作为权力机关的全国人民代表大会和作为政府机关的各级政府下设机构都具有对各级政府财政预算和执行进行监督的权力。例如，《中华人民共和国宪法》第六十二条规定，全国人民代表大会行使"审查和批准国家的预算和预算执行情况的报告"的职权。《中华人民共和国地方各级人民代表大会和地方各级人民政府组织法》第十一条规定：县级以上的地方各级人民代表大会行使"审查和批准本行政区域内的国民经济和社会发展规划纲要、计划和预算及其执行情况的报告"的职权。《中华人民共和国宪法》在第九十一条规定："国务院设立审计机关，对国务院各部门和地方各级政府的财政收支，对国家的财政金融机构和企业事业组织的财务收支，进行审计监督""审计机关在国务院总理领导下，依照法律规定独立行使审计监督权，不受其他行政机关、社会团体和个人的干涉"；第一百零九条规定："县级以上的地方各级人民政府设立审计机关。地方各级审计机关依照法律规定独立行使审计监督权，对本级人民政府和上一级审计机关负责。"上述规定会导致审计机关行使的职能和县级以上人民代表大会的职权发生矛盾。

我国现行的行政体制会导致作为权力机关的人大的相关职权弱化。因此，应从以下几个方面对相关法律进行修改和完善：第一，将审计机关直接交给人大管辖，明确规定审计机关由人大选举产生并对人大负责。第二，明确人大行使以下经济活动的监督职权：一是对国有企业经济活动进行监督；二是对地方政府国有土地出让收益及其支出情况进行有效监督；三是对财政性资金投入领域的各类项目立项和资金使用情况进行审查和监督，提高财政资金使用效率。

二、提升人大机构对地方政府发债行为的监管能力

首先，要加强人大队伍的建设，提升各级人大的监督能力。要从编制和规模上配备足够的专职人员数量，实现人大机构对政府举债行为的全口径、全方位、全过程和全领域的监管。其次，要建立地方人大监督的辅助力量。对政府举债行为的监督具有较强的技术性和专业性，相关监督人员需要具备较强的知识储备和技术能力。地方人大常委会在主导监督审查地方政府举债行为的基础上，可通过以下途径借助社会力量辅助人大常委会的监督：一是聘请具有专业知识的专家学者组成专家组咨询，并参与审议和调研活动，提升人大对政府举债行为监督和审查的质量；二是委托具有中立、独立和专业性优势的第三方社会机构提供关于地方政府预算审查和深入调研等方面的服务，缓减人大监督过程中存在的权力尴尬。最后，借助现代信息技术对地方政府举债行为进行实时监督。在信息化时代，人大充分利用互联网和大数据技术等现代信息技术对政府举债行为进行实时在线监督已是大势所趋。只有这样，才能随时发现政府举债过程中出现的各种问题，防止政府滥用举债权力。

三、加强对地方政府官员举债风险的责任审计

只有建立完善的地方政府官员追责机制，才能有效遏制地方政府官员隐性举债的道德风险。要加强对地方政府党政领导及融资平台主要负责人关于债务资金在"借""用""还"等方面的责任审计，建立和完善针对地方政府官员追责的"倒查追责、终身追责"制度，遏制地方政府官员的过度负债、违规负债行为，防止由地方政府债务引致各种"灰犀牛"事件的发生。

第四节　加快发展现代产业体系，夯实财政基础

做大做强经济总量，夯实财政基础，能够减少经济的脆弱性，使地方政府的负债率和债务率等指标处于相对安全的阈值区间，在防范经济风险和增强经济信心等方面发挥着极其重要的作用。这尤其表现在自 20 世纪 30 年代美国经济大萧条以来的历次系统性金融危机中，各国财政在通过财政担保以及政府股权注资等救助措施来防范和化解金融风险中发挥了不可替代的作用。而国家财力与该国的发展方式及其经济结构密切相关。因此，面对国际金融危机和经济增速放缓的压力，中国应通过经济结构调整，实现健康、持续的经济发展方式，保证未来充裕的财政收入流量，这才是化解地方政府债务风险的终极解决之道。

本书基于世界主导产业结构发展规律和产业体系演进的视角，结合美国"汽车之城"底特律申请破产保护的案例，提出通过发展和壮大具有"结构优化、技术先进、附加值高和市场竞争力强"① 等特征的现代产业体系来化解中国地方政府性债务风险的观点，并就化解机理进行分析。

一、现代产业体系的内涵

"现代产业体系"作为中国特有语境下的一个概念，首次出现在党的十七大报告中，提出了"发展现代产业体系，大力推进信息化与工业化融合，促进工业由大变强，振兴装备制造业""提升高新技术产业""发展现代服务业，提高服务业比重和水平""加快发展现代能源产业和综合运输体系"等论述。《中华人民共和国国民经济和社会发展第十二个五年规划纲要》提出了"发展结构优化、技术先进、清洁安全、

---

① 参见《中华人民共和国国民经济和社会发展第十二个五年规划纲要》。

附加值高、吸纳就业能力强的现代产业体系"。党的十八大报告提出了"着力增强创新驱动发展新动力,着力构建现代产业发展新体系",明确了我国经济转型升级和提高产业竞争力的方向。在党的十九届五中全会通过的《中共中央关于制定国民经济和社会发展第十四个五年规划和二〇三五年远景目标的建议》中,强调要"加快发展现代产业体系,推动经济体系优化升级"。

关于现代产业体系的内涵和特点,官方和学界分别从不同的角度进行了论述。新华网(2007)在关于发展现代产业体系的党的十七大报告解读中认为,现代产业体系就是"在科技进步的推动下,经济不断发展、产业结构逐步优化升级的过程"。[1] 2008 年,广东省委、省政府出台的《关于加快建设现代产业体系的决定》对现代产业体系作了明确的界定:"现代产业体系是以高科技含量、高附加值、低能耗、低污染、自主创新能力强的有机产业群为核心,以技术、人才、资本、信息等高效运转的产业辅助系统为支撑,以环境优美、基础设施完备、社会保障有力、市场秩序良好的产业发展环境为依托,并具有创新性、开放性、融合性、集聚性和可持续性特征的新型产业体系。"[2] 刘明宇、苗明杰(2009)认为,现代产业体系是指具有当代领先竞争优势又面向未来发展趋势的产业体系。其发展既受本国既有的要素禀赋路径依赖影响,也受要素禀赋升级和专业化分工产生影响。张明哲(2010)认为,现代产业体系的核心是先进制造业、现代服务业和现代农业相互融合、协调发展的系统。刘钊(2011)认为,现代产业体系不仅包括由自主创新驱动的现代工业的不断升级与调整,还包括现代金融、现代信息、现代物流、现代交通等现代服务业的快速发展。高煜(2020)认为,现代产业体系具有资源节约、环境友好和开放先进等特征,现代产业体系是实现高质量发展的一项重大战略内容。

---

① 新华网. 发展现代产业体系 [EB/OL]. [2007 – 11 – 29]. http://news. xinhuanet. com/ newscenter/2007 – 11/29/content_7165771. htm.

② 新华网. 粤出台《关于加快建设现代产业体系的决定》[EB/OL]. [2008 – 07 – 28]. http://www. gd. xinhuanet. com/sungov/2008 – 07/28/content_13946749. htm.

作为推动社会进步的重要力量，现代产业体系主要是相对于传统产业而言的。其内涵随着时代的发展而不断变迁和丰富，体现了现代产业体系与时俱进的特征。例如，党的十七大报告在关于现代产业体系的论述中，主要强调现代产业体系的集群发展、环境友好、结构优化和创新驱动等标准。在党的十八大报告中，现代产业体系被赋予了"需求拉动""实体经济发展""城乡区域发展协调互动"等新的内涵。在党的十九大报告中，现代产业体系被赋予"高质量发展"的新内涵。从整体来看，现代产业是一国在特定发展过程中由先进制造业、现代服务业和现代农业相互融合、协调发展的新型产业体系，具有结构优化、创新驱动和创新引领、高科技含量、高附加值、开放先进和竞争力强等特征。

中国地方政府债务的不断积累及其快速膨胀，其本质是中国地方产业发展滞后的表现。从长远看，须从产业创新入手，通过发展科技含量高、附加值高、处于全球产业价值链高端环节的知识型现代产业体系入手，不断增强政府可支配财力资源并实现经济快速可持续发展，才能有效化解我国地方政府债务风险问题。

二、加快现代产业体系发展与地方政府债务风险的有效化解

根据演化发展经济学的观点，生产力发展的实质是，报酬递增的产业在一个国家或地区在生产活动中不断出现，而这样的产业通常是与大规模劳动分工结合在一起的。通过报酬递增行业的带动作用及其产业协同效应所形成的正反馈，可实现更多行业生产率的提高，有助于解决该国或地区由于经济结构不合理所引发的各种矛盾和问题。现代产业体系作为一种高质量经济活动，源于重大技术创新，通过掌握具有自主品牌和自主知识产权的具有高附加值特征的核心技术，以形成系统性边际报酬递增的知识型现代产业结构，实现产业的生产率、企业利润与工人实际工资的共同提高，通过技术进步带来的较高经济增长惠及整个社会，为一个国家或地区的政府、资本和劳动带来高税收、高利润和高工资。

这不但能够增加地方政府的偿债能力和化解债务风险的能力，而且还能通过高税收、高利润和高工资三者之间的协同效应促进经济走上良性循环可持续发展道路。

首先，现代产业体系的高附加值特征带来了惠及整个社会实际工资水平的整体提高。现代产业体系的重大技术创新先是发生在某个行业的单个企业，技术创新企业凭借其技术优势通过垄断竞争优势实现了产品附加值的提高并获得超额利润。这时，企业的新技术效应会通过扩散效应，使得该行业的技术进步及其产品和服务的附加值和实际工资水平表现出整体性的提高。伴随着新技术成熟度的不断提高和推广以及制度创新的不断推出，与行业相关的其他产业创新会相继不断出现，开始呈现出立体化产业创新并不断拓展，最终形成技术创新、制度创新和产业创新协同发展的综合创新性的现代产业体系。现代产业体系作为一种高质量且具有技术外溢性的经济活动，由于产业间协同效应，通过发展高质量生产活动带动了处于低端生产活动生产率的提高，并带来了惠及整个社会的实际工资收入水平的整体提高，从而有效缩小一个国家或地区的收入差距。

其次，由现代产业体系发展带来的实际工资水平提高，有利于形成规模更大的对新技术产品和服务的需求、更高的储蓄，并伴随着劳动节约型生产技术的改进和提高。一方面，更大规模的内需尤其是对新技术产品和服务需求的扩大有利于实现需求从低层次产品和服务消费需求向高层次产品和服务消费需求升级，从而为现代产业体系生产的新产品和服务提供更广阔的市场，进而为现代产业体系的科技创新活动提供其发展所需的规模经济和范围经济；另一方面，更高的实际工资水平会促使企业进行节约劳动成本的生产技术创新以获取更高的利润，并形成规模更大的储蓄，有利于促进更大规模的投资。这样一来，广阔的市场前景、更高的利润以及规模更大的投资又会加快现代产业体系的技术创新，使得该国经济活动质量不断提高，产品和服务的国际竞争力不断增强，促成政府可支配财源、资本投资利润和实际劳动工资不断提高。而国家不断增加的财源则是增强地方政府偿债能力并有效化解地方政府债务风险的最直接有效手段。

最后，发展现代产业体系带来的政府税基扩大和财源增加，除了增强政府的偿债能力外，还有助于政府投资于基础设施、教育、医疗和社会保障等公共事业的改善，进而促进科技的研发、人才的培养以及企业员工素质的提高，从而促进企业（特别是创新能力强的从事高技术活动的企业）投资，并带来技术外溢和边际报酬递增产业的活动。尤其是通过技术外溢带动其他处于低端的传统产业升级和发展提高，实现社会生产率的全面提高。这又将会带来更高的惠及国民的实际工资水平提高，从而形成更高的需求水平、更大的储蓄规模以及更持久和更广泛的政府的税基。通过现代产业体系间产生的良性互动效应，从总体上提升社会经济发展的整体质量，实现高额税收、高额利润和高工资水平以及化解地方政府债务风险之间的良性互动循环。

由以上分析可知，化解地方政府债务风险，关键在于顺应主导产业的发展趋势，发展新型的多元化产业体系，推动产业结构转型和升级，是实现经济可持续发展、有效化解政府债务风险的前提。通过发展高附加值特征的知识技术密集型现代产业体系，实现经济持续、快速增长，保证政府未来充裕的可支配财源，才是有效化解我国地方政府债务风险的有效途径。

三、案例分析：底特律市破产案例对化解地方政府债务风险的启示

2013年2月19日，一个由密歇根州政府任命的专家组宣布底特律陷入财政危机，同年7月，底特律申请破产保护，成为申请破产的美国最大城市。

自20世纪60年代以来，作为美国老工业基地，面对经济衰退和工业企业外迁的迹象，底特律市开始实施以汽车为龙头产业，以城市建设为主要方针的复兴计划，大搞城市基础建设，忽视了对包括高素质劳动力和企业家精神在内的人才培养，最终导致事与愿违。自1972年以来，

底特律工商企业减少了 83%，其中，政府重点扶持的汽车业及制造业减少了 73%。[①] 主导产业的衰败致使底特律财政持续多年收不抵支，欠下了巨额的债务，在次贷危机的重创之下，最终直接导致底特律破产，并陷入了"产业衰退——工作岗位减少——人口外流——税收下降——政府债务增加"的恶性循环。而处于同时期的芝加哥，在科学目标的指引下，一方面，以传统优势的制造产业为基础，重点扶持和引进与制造业紧密关联、处于研发和营销等高端价值链环节的新兴服务业，成功实现对传统主导产业的改造和升级，延续了传统产业的生命力和竞争力。另一方面，通过利用有利的地位和优势，大力发展商贸、金融、会展及旅游业等第三产业，经过多年努力和发展，芝加哥实现了以服务业为主导的多元化经济发展目标，形成了以服务业为主的多元化经济结构，成为国际航空运输中心、国际光缆通信中心、美国制造之都、金融贸易之都、会展之都和文化教育中心。[②]

底特律市由于产业转型失败导致申请破产保护和芝加哥产业转型成功的经验告诉我们，地方政府债务风险的产生及其有效化解，与地方特定的产业结构、地方财政收入的可持续性密切相关。

首先，地方经济社会的可持续发展要尊重产业发展和调整的规律。根据经济结构转型内在规律，新旧主导产业更迭是产业发展的必然趋势。对地方经济发展而言，不能固守旧有的经济发展模式，这是极其危险的。顺应现代产业的发展趋势，推动经济结构转型和升级，是实现经济可持续发展、有效化解债务风险的前提。

其次，地方政府的财政收入不能过度集中于特定的主导产业及其相应的龙头企业。地方财政应尽量实现财政收入来源多元化，否则，一旦该主导产业或龙头企业遭受市场的不确定性风险，将会对地方财政收入产生较大冲击。在财政支出刚性的情况下，会导致地方政府债务风险的出现。当前，中国一些地方政府的财政收入来源长期过度依靠单一支柱性产业（尤其是高度依赖房地产），在没有相应替代产业的情况下，

---

①② 中信建投证券. 底特律破产警示中国 ［J］. 资本市场，2014（1）：55.

由于产业衰退或转移或行业产品价格下跌，将会使得地方财政收支体系成为无源之水，不但会引发地方财政危机，还将引发金融风险乃至危机。因此，积极发展与多元化经济结构相关的现代产业体系对地方经济发展来说是十分必要的。

再次，地方经济发展的核心是新兴产业的发展和有效就业岗位的提供。从底特律经验看，由于没有新兴产业的支撑和有效就业岗位的缺乏，对地方财政收入产生了较大的冲击。尤其是在面临公共服务等刚性支出不断增加的情况下，为了缓解财政收入风险，增加税收是必然采取的措施。但是，高税负必然会导致资本和产业转移，甚至富裕阶层为了逃避高额税收也会向外迁徙，这将在很大程度上加剧本地财政收入的恶化。因此，须发展具有良好市场前景的新兴产业，提供有效的就业，有效促进地方经济社会的整体发展，尤其是促进基础设施和教育、医疗、治安和养老等基本保障体系的发展完善，并形成相互间的良性互动。

最后，底特律市破产和芝加哥经济转型成功的事实证明，单纯依靠大规模城市基础设施建设来扭转经济衰退的做法是低效甚至无效的。注重高素质人才和多元化新兴产业体系的培养和发展才是经济发展最坚实的基础。当前，中国很多地方政府债务都主要是由过度投资造成的。大量资金花费基础设施建设上，由于基础设施收益性差、现金回笼速度慢，在资金链得不到流转的情况下，地方政府只有继续举债，从而导致地方政府债务规模不断积累和膨胀。因此，中国地方政府应该未雨绸缪，注重对多元化新兴产业的引导和培育，是实现经济健康持续发展、有效化解地方债务风险的有效手段。

主要参考文献

［1］A. 爱伦·斯密德. 财产、权利和公共选择 ［M］. 黄祖辉，等译. 上海：上海三联书店，1999.

［2］埃里克·S·赖纳特. 富国为什么富　穷国为什么穷 ［M］. 杨虎涛，陈国涛，等译. 北京：中国人民大学出版社，2010.

［3］安德烈·施赖弗，罗伯特·维什尼. 掠夺之手——政府病及其治疗（中文版）［M］. 赵红军，译. 北京：中信出版社，2004.

［4］巴曙松. 应从金融结构演进角度客观评估影子银行 ［J］. 经济纵横，2013（4）：27－30.

［5］巴泽尔. 国家理论：经济权利、法律权利与国家范围 ［M］. 钱勇，等译. 上海：上海财经大学出版社，2006.

［6］［美］Y. 巴泽尔. 产权的经济分析 ［M］. 费方域，等译. 上海：上海三联书店，1997：3－144.

［7］保罗·A·萨缪尔森. 经济学（第十四版）上 ［M］. 中译本. 北京：首都经济贸易大学出版社，1996：15.

［8］布坎南. 公共财政 ［M］. 赵锡军，等译. 北京：中国财政经济出版社，1991.

［9］布坎南. 民主财政论 ［M］. 穆怀鹏，译. 北京：商务印书馆，2011.

［10］布坎南. 亚当·斯密关于法律、警察、岁入及军备的演讲 ［M］. 北京：商务印书馆，1962：42.

［11］财政部预算司. 国外地方政府债务规模控制与风险预警情况

介绍 ［EB/OL］．［2008 － 09 － 18］. http：//www. mof. gov. cn/preview/yusuansi/zhengwuxinxi/guojijiejian/200809/t20080918_76134. html.

　　［12］藏学英. 关于金融风险的理论思考 ［J］. 天津市委党校学报，2000 （2）：45 －47.

　　［13］曹春芳，马连福，沈小秀. 财政压力、晋升压力、官员任期与地方国企过度投资 ［J］. 经济学季刊，2014 （4）：1415 －1433.

　　［14］曹萍，周巧洪. 公共选择理论视角下地方政府债务风险研究 ［J］. 财经问题研究，2015 （8）：62 －68.

　　［15］常勇智，丁四宝. 中国产权区域研究 ［J］. 社会科学家，2013 （4）：65 －68.

　　［16］陈凡，王海成. 财政分权框架下的地方政府债务问题研究 ［J］. 理论导刊，2013 （3）：83 －85.

　　［17］陈敬德. 试论政府间产权交易 ［J］. 福州党校学报，2004 （5）：28 －31.

　　［18］陈均平. 中国地方政府债务的确认、计量和报告 ［M］. 北京：中国财政经济出版社，2010.

　　［19］陈望云. 中国地方政府债务对经济增长的影响效应分析 ［D］. 中南财经政法大学硕士学位论文，2018.

　　［20］陈维达. 论政府财产制度的完善 ［J］. 重庆工商大学学报（社会科学版），2007 （2）：13 －19.

　　［21］陈永忠，高勇. 上市公司壳资源利用理论与实务 ［M］. 北京：人民出版社，2004.

　　［22］陈正. "以市场换技术" 的战略相关性——《中国企业技术成长机制及竞争力研究》评价 ［J］. 中南财经政法大学学报，2002 （1）：136 －139.

　　［23］成德宁，侯伟丽. 产权经济学视角下我国农村土地产权结构问题研究 ［J］. 南都学坛（人文社会科学学报），2013 （3）：105 －110.

　　［24］程恩富. 西方产权理论评析 ［M］. 北京：当代中国出版社，1997：74.

［25］程启智. 建立现代产权制度是完善社会主义市场经济体制的关键［J］. 学习论坛，2004（8）：19 – 22.

［26］崔兵，邱少春，尹华阳. 中国式分权下的地方政府负债：特征事实、理论解释与治理思路［J］. 西南金融，2017（9）：17 – 22.

［27］崔琳，王宇峰. 地方政府财政风险转化为金融风险的途径及对策研究［J］. 华北金融，2012（10）：30.

［28］道格拉斯·C. 诺斯. 经济史中的结构变迁［M］. 陈郁，罗华平，等译. 上海：上海三联书店，1994.

［29］道格拉斯·诺斯，罗伯特·托马斯. 西方世界的兴起［M］. 北京：学苑出版社，1988：134.

［30］邓大才. 产权的政治逻辑：产权怎样、如何影响政治——从产权政治的功能视角考察［J］. 学习与探索，2014（9）：73 – 78.

［31］斯蒂芬·贝利. 地方政府经济学：理论与实践［M］. 左昌盛，周雪莲，常志霄，译. 北京：北京大学出版社，2006：3.

［32］斯蒂格利茨. 《经济学》小品和案例［M］. 北京：中国人民大学出版社，1999：38.

［33］习伟涛，傅巾益. 我国县级政府债务风险的分类度量、区域分布和变化特征：2015 – 2017［J］. 财政研究，2019（5）：58 – 76.

［34］丁长清. 中国古代的市场与贸易［M］. 北京：商务印书馆国际有限公司，1997：3 – 4.

［35］丁孝智，周丽，张华. 现代产业发展服务体系建设研究——基于国内外高新区的分析框架［M］. 北京：企业管理出版社，2012.

［36］东航金融·中国金融安全报告课题组. 中国金融安全报告（2012）［M］. 上海：上海财经大学出版社，2012：75 – 76.

［37］董事坤. 中央与地方金融权力的变迁［J］. 湖北大学学报（哲学社会科学版），2014（5）：65 – 69.

［38］樊纲. 论"国家综合负债"——兼论如何处理银行不良资产［J］. 经济研究，1999（5）：3 – 5.

［39］封北麟. 地方政府隐性债务问题分析及对策研究［J］. 财政

科学，2018（5）：55-62.

[40] 冯静，石才良. 地方政府债务违约的博弈理论分析 [J]. 中央财经大学学报，2006（3）：6-10.

[41] 冯俏彬. 私人产权与公共财政——英中比较研究 [J]. 财政研究，2006（4）：21-31.

[42] 冯涛，袁为. "政府产权"范式的理论内涵及其对政府改革的意义 [J]. 福建论坛·人文社会科学版，2008（3）：9.

[43] 弗里德里希·恩格斯. 家庭、私有制和国家的起源 [M]. 北京：人民出版社，1999.

[44] 傅志华，韩凤芹，周孝，等. 疫情冲击下的地方财政形势：现状、风险与应对 [J]. 地方财政研究，2020（7）：39-56.

[45] 高程. 国际竞争视角下的产权制度与大国兴衰——一个新古典政治经济学的分析框架 [J]. 世界经济研究，2012（11）：3-87.

[46] 高凡. 我国转型轨时期的银企关系 [J]. 从金融产权的角度分析，2003（2）：23-26.

[47] 高海涛，原建松，刘益. 产业安全：产权经济学的视角 [J]. 北京印刷学学报，2014（3）：42-46.

[48] 高鸿桢，朱平辉. 国家金融安全的统计分析 [M]. 北京：中国统计出版社，2005.

[49] 高煜. 黄河流域高质量发展中现代产业体系构建研究 [J]. 人文杂志，2020（1）：13-17.

[50] 郭柯. 我国城投债的风险与对策 [J]. 中共中央党校学报，2014（3）：86-90.

[51] 郭玉清. 逾期债务、风险状况与中国财政安全——兼论中国财政风险预警与控制理论框架的构建 [J]. 经济研究，2011（8）：38-50.

[52] 哈林顿. 大洋国 [M]. 北京：商务印书馆，1996：10.

[53] 韩红柳. 我国金融功能财政化和财政风险的相关性研究 [D]. 北京交通大学硕士学位论文，2014.

［54］何忠明，蓝翁伟.金融风险的度量、评价与防范［J］.金融经济，2014（10）：74-77.

［55］贺虹.完善地方财政与地方金融关系的思考［J］.财会研究，2011（22）：9-12.

［56］赫尔南多·德·索托.另一条道路［M］.北京：华夏出版社，2007：188.

［57］洪明勇.巴泽尔产权不完全理论探析［J］.河北经贸大学学报，2016：33-85.

［58］侯晓东，曾繁华.经济增长与供需均衡——基于市场产权理论分析［J］.学习与实践，2016（5）：5-10.

［59］胡戎恩.走向财富：私有财产权的价值与立法［M］.北京：法律出版社，2006：71.

［60］胡舒扬.地方政府债务融资行为的制度规制研究［D］.中南财经政法大学博士学位论文，2019：61.

［61］黄少安.产权经济学［M］.北京：经济科学出版社，2004：2.

［62］黄少安.产权理论与制度经济学［M］.湘潭：湘潭大学出版社，2008：50.

［63］黄少安.关于制度变迁的三个假设及其验证［J］.中国社会科学，2000（4）：41.

［64］简兆权，招丽珠.国有企业退出的动力和成本机制研究［J］.生产力研究，2008（20）：127-129.

［65］姜文仙，覃成林.区域协调发展的产权经济学分析［J］.经济体制改革，2009（6）：133-137.

［66］蒋明，蒋海曦.中国跨国公司的市场产权问题研究［J］.商业经济与管理，2013（4）：36-42.

［67］坎南.亚当·斯密关于法律、警察、岁入及军备的演讲［M］.陈福生，陈振骅，译.北京：商务印书馆，1962.

［68］康芒斯.制度经济学［M］.北京：商务印书馆，1962.

［69］康芒斯.制度经济学［M］.于树生，译.北京：商务印书

馆，2011：84 – 86.

［70］柯武刚，史漫飞. 制度经济学［M］. 北京：商务印书馆，2000：390 – 391.

［71］柯武刚，史漫飞. 制度经济学——社会秩序与公共政策［M］. 北京：商务印书馆，2004.

［72］科内尔. 短缺经济学［M］. 北京：经济科学出版社，1986.

［73］［美］R. 科斯，A. 阿尔钦，D. 诺斯. 财产权利与制度变迁——产权学派与新制度学派译文集［M］. 刘守英，译. 上海：上海三联书店，1991.

［74］科斯，诺斯，威廉姆登. 制度、契约与组织——从新制度经济学角度的透视［M］. 北京：经济科学出版社，2003.

［75］孔宪隧，陈华. 全球财政风险、财政危机及财政平衡与治理［J］. 财政研究，2014（7）：50 – 53.

［76］李安安. 财政与金融法律界分视域下的地方债务治理［J］. 政法论丛，2018（3）：108 – 116.

［77］李冠青，李成友，王希希. 我国地方政府债务投向及有效性分析——基于产业网络效应视角的实证研究［J］. 世界经济与政治论坛，2019（5）：97 – 117.

［78］李光荣. 中国金融风险与经济安全论纲［M］. 北京：中国社会科学出版社，2010：173 – 186.

［79］李国旺. 地方政府债务的对冲手段［J］. 国际融资，2014（2）：25 – 29.

［80］李红霞，刘天琦. 新一轮分税制财政体制改革探析［J］. 地方财政研究，2013（10）：24 – 28.

［81］李经纬. 经济社会学视角中的地方政府债务风险问题［D］. 复旦大学博士学位论文，2012：39 – 41.

［82］李连仲，李连弟. 社会主义市场主体界说及规范［J］. 探索，1995（4）：11 – 12.

［83］李茂媛. 地方政府债务风险的本源探究及防范措施［J］. 江

西社会科学，2012（3）：44 – 48.

［84］李敏. 中国地方政府性债务风险管理研究［D］. 首都经济贸易大学博士学位论文，2014：19.

［85］李萍. 地方政府债务管理：国际比较与借鉴［M］. 北京：中国财政经济出版社，2009：96 – 97.

［86］李项峰. 地方政府行为外部性研究［D］. 暨南大学博士学位论文，2007：41.

［87］李新光，胡日东. 地方政府债务影响因素及空间传染效应的实证［J］. 统计与决策，2016（1）：153 – 156.

［88］李亚玲. 中国现代银行产权制度的变迁研究（1950 – ）［M］. 北京：人民出版社，2009.

［89］李岩. 财政分权的产权理论分析及其对中国的启示［J］. 当代经济管理，2012（12）：87 – 91.

［90］李扬，张晓晶. 中国国家资产负债表 2013——理论、方法与风险评估［M］. 北京：中国社会科学出版社，2013：77 – 169.

［91］李子彬. 中国中小企业 2013 蓝皮书——进一步发挥中小企业促进社会就业增长的重要作用［M］. 北京：中国发展出版社，2013.

［92］理查德·派普斯. 财产论［M］. 蒋琳琦，译. 北京：经济科学出版社，2003.

［93］栗本慎一郎. 经济人类学［M］. 王名，等译. 北京：商务印书馆，1997.

［94］梁发芾. 晚清民国地方债［J］. 新理财（政府理财），2014（1）：32 – 33.

［95］廖元和. 公有产权制度与市场经济的关系［J］. 中国社会科学院研究生院学报，1993（3）：1 – 10.

［96］林国庆. 浅论我国地方债务风险［J］. 税务研究，2001（1）：74 – 76.

［97］林毅夫，李志赟. 政策性负担、道德风险与预算软约束［J］. 经济研究，2004（2）：17 – 27.

[98] 刘朝，周宇. 地方政府债务的双重效应与风险控制初探 [J]. 山东经济，2011（1）：80-86.

[99] 刘大生. 产权的基本问题研究 [J]. 经济评论，2001（1）：3-10.

[100] 刘广之. 政府产权视角下的地方政府行为优化研究 [D]. 广西大学硕士学位论文，2018：12.

[101] 刘建雄. 财政分权、政府竞争与政府治理 [M]. 北京：人民出版社，2009.

[102] 刘静. 产权研究（一）[M]. 北京：学苑音像出版社，2004：131.

[103] 刘利刚，陈少强. 中国应允许地方政府举债吗？[J]. 世界经济，2006（4）：37-41.

[104] 刘璐，裴平. 不确定性、金融风险和金融危机之辨析 [J]. 金融与教学研究，2011（6）：8-12.

[105] 刘瑞娜. 市场产权理论质疑 [J]. 马克思主义研究，2011（8）：62-68.

[106] 刘蓉，黄洪. 我国地方政府债务风险的度量、评估与释放 [J]. 经济理论与经济管理，2012（1）：83-88.

[107] 刘尚希. 财政风险及其方法问题研究 [M]. 北京：经济科学出版社，2004.

[108] 刘尚希. 财政风险，一个分析框架 [J]. 经济研究，2003（5）：23-31.

[109] 刘尚希. 公共产权制度：公共资源收益全民共享的基本条件 [J]. 中共中央党校学报，2014（10）：69.

[110] 刘尚希，吉富星. 公共产权制度：公共资源收益全民共享的基本条件 [J]. 中共中央党校学报，2014（5）：73.

[111] 刘尚希. 辖区财政：财政体制改革的构想 [J]. 地方财政研究，2013（10）：17-18.

[112] 刘尚希. 以拆弹的精准和耐心化解地方隐性债务风险 [J].

地方财政研究，2018（8）：4－6.

［113］刘诗白. 论产权制度及其功能［J］. 经济体制改革，1993（5）：7－12.

［114］刘伟，李风圣. 产权通论［M］. 北京：北京出版社，1998：10－11.

［115］刘伟，平新乔. 经济体制改革三论：产权论、均衡论、市场论——关于社会主义经济思想史的思考［M］. 北京：北京大学出版社，1990：2.

［116］刘瑞文，曹利莎，张同建. 我国问题银行危机处置和市场退出机制研究［J］. 经济纵横，2014（6）：102－106.

［117］刘文勇. 现代产业体系的特征考察与构建分析［J］. 求是学刊，2014（3）：52－58.

［118］刘星，岳忠志，刘谊. 地方政府债务风险预警机制研究［M］. 北京：经济管理出版社，2005：38.

［119］刘明宇，苗明杰. 全球化背景下中国现代产业体系的构建模式研究［J］. 中国工业经济，2009（5）：57－66.

［120］刘钊. 现代产业体系的内涵与特征［J］. 山东社会科学，2011（5）：160－162.

［121］龙建民. 历史的约束——影响西南地区彝族社会经济发展和商品经济发育的历史因素［J］. 贵州民族研究，1988（7）：22－30.

［122］卢庆昌. 财产所有权和与财产所有权有关的财产权［J］. 河北法学，1987（4）：39.

［123］卢现祥. 解读市场所有权优势理论［N］. 湖北日报，2002－06－06，第003版.

［124］卢现祥. 论产权的起源与国家在产权制度形成中的作用［J］. 学术研究，1996（7）：31.

［125］卢现祥. 论产权制度、要素市场与高质量发展［J］. 经济纵横，2020（1）：65－75.

［126］卢现祥. 新制度经济学［M］. 武汉：武汉大学出版社，2012.

［127］卢现详，朱巧玲．论市场的上层组织及其功能［J］．财经科学，2007（1）：50．

［128］卢现祥，朱巧玲．新制度经济学（第二版）［M］．北京：北京大学出版社，2017：115．

［129］吕炎，唐韬．农村土地产权制度的缺陷及创新研究［J］．商业时代，2014（5）：124－125．

［130］罗小芳，卢现祥．健全以公平为原则的产权保护制度［N］．湖北日报，2020－08－05．

［131］马蔡琛．基于政府预算视角的地方隐性债务管理［J］．财政科学，2018（5）：18－23．

［132］马海涛，马金华．解决我国地方政府债务的思路［J］．当代财经，2011（7）：43－49．

［133］马洪范．财政视角下的金融政策研究［M］．北京：中国财政经济出版社，2014．

［134］马金华，李国峰，谢兴春．美、日地方政府债务管理及其对我国的启示［J］．创新，2010（1）：41－45．

［135］马骏．国家资产负债表探究［J］．中国外汇，2013（1）：18－20．

［136］马树才，华夏，韩云虹．地方政府债务影响金融风险的传导机制——基于房地产市场和商业银行视角的研究［J］．金融论坛，2020（04）：70－80．

［137］马克思，恩格斯．马克思恩格斯全集（第2卷）［M］．北京：人民出版社，1957：615．

［138］马克思，恩格斯．马克思恩格斯全集（第1卷）［M］．北京：人民出版社，1972：375．

［139］马克思，恩格斯．马克思恩格斯全集（第30卷）［M］．中共中央马克思恩格斯列宁斯大林著作编译局，译．北京：人民出版社，1974．

［140］马克思，恩格斯．马克思恩格斯全集（第23卷）［M］．中

共中央马克思恩格斯列宁斯大林著作编译局，译．北京：人民出版社，1972．

［141］马克思，恩格斯．马克思恩格斯选集（第4卷）［M］．北京：人民出版社，1972：110-159．

［142］马万里，张敏．地方政府隐性举债对系统性金融风险的影响机理与传导机制［J］．中央财经大学学报，2020（3）：10-18．

［143］马万里．中国式财政分权：一个扩展的分析框架［J］．当代财经，2015（3）：29-33．

［144］满都尔图．论商品交换的起源及其原始形态［J］．民族研究，1983（1）：18-26．

［145］缪小林，伏润民．地方政府债务风险的内涵与生成：一个文献综述及权责时空分离下的思考［J］．经济学家，2013（8）：90-101．

［146］诺思．经济史中的结构变迁［M］．上海：上海三联书店，1991．

［147］欧锦雄．所有权结构理论研究［J］．河北法学，2000（6）：34．

［148］派普斯理．财产论［M］．北京：经济科学出版社，2003：40．

［149］钱津．政府是市场不可或缺的主体［J］．经济纵横，2014（7）：13-17．

［150］沈伟．中国的影子银行风险及规制工具选择［J］．中国法学，2014（4）：151-177．

［151］盛洪．现代制度经济学（第二版·上卷）［M］．北京：中国发展出版社，2009：83-84．

［152］施蒂格勒．价格理论［M］．李青原，等译．北京：商务印书馆，1992．

［153］石绍宾．地方债为公共品融资：条件与效应分析［J］．税务与经济，2007（2）：24-28．

［154］石秀红．地方政府债务风险的现状分析与未来展望［J］．银行家，2019（10）：14-17．

［155］时红秀．财政分权、政府竞争与中国地方政府债务［M］．

北京：中国财政经济出版社，2007.

［156］史朝阳. 经济增长视角下我国地方政府债务问题研究［D］. 华中科技大学博士学位论文，2012.

［157］史亚荣，雷寂. 基于全球主权债务危机视角探讨我国地方政府债务问题［J］. 兰州大学学报（社会科学版），2014（1）：150-156.

［158］史亚荣. 区块链视角下地方政府隐性债务的治理思路［J］. 甘肃社会科学，2020（2）：185-191.

［159］舒志强. 产权理论发展史［M］. 北京：经济科学出版社，2013.

［160］思拉恩·埃格特森. 新制度经济学［M］. 北京：商务印书馆，1996：242-289.

［161］孙国峰. 防范银行系统性金融风险应当强化资本约束［EB/OL］. ［2018-07-08］. http：//finance. sina. com. cn/money/bank/2018-07-08/doc-ihezpzwt5426082. shtml.

［162］谭崇台. 评曾繁华博士的《中国企业技术成长机制及竞争力研究》［J］. 经济研究，2002（5）：88-91.

［163］谭劲松，简宇寅，陈颖. 政府干预与不良贷款——以某国有商业银行1998~2005年的数据为例［J］. 管理世界，2012（7）：34.

［164］汤睿君. 浅论地方政府债务的效应及原因［J］. 时代金融，2012（24）：228-245.

［165］唐云锋，刘清杰. 土地财政、房价上涨与地方政府债务风险——基于双向叠加视角的研究［J］. 财经问题研究，2020（02）：81-89.

［166］唐云锋. 政府债务危机的生成机制与扩散路径：基于中欧比较的逻辑推演［J］. 社会科学战线，2016（5）：76-83.

［167］田国双，张行斌. 现代产权理论、公共财政理论与国有林权改革［J］. 西北大学学报（哲学社会科学版），2011（5）：85-88.

［168］托马斯·皮凯蒂. 21世纪资本论［M］. 巴曙松，陈剑，等译. 北京：中信出版社，2014.

［169］万红. 原始市场交换与市场起源问题研究述略［J］. 世界民族, 2003（3）: 36 – 43.

［170］万红. 中国西南民族地区市场的起源与历史形成［D］. 中国社会科学院研究生院, 2002.

［171］万举. 公共产权、集体产权与中国经济转型［J］. 财经问题研究, 2007（5）: 77 – 82.

［172］汪丁丁. 产权的经济分析: 从"交易费用"到"博弈均衡"［N］. 企业家日报, 2017 – 06 – 09.

［173］王蓓. 后土地财政时期地方债务风险向金融风险传导及化解对策研究［J］. 当代经济管理, 2013（7）: 85 – 88.

［174］王朝俊, 陈诗波. 市场产权与国家经济安全问题研究［J］. 法制与社会, 2008（4）: 88.

［175］王璐. 地方政府债券违约风险处置的法治逻辑［J］. 安徽大学学报（哲学社会科学版）, 2020（2）: 121 – 129.

［176］王玮. 地方财政学（第二版）［M］. 北京: 北京大学出版社, 2015: 3.

［177］王小平. 现代产业体系与服务业发展［M］. 北京: 人民出版社, 2011.

［178］王学凯, 樊继达. 系统性金融风险: 内在逻辑、形成机制与防范策略［J］. 中共中央党校（国家行政学院）学报, 2020（6）: 134 – 140.

［179］王滢. 我国商业银行不良贷款现状浅析［J］. 企业技术开发, 2014（7）: 116 – 118.

［180］王志毅. 市场历史起源及其历史演进考证［J］. 1998（2）: 29 – 31.

［181］魏杰. 仅有产权清晰是不行的［J］. 改革与理论, 1998（1）: 13.

［182］吴俊培, 李淼焱. 中国地方债务风险及防范研究——基于对中西部地方债务的调研［J］. 财政研究, 2013（6）: 25 – 30.

[183] 吴俊培，张斌．中国市场经济体制建构中的财政风险 [J]．财贸经济，2012（1）：10.

[184] 吴宣恭．产权理论比较 [M]．北京：经济科学出版社，2000：231.

[185] 吴宣恭．论法人财产权 [J]．中国社会科学，1995（3）：26 – 37.

[186] 吴易风，关雪凌．产权理论与实践 [M]．北京：中国人民大学出版社，2010.

[187] 吴垠．明晰财政产权与适度财政分权——兼谈中国财政分权的后续改革问题 [J]．社会科学战线，2008（11）：79 – 87.

[188] 夏诗园．地方政府专项债特征、优势及问题研究 [J]．西南金融，2020：56 – 62.

[189] 谢旭人．中国财政发展改革 [M]．北京：中国财政经济出版社，2011.

[190] 邢治斌，仲伟周．我国地方政府债务膨胀的诱因及治理 [J]．经济与管理评论，2014（1）：78 – 84.

[191] 徐海波．地方财政风险转化为金融风险的途径及对策研究 [J]．武汉金融，2013（9）：26 – 28.

[192] 徐颖．西方经济学的产权理论 [J]．中国特色社会主义研究，2004（4）：40.

[193] 徐云松．货币超发：原因探析与实证检验 [J]．经济与管理，2013（3）：30.

[194] 阳敏，王绍光．中国基层财政之困——专访王绍光博士 [J]．南风窗（半月刊），2006（5）：15 – 19.

[195] 杨宏翔．市场产权与经济效率 [J]．广西社会科学，2004（1）：34 – 36.

[196] 杨虎涛，陈国涛．赖纳特的演化发展经济学：理论、政策与中国意义 [J]．社会科学辑刊，2010（5）：113 – 117.

[197] 杨华．日本地方政府债务管理及近年来的改革动向 [J]．首

都经济贸易大学学报，2011（4）：13－17.

［198］杨婷婷．财政分权、晋升激励与地方政府债务风险形成——基于省级面板数据的实证分析［J］．宁波大学学报（人文科学版），2019（3）：77－81.

［199］杨艳，刘惠婷．从地方政府融资平台看财政风险向金融风险的转化［J］．经济学家，2013（4）：82－87.

［200］杨再平．怎样理顺政府三种产权关系［J］．银行与企业，1992（1）：7－9.

［201］姚煜，裴武，朱少华．隐性债务规模测度及化解方式——基于省级数据和区域案例的分析［J］．金融市场研究，2019（12）：66－81.

［202］伊进．中国古代商品经济与经营管理［M］．武汉：武汉大学出版社，1991：15－51.

［203］余云岭．新预算法背景下地方政府债务的治理研究［D］．云南财经大学，2022.

［204］俞乔．中国地方政府债务问题研究报告——中国地方政府债务会陷入"明斯基时刻"吗［EB/OL］．［2013－11－5］．http：//znzg.xytc.edu.cn/Html/？18582.html.

［205］袁峥嵘，杜霈．论知识产权制度与市场经济的关系［J］．特区经济，2014（1）：29－31.

［206］苑德军．地方政府性债务的其中表现［N］．上海证券报，2014－6－5，第A03版.

［207］约翰·希克斯．经济史理论［M］．厉以平，译．北京：商务印书馆，1987.

［208］约瑟夫·E．斯蒂格利茨．中国新发展模式的核心［J］．包金平，译．国外理论动态，2013（1）：74.

［209］曾繁华，曹诗雄．国家经济安全的维度、实质及对策研究［J］．财贸经济，2007（11）：118－122.

［210］曾繁华，李信．市场产权成本及其经济学意义［J］．财政研

究，2006（12）：10－12.

[211] 曾繁华，鲁贵宝. 基于市场产权的国家竞争优势研究——一个新的经济全球化"游戏规则"及其博弈框架 [M]. 北京：经济科学出版社，2008：40－43.

[212] 曾繁华. 论市场所有权 [J]. 中国工业经济，2002（5）：70－78.

[213] 曾繁华，彭光映. 论市场产权及其成本构成要素 [J]. 中南财经政法大学学报，2007（1）：10－15.

[214] 曾繁华. 市场的新功能与市场竞争的新特点 [J]. 中南财经大学学报，2001（2）：52－57.

[215] 曾繁华. 市场所有权的起源与归宿 [J]. 财政研究，2002（11）：23－25.

[216] 曾繁华，王飞. 市场产权视野下地方债务风险和银行风险同步放大机理及化解研究 [J]. 云南社会科学，2014（4）：85－89.

[217] 曾繁华，游宝德，程金亮. 基于市场产权的出租车市场经营权模式研究 [J]. 湖南社会科学，2013（4）：126.

[218] 曾康霖. 对金融风险、金融危机的理性认识过程——改革开放以来的回顾 [J]. 中国金融，2008（5）：46.

[219] 翟继光. 地方政府债务风险的法律规制 [J]. 人民法治，2018（17）：11－14.

[220] 张春霖. 如何评估我国政府债务的可持续性？[J]. 经济研究，2000（2）：66－71.

[221] 张术松. 我国乡镇财政体制缺陷分析 [J]. 农业经济问题（月刊），2003（9）：32－36.

[222] 张五常. 经济解释 [M]. 易宪容，张卫东，译. 北京：商务印书馆，2001：427－525.

[223] 张亦春，许文彬. 风险或金融风险的经济学再考察 [J]. 金融研究，2002（3）：65－73.

[224] 张明哲. 现代产业体系的特征与发展研究趋势 [J]. 当代经

济管理，2010（1）：42 – 46.

［225］张明之，谢浩．现代产业体系构造中的深度融合研究［J］．学术交流，2014（3）：113 – 119.

［226］张志华，周娅．英国地方政府债务管理［J］．经济研究参考，2008（62）：18 – 23.

［227］张志华，周娅，尹李峰．澳大利亚的地方政府债务管理［J］．中国财政，2008（11）：2.

［228］赵传君．产权关系混乱是宏观经济失控的深层次原因［J］．学术交流，1989（6）：37 – 41.

［229］赵贺．城市化过程中的农地产权缺陷与地方政府行为［J］．中州学刊，2006（1）：69.

［230］赵玮．国地方政府举债融资权的行政法研究［D］．山东大学博士学位论文，2018：42.

［231］中国人民大学政府债务治理研究中心．统筹发展与安全：中国政府债务研究［M］．北京：中国财政经济出版社，2021.

［232］中信建投证券．底特律破产警示中国［J］．资本市场，2014（1）：50 – 66.

［233］周小全．竞争、产权与绩效——中国银行业产业组织问题研究［M］．北京：经济科学出版社，2004.

［234］周晓明．地方债：中国式的"次贷危机"——从穆迪调低中国地方政府信用谈起［J］．财经科学，2013（9）：20 – 29.

［235］周秀英，刘月．论产权制度与市场经济的优化［J］．锦州师范学院学报，2003（11）：114 – 116.

［236］周雪光．"逆向软预算约束"：一个政府行为的组织分析［J］．中国社会科学，2005（2）：132 – 207.

［237］张强．当前驻京办公共服务职能转型的研究［D］．中国社会科学院研究生院，2017（04）：1.

［238］朱巧玲．产权制度变迁的多层次分析［M］．北京：人民出版社，2007：151.

［239］朱巧玲. 国家行为与产权：一个新制度经济学的分析框架［J］. 改革与战略，2008（1）：1－5.

［240］朱巧玲，张霞. 不同产权制度下人的发展初探［J］. 改革与战略，2016（3）：7－12.

［241］邹东涛，马骁. 新制度经济学视角脚下我国政府间财政关系及路径选择［J］. 深圳大学学报（人文社会科学版），2013（7）：86－91.

［242］邹悦. 欧债危机的治理对化解我国地方政府债务风险的启示［J］. 北方金融，2020（3）：94－96.

［243］Adolf A. Berle and Gardiner C. Means，The Modern Corporation-and Private Property，Revised Edition ［M］. New York：Harcourt，Brace & World，Inc，1968，Preface VII－VIII.

［244］Alessxi L D. Property Rights，Transaction Costs and X－Efficiency：An Essay in Economic Theory ［J］. American Economic Review，1983，73（1）：64－81.

［245］Andolfatto D. A Theory of Inalienable Property Rights ［J］. Journal of Political Economy，2002，110（2）：382－393.

［246］Berle A A，Means G C. The Modern Corporation，and Private Property，Revised Edition ［M］. New York：Harcourt，Brace & World，Inc，1968，Preface VII－VIII.

［247］Brixi H P，Ghanem H，Islam R. Fiscal Adjustment and Contingent Government Liabilities：Case Studies of the Czech Republic and Macedonia ［J］. Policy Research Working Paper，1999.

［248］Coase R H. The Problem of the Social Cos ［J］. Journal of Law and Economics，1960，Ⅲ（10）：1－44.

［249］Corsetti G，Pesenti P，Roubini N. Fundamental Determinants of the Asian Crisis：The Role of Financial Fragility and External Imbalances ［J］. Regional and Global Capital Flows：Macroeconomic Causes and Consequences，2001：42－45.

［250］Cukierman A，Meltzer A H. A Political Theory of Government

Debt [J]. 1987.

［251］Currie E, Jean – Jacques D, Eriko T. Institutional Arrangements for Public Debt Managemen [M]. Vol. 3021. Washington: World Bank Publications, 2003.

［252］Dalio R. An In-Depth Look at Deleveragings [J]. Bridgewater, 2012: 1 – 31.

［253］Demsetz H . Towards a Theory of Property Rights [J]. American Economic Review, 1967, 57 (2): 61 – 70.

［254］Demsetz H. Some Aspects of Property Rights [J]. Journal of Law and Economics, 1966 (10): 61 – 70.

［255］Demsetz H. The Exchange and Enforcement of Property Rights [J]. Journal of Law and Economics, 1964, 7 (10): 11 – 26.

［256］Diamond P. National Debt in a Neoclassical Growth Mode [J]. American Economic Review, 1965 (5): 1126 – 1150.

［257］Ebel R D, Yilmaz S. Concept of Fiscal Decentralization and Worldwide Overview [R]. World Bank Institute, 2002.

［258］Ehigiamusoe K U, Lean H H. The Role of Deficit and Debt in Financing Growth in West Africa [J]. Journal of Policy Modeling, 2019, 42.

［259］Ehigiamusoe K U, Lean H H. The Role of Deficit and Debt in Financing Growth in West Africa [J]. Journal of Policy Modeling, 2019 (42).

［260］Elmendorf D W, Mankiw N G. Government Debt [J]. Handbook of Macroeconomics, 1999 (1), part c.

［261］Elmendorf Douglas W, Gregory Mankiw N. Government debt [M]. Handbook of Macroeconomics, 1999 (1): 1615 – 1669.

［262］Fama E F, Jensen M C. Separation of Ownership and Control [J]. Journal of Law and Economics, 1983, 26 (7): 301 – 325.

［263］Fazzari S M. Minsky and the Mainst Ream: Has Research Rediscovered Financial Keynesianism? [J]. The Jerome Levy Economics Institute,

Working Paper, 1999, 278.

[264] Grossman S J, Hart O D. The Costs and Benefits of Ownership: A Theory of Vertical and Lateral Integration [J]. Journal of Political Economy, 1986, 94 (4): 691 – 719.

[265] Haan P, Prowse V. Longevity, Life-cycle Behavior and Pension Reform [J]. Journal of Econometrics, 2011: 582 – 601.

[266] Hana P. Contingent Government Liabilities: A Hidden Risk for Fiscal Stability [J]. Finance & Development, 1999, 36 (3): 46 – 49.

[267] Harold. The Exchange and Enforcement of Property Rights [J]. Journal of Law and Economics, 1964, 7 (10): 11 – 26.

[268] Hart O, Moore J. Property Rights and the Nature of the Firm [J]. Journal of Political Economy, 1990, 98 (6): 1119 – 1158.

[269] Junaid, Ahmad. Decentralizing Borrowing Powers [J]. The World Bank PREMnoteS, 1999 (15).

[270] Kumar M, Woo J. Public Debt and Growth [J]. Social Science Electronic Publishing, 2010.

[271] Liu L, Waibel M. Managing Subnational Credit and Default Risks [J]. Social Science Electronic Publishing, 2010.

[272] Manmohan SK, Jaejoon W. Public Debt and Growth [J]. International Monetary Fund, 2010: 1 – 46.

[273] Martinez – Vazquez J, Qiao B. An Assessment of the Assignment of Expenditure Responsibilities in China [J]. 公共经济与政策研究, 2009.

[274] Melecky M. Formulation of Public Debt Management Strategies: An Empirical Study of Possible Drivers [J]. Economic Systems, 2012: 218 – 234.

[275] Modigliani F. Long-run Implications of Alternative Fiscal Policies and the Burden of the National Debt [J]. The Economic Journal, 1961: 730 – 755.

[276] Musgrave R A. The Theory of Public Finance: A Study in Public Economy [M]. New York: McGraw – Hill, 1959.

[277] OATES W E. Fiscal Federalism [M]. New York: Harcourt Brace Jovanovich Press, 1972.

[278] Persson T, Tabellini G. Federal Fiscal Constitutions: Risk Sharing and Moral Hazard [J]. Econometrica, 1996, 64.

[279] Peter AD. National Debt in a Neoclassical Growth Model [J]. The American Economic Review, 1965, 55 (12): 1126 – 1150.

[280] Stoddard C, Charles M. Tiebout, A Pure Theory of Local Expenditures [J]. CSISS Classics, 2002.

[281] Swamy V. Debt and Growth: Decomposing the Cause and Effect Relationship [J]. International Journal of Finance & Economics, 2020, 25 (2).

[282] Tobin J. Government Deficits and Capital Accumulation [J]. Cowles Foundation Discussion Papers, 1978: 1 – 26

[283] Vander Ploeg C. No Time to be Timid, Addressing Infrastructure Deficits in the Western Big Six [M]. Calgary: Canada West Foundation, 2004.

[284] Vighneswara S. Debt and growth: Decomposing the cause and effect relationship [J]. International Journal of Finance & Economics, 2020, 25 (2).

[285] Wildasin D E. The Institutions of Federalism: Toward an Analytical Framework [J]. National Tax Journal, 2004, 57.